Ekkehard Kaier

Multiplan 4.0-Wegweiser
Tabellenverarbeitung
Kompaktkurs

W0255538

Mikrocomputer sind Vielzweck-Computer (General Purpose Computer) mit vielfältigen Anwendungsmöglichkeiten wie Textverarbeitung, Datei/Datenbank, Tabellenverarbeitung, Grafik und Musik. Gerade für den Anfänger ist diese Vielfalt häufig verwirrend. Hier bieten die Wegweiser-Bücher eine klare und leicht verständliche Orientierungshilfe.

Jedes Wegweiser-Buch wendet sich an Benutzer eines bestimmten Mikrocomputers bzw. Programmiersystems mit dem Ziel, Wege zu den grundlegenden Anwendungsmöglichkeiten und damit zum erfolgreichen Einsatz des jeweiligen Computers zu weisen.

Bereits erschienen:

BASIC-Wegweiser
- für den Apple II e/c
- für den IBM Personal Computer und Kompatible
- für den Commodore 64
- für den Commodore 16, 116 und plus/4
- für den Commodore 128
- für Commodore Amiga
- für MSX-Computer
- für Schneider CPC
- GFA-Basic Wegweiser Komplettkurs

MBASIC-Wegweiser
- für Mikrocomputer unter CP/M und MS-DOS

Turbo-Basic-Wegweiser
- Grundkurs

Turbo C-Wegweiser
- Grundkurs

Quick C-Wegweiser
- Grundkurs

Turbo Pascal-Wegweiser
- Grundkurs
- Aufbaukurs
- Übungen zum Grundkurs

Festplatten-Wegweiser
- für IBM PC und Kompatible unter MS-DOS

In Vorbereitung:
- SQL-Wegweiser
- dBASE IV-Wegweiser, Kompaktkurs
- MS-DOS 4.0-Wegweiser, Kompaktkurs
- Word 5.0-Wegweiser, Kompaktkurs
- Turbo Pascal 5.0-Wegweiser, Kompaktkurs

Zu allen Wegweisern sind die entsprechenden Disketten lieferbar.
(Bestellkarten jeweils beigeheftet)

Ekkehard Kaier

Multiplan 4.0-Wegweiser Tabellenverarbeitung Kompaktkurs

Mit 78 Tabellen, 180 Abbildungen
und 35 Aufgaben

Springer Fachmedien Wiesbaden GmbH

werden keine daraus folgende oder sonstige Haftung übernehmen, die auf irgendeine Art aus der Benutzung dieses Programm-Materials oder Teilen davon entsteht.

Alle Rechte vorbehalten
© Springer Fachmedien Wiesbaden 1989

Ursprünglich erschienen bei Friedr. Vieweg & Sohn Verlagsgesellschaft mbH, Braunschweig 1989
Softcover reprint of the hardcover 1st edition 1989

Das Werk einschließlich aller seiner Teile ist urheberrechtlich geschützt. Jede Verwertung außerhalb der engen Grenzen des Urheberrechtsgesetzes ist ohne Zustimmung des Verlags unzulässig und strafbar. Das gilt insbesondere für Vervielfältigungen, Übersetzungen, Mikroverfilmungen und die Einspeicherung und Verarbeitung in elektronischen Systemen.

ISBN 978-3-528-04697-2   ISBN 978-3-322-87781-9 (eBook)
DOI 10.1007/978-3-322-87781-9

Vorwort

Das vorliegende Wegweiser-Buch führt den Leser zum erfolgreichen Einsatz des Planungssystems Multiplan und ist in die drei Abschnitte *Software-Tools allgemein, Referenz zu Multiplan* und *Tabellenverarbeitung mit Multiplan* gegliedert.

Abschnitt 1 „Software-Tools allgemein": Das Wegweiser-Buch vermittelt aktuelles Grundlagenwissen:

— Welche Kennzeichen weisen die verbreiteten Software-Tools auf? Welchen Platz nehmen die Tools in der Software-Pyramide ein?
— Welche Datentypen und Datenstrukturen sind zu unterscheiden?
— Welche Programmstrukturen gibt es?
— Wie läßt sich eine Tabelle als komplexe Datenstruktur verarbeiten?

Nach der Lektüre dieses Abschnitts sind Sie in der Lage, Multiplan als Planungs- bzw. Tabellenverarbeitungssystem in den Gesamtrahmen der Software-Tools einzuordnen.

Abschnitt 2 „Referenz zu Multiplan": Das Wegweiser-Buch gibt einen detaillierten Überblick zu den Definitionen von Multiplan:

— Welche Datentypen sieht Multiplan vor?
— Wie werden Felder der Tabelle adressiert?
— Was versteht man unter den Befehlen, Funktionen, Operatoren und Makrocodes als den vier „Kommandos" von Multiplan?
— Welche Befehle umfaßt Multiplan?
— Welche Funktionen umfaßt Multiplan?
— Worin unterscheidet sich Multiplan 4.0 von Multiplan 3.0?

Mit dem Abschnitt 2 verfügen Sie über eine komplette und kommentierte Referenzliste zu Multiplan 4.0, die Sie zum Nachschlagen nutzen können.

Abschnitt 3 „Tabellenverarbeitung mit Multiplan": Hier wird ein in sich abgeschlossener Einführungskurs zu folgenden Problemkreisen angeboten:

— Erstellung einer Tabelle in Schritten
— Formatierung einer Tabelle
— Feldadressierung
— Mehrere Tabellen verbinden
— Tabellen auswerten und ordnen
— Makroverarbeitung in Tabellen
— Programmierung in Tabellen
— Datenbanken in Tabellen

Aufgaben dienen dem Einüben und Anwenden (die Lösungen zu den Aufgaben sind am Ende des Abschnitts 3 wiedergegeben). Nach dem Durcharbeiten dieses Kurses können Sie die grundlegenden Möglichkeiten von Multiplan zur Lösung ihrer Probleme nutzen.

Wegweiser-Buch als Ergänzung zum Handbuch: Das Wegweiser-Buch kann das Multiplan-Handbuch keineswegs ersetzen, sondern ergänzen: Im Handbuch werden Befehle und Funktionen von Multiplan lexikonähnlich dargestellt. Das Wegweiser-Buch hingegen kommt in seinem didaktischen Aufbau mehr dem assoziativen Denken des menschlichen Gehirns entgegen, das sich lieber an Zusammenhänge und Problemkreise erinnert.

Wegweiser-Buch für Schulungskurse, Aus- und Weiterbildung:
— Einführungskurs mit einer Vielzahl von Tabellen, die bewußt einfach gewählt und damit leicht zu überschauen sind.
— Schritt-für-Schritt-Vorgehen: von der elementaren Ein-Formel-Tabelle zur Verbindung von Tabellen mit makrogeführtem Dialog.
— Ergänzung des Kurses (Abschnitt 3) durch einen Theorieteil (Abschnitt 1) und einen Nachschlageteil (Abschnitt 2).
— Aufgaben mit vollständigen Lösungen zum Üben und Kontrollieren.

Aufbau des Buches: Die Abschnitte 1 und 2 können parallel zum Kurs in Abschnitt 3 bearbeitet werden.

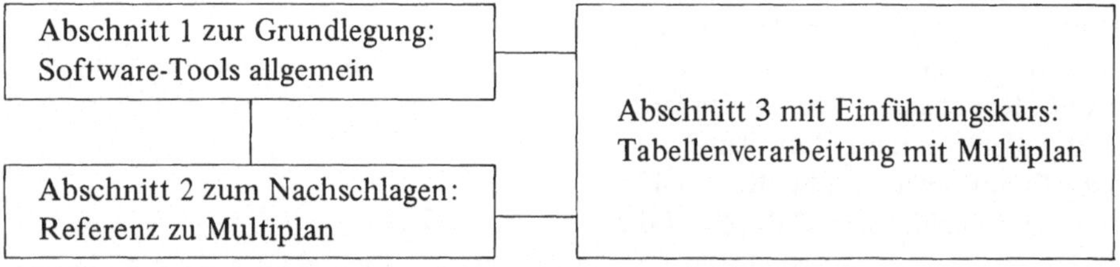

Für eilige und schnelle Multiplan-Anwender: Das Wegweiser-Buch läßt sich auch als Nachschlagewerk benutzen. Aus diesem Grunde wurden das Inhalts-, Befehls-, Funktions-, Tabellen- und Sachwortverzeichnis sehr detailliert aufgegliedert.

Heidelberg, Ende 1988   *Dr. Ekkehard Kaier*

Inhaltsverzeichnis

1 Software-Tools allgemein

1 Software-Tools allgemein

Software ist Information und wird in Daten und Programme unterteilt.

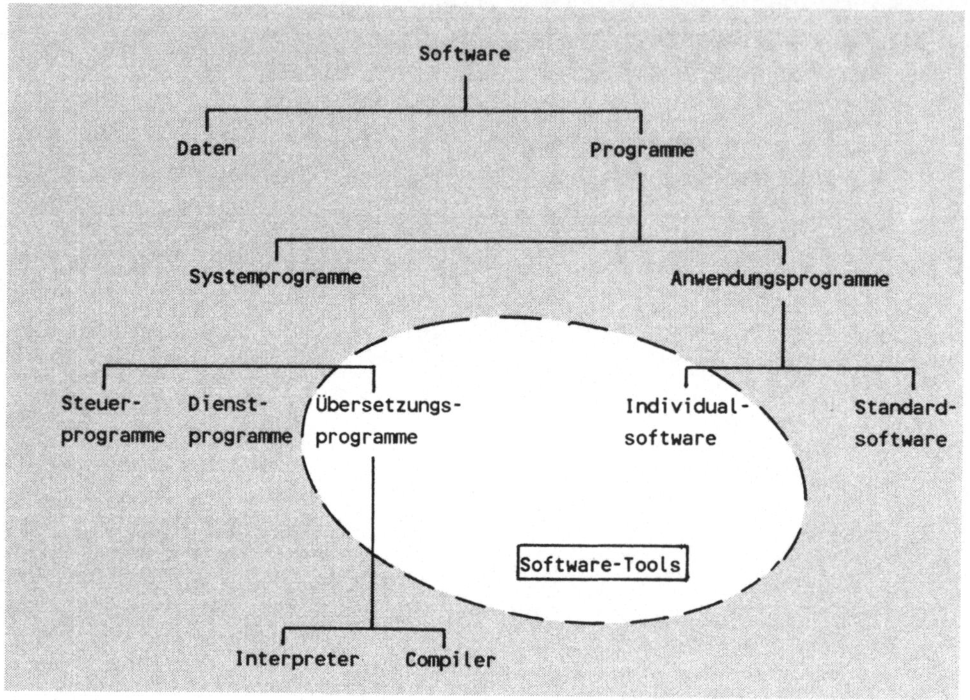

Software = Daten + Programme

Die Software-Tools nehmen eine Zwitterstellung ein. Man kann sie sowohl der Systemsoftware zuordnen (im Hinblick auf die Programmiermöglichkeiten) als auch der Anwendungssoftware (im Hinblick auf die jeweilige Problemlösung).

Software-Pyramide: Standard-Programmpakete zu den Bereichen

1. Tabellenkalkulation
2. Textverarbeitung
3. Datei bzw. Datenbank
4. Grafik
5. Kommunikation

werden als Tools bzw. Werkzeuge bezeichnet. Sie werden als eigenständige Programme oder als integrierte Programmpakete angeboten. Auch die folgende *Software-Pyramide* zeigt, daß die Tools zwischen den Programmiersprachen und den (fertigen) Anwenderlösungen einzuordnen sind.

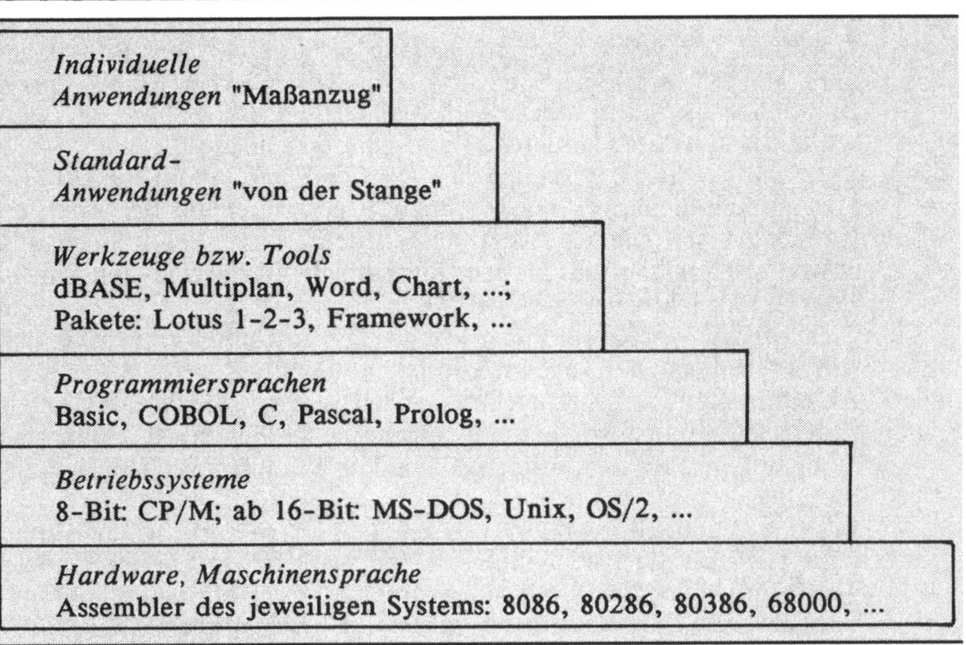

Software-Pyramide mit sechs Ebenen der Nutzung eines PCs

Tabellenkalkulationsprogramme als "Spread Sheets" bzw. "Ausgebreitete Papierbogen" übertragen alles das, was bislang mit Bleistift, Papier und Taschenrechner vorgenommen wurde, in den Hauptspeicher und auf den Bildschirm. Der Benutzer baut jedes Arbeitsblatt als Tabelle auf, kann in die Tabellenzeilen und -spalten numerische oder auch Textwerte eintragen und durch eine Vielzahl von Formeln verknüpfen. Arbeitsblätter können auf einem externen Speicher aufbewahrt werden. Tabellenkalkulationsprogramme lassen sich "zweckentfremden": Trägt man Text anstelle von Zahlen in die Tabelle ein, so kann leicht ein kleines Informationssystem realisiert werden. Genauso sind Anwendungen zur Fakturierung, zum Bestellwesen, zur Bilanzierung usw. denkbar. Das Beiwort "Kalkulation" verweist also eher auf die Ursprünge als auf deren heute universelle Nutzungsmöglichkeiten.

Textverarbeitungsprogramme für Personalcomputer sind aus den *Editoren* entstanden, also aus den Programmhilfen zum Eingeben und Aufbereiten von Programmtext am Bildschirm. Man hat sie zur Verarbeitung anderer Dokumente (Briefe, Rechnungen, Manuskripte, Formulare usw.) weiterentwickelt. Damit treten sie in Konkurrenz zur Schreibmaschine, zum Textautomaten sowie zur Großrechner-Textverarbeitung. Die Textverarbeitung umfaßt die Teilprogramme Editor, Ausgabeformatierer und Verarbeitung; diese Programme können zu einem Paket integriert oder getrennt sein.

- *Editor als Eingabe- und Bearbeitungsprogramm:* Der Bildschirm wird ähnlich wie eine Lupe über den Text bewegt bis zu einem Bildschirmausschnitt, der cursorgesteuert zu bearbeiten ist (verschieben, einfügen, kopieren, Rand ausgleichen usw.).
- *Formatierer zur Aufbereitung der Druckausgabe:* Beim *WYSIWYG*-Formatierer (*What you see is what you get*) erscheint der Text am Bildschirm so, wie er später ausgedruckt wird. Beim Steuerzeichen-Formatierer sind in den Bildschirmtext Befehle zur Steuerung des Druckformates eingefügt.
- *Eigentliches Verarbeitungsprogramm:* Dieses richtet sich nach den Anforderungen der unterschiedlichen Benutzer wie Sekretärin, Abteilungsleiter, Schriftsteller, Schriftsetzer: Textbausteine als häufig vorkommende Textteile speichern, Serien- sowie Ganzbriefe erstellen, Formulararbeiten, Textdateien anlegen, Autorenkorrektur usw.
- **Desktop Publishing (DTP):** Dieses Gebiet der Textverarbeitung wird auch als CAP (Computer Aided Publishing) bezeichnet und wurde mit dem Macintosh (Laserdrucker, Grafikfähigkeit, Benutzeroberfläche, Grafiksprache Postskript, Seitenbeschreibungsprogramm Pagemaker) bekannt. Bei der *Druckerei auf dem Schreibtisch* stellt die Laserdruckerausgabe entweder das Endprodukt dar, oder er dient als Vorlage für eine Belichtungsmaschine, wie z.B. Linotype.

Datei/Datenbank als drittes Software-Tool: Die kommerziellen Programm-Pakete hierzu werden unter den unterschiedlichsten Bezeichnungen angeboten, z.B. als Dateiverwaltung, Datenmanager, Datenbank-System oder schlicht als Datei-System. Da solche Begriffe kaum etwas aussagen, ist es sinnvoll, einzelne Eigenschaften dieser Software-Produkte wie folgt zu überprüfen:
- *Dateiaufbau:* Anzahl der gleichzeitig geöffneten Dateien? Satzanzahl einer Datei? Anzahl der Datenfelder je Satz? Feste Satzlänge? Datentypen? Maximale Feldlänge? Maximale Dateigröße? Eine Datei auf mehreren Disketten?
- *Systemverwaltung:* Schnittstelle zu höheren Programmiersprachen? In Mehrplatzumgebung einsetzbar? Abfragesprachen, Listen- bzw. Programmgeneratoren? Dynamische Dateiverwaltung? Kompatibilität zu anderen Dateien (z.B. aus Textverarbeitung)? Datensatzaufbau nachträglich änderbar? Implementierungen für welche Mikros? Datei-Sicherheitskopien leicht erstellbar? Daten nach Löschen wiederherstellbar? Datenschutz durch Datei- bzw. Satzpaßwort? Realisierung als Datenbankmaschine? Eingebaute eigene Programmiersprache?

- *Speicherung:* Aufwand zum Neueinrichten der Datenbank? Cursorsteuerung? Datenprüfung bei Eingabe? Daten aus anderen Dateien kopierbar? Speicherung satz-, block- oder dateiweise? Eingabefehlerkorrektur möglich? Ablegen als Binärdatei oder Textdatei?
- *Zugriff:* Zugriffsmodus direkt oder indirekt? Anzahl der Suchbegriffe? Schlüssel aus einem oder mehreren Datenfeldern bestehend? Sortierbegriffe für wieviele Datenfelder? Sortierprogramme? Index intern als Tabelle? Möglichkeiten zur Datenausgabe? Ausgabeeinheiten für Listen? Zwischensummenbildung in Listen möglich?

Grafikprogramme als viertes Software-Tool: Geschäfts-Grafikprogramme erlauben es, Kuchen-, Säulen- sowie Liniengrafiken menügesteuert über einen hochauflösenden Bildschirm und z.B. einen Matrixdrucker mit Einzelpunktansteuerung zu erstellen und auszugeben. Die Skalierung der Bilder kann im Dialog festgelegt werden. Oft können dreidimensionale Grafiken bzw. räumliche Formen erzeugt werden. Gerade für kommerzielle Veranschaulichungen sind Grafikprogramme mit den statistischen Grundfunktionen von Vorteil (z.B. Chart, Harvard Graphics). Zeichenprogramme (z.B. PaintBrush) unterstützen das freie Gestalten von Grafiken über die Maus.

Kommunikationsprogramme als fünftes Software-Tool: Durch die Liberalisierung der Postbestimmungen im Endgeräte-Bereich kommt der Datenkommunikation eine wachsende Bedeutung zu. Folgende Programmtypen sind zu unterscheiden:
- *General Purpose Communications Programs:* Programme zur allgemeinen PC-Kommunikation über Modem bzw. Akustikkoppler, um in On-line-Datenbanken abzufragen, in Datex-P zu arbeiten, Mailboxen zu lesen bzw. zu versenden usw. Eine Script- oder Makrosprache wird angeboten, um sich leicht in entfernte Systeme einzuloggen. Programmbeispiele: Crosstalk, Hermes, PC-Talk, HyperAccess, Smartcomm, Relay Gold.
- *Deutschsprachige universelle Kommunikationsprogramme:* Über eine leicht erlernbare Benutzeroberfläche kann z.B. der komplette Geschäftsverkehr über PCs abgewickelt werden. Programmbeispiele: CSS-COMM, PC-KOMM, PCTERM, Ibecom, Procomm.
- *Kommunikations-Module von integrierten Softwarepaketen:* Pakete wie Framework, Enable, Open Access und Symphony enthalten Module zur PC-Kommunikation.
- *Mailbox- und Datenbank-Benutzeroberflächen* wie z.B. "Detusche Mailbox" und "Genios-Wirtschaftsdatenbanken".

- *E-Mail-Programme*, um lokale PC-Netze an andere umfassende Netze (MAN, WAN) zwecks Nachrichtenaustausch anzubinden. Programmbeispiele: cc:mail und Coordinator.
- *Telex-Programme*, um am Telex-Dienst vom PC aus teilzunehmen. Programmbeispiele: M/Telex, Super-Telex, EDV-Tx und Telex Manager.
- *Teletex-Programme* wie z.B. M/Teletex und TTX-COM2.
- *Btx-Programme*, um den PC an das Btx-Netz anzubinden. Programmbeispiele: InfoTool, BASS, BTX-PC und DieBox.

Schnittstellen für Tools: Ein Grafikprogramm kann nur dann sinnvoll genutzt werden, wenn man Daten aus anderen Programmen übergeben kann. Wir kommen zur Frage der Verbindung bzw. Kompatibilität dieser Programme. Sollen Tabellenkalkulation, Textverarbeitung, Datenbank sowie Grafik nicht isoliert, sondern als eine Einheit genutzt werden, müssen entsprechende Schnittstellen zu den Programmen gegeben sein. Zur Verbindung dieser Programme ein Beispiel:
In einem Tabellenkalkulationsprogramm verknüpft man Zahlen, um diese dann an ein Grafikprogramm zwecks Diagrammdarstellung zu übergeben. Anschließend wird über das Textverarbeitungsprogramm ein Bericht verfaßt, in den diese Zahlen als Tabelle wie auch als Diagramm bildlich eingebunden sind. Schließlich kann man die Teile dieser Arbeit über das Dateiprogramm extern und langfristig speichern. Wie können die vier Programme nun verbunden werden?

- *Textdateien* (alle Zeichen als Text im ASCII-Code gleichermaßen dargestellt) stellen eine gemeinsame Schnittstelle dar. Die Steuerung kann über ein übergeordnetes Menüprogramm erfolgen, das die einzelnen Programme aufruft und den Datenaustausch überwacht. Nachteil: Da bei ASCII-Textdateien die Formatierungsangaben verloren gehen, muß ggf. mühsam nachformatiert werden.
- *Benutzeroberflächen* wie Windows und GEM unterstützen den Informationstransfer zwischen einzelnen Tools.
- *Integrierte Software-Pakete* liefern die Schnittstelle zur Verknüpfung von Text, Tabelle, Datei und Grafik natürlich im Programm gleich mit.

1 Software-Tools allgemein

1.2.1 Begriffsbildungen für Daten

In der Abbildung werden für Daten neun Begriffspaare unterschieden.

1) *Stammdaten* (1019 als Kundennummer)
   oder
   Änderungsdaten (1019007 als neue Kundennummer mit PLZ=7)

2) *Bestandsdaten* (256 als Lagermenge)
   oder
   Bewegungsdaten (70 Stück als Lagerbestandszugang)

3) *Ordnungsdaten* (6 für die Artikelfarbe "gelb")
   oder
   Mengendaten (8 kg als Bestellmenge)

4) *Numerische Daten* (Zahl 10950.25 als Rechnungspreis)
   oder
   Text- bzw. Stringdaten ('DM', "Francs" als Währungsbezeichnung)

5) *Unformatierte Daten* (z.B. ein Brief)
   oder
   Formatierte Daten (z.B. Rechnungsformular)

6) *Einfache Datentypen* (z.B. 50 als eine Mengenangabe)
   oder
   Strukturierte Datentypen (z.B. drei Mengen 50 24 98)

7) *Mit dem Programm gespeicherte Daten* (z.B. 6% in Variable R)
   oder
   Getrennt vom Programm gespeicherte Daten (z.B. Kundendatei)

8) *Physische Dateneinheiten* (z.B. Spur, Sektor auf Platte)
   oder
   Logische Dateneinheiten (z.B. Datei, Datensatz, Feld im RAM)

9) *Feldvariablen* (dateiabhängige Daten, z.B. Kundenname)
   oder
   Speichervariablen (dateiunabhängige Daten, z.B. Zähler)

Neun grundlegende Begriffspaare für Daten

1) Stammdaten bleiben normalerweise über einen längeren Zeitraum hinweg konstant (z.B. Artikelstammdaten, Kundenstammdaten, Personalstammdaten), **Änderungsdaten** hingegen dienen der Anpassung von Stammdaten.

2) Bestandsdaten: Im Gegensatz zu Stammdaten erfahren Bestandsdaten oftmalige Änderungen, die durch **Bewegungsdaten** vorgenommen werden (Zugang für "+" und Abgang für "-"); letztere werden kurz auch als Bewegungen bezeichnet. Die Lagerbestandsfortschreibung nach der Formel "Anfangsbestand + Zugänge - Abgänge ergibt Endbestand" gehört in diese Datenkategorie.

3) Ordnungsdaten legen eine Speicherungs-, Sortier- bzw. Verarbeitungsfolge fest, **Mengendaten** hingegen eine Anzahl (Stück, Größe, Gewicht, Preis).

4) Numerische Daten und Textdaten: Mit numerischen Daten bzw. Zahlendaten rechnet jeder Computer, nicht jedoch mit Textdaten. Letztere umfassen beliebige Zeichen, die stets zwischen Gänsefüßchen (z.B. in Basic, dBASE und C) oder Hochkommata (z.B. in Pascal und wiederum auch dBASE) stehen. Sie werden auch als alphanumerische Daten, als Zeichenkettendaten oder als Strings bezeichnet.

5) Unformatierte Daten weisen keine einheitliche Form auf. In der kommerziellen Datenverarbeitung jedoch überwiegen **formatierte** Daten: Auf einem Rechnungsformular stehen z.B. die Dezimalpunkte der DM-Beträge untereinander jeweils auf zwei Nachkommastellen gerundet.

6) Einfache Datentypen und strukturierte Datentypen (Datenstrukturen):
Einfache Datentypen bestehen aus jeweils nur einem einzigen Datum, so aus einer Zahl (Numerisch) oder aus einem Textwort (Zeichen).
Datenstrukturen als strukturierte Datentypen hingegen umfassen jeweils mehrere Daten, die unterschiedlich z.B. als Zeichenkette (String), Feld (Array), Menge (Set), Verbund (Record) oder Datei (File) angeordnet sein können.

7) Datei, Datenbank: Einzeldaten und kleinere Datenbestände lassen sich innerhalb eines Programmes speichern, so z.B. der Rabattsatz in einem Rechnungsschreibungsprogramm. Die umfangreichen zu verarbeitenden Datenbestände werden getrennt vom Programm als *Datei* auf Externspeichern wie Platte und Band untergebracht. Mehrere Dateien lassen sich zu einer *Datenbank* verknüpfen.

8) Physische und logische Dateneinheiten (Speicherungs-Organisation):
Physische Einheiten kennzeichnen die Speicherorganisation der Daten auf dem jeweiligen Datenträger wie z.B. auf dem Band oder der Platte.

Logische Einheiten geben an, wie die Daten innerhalb des Programmes im RAM organisiert sind.

Auf dem Magnetband ist die Datei blockweise gespeichert. Block und Kluft sind *physische (tatsächliche) Dateneinheiten.* Innerhalb des RAM wird die Datei jedoch in Datensätze gegliedert, die jeweils in Datenfelder eingeteilt sind. Jedes Feld wiederum besteht aus einer Folge von Zeichen (Bytes), wobei sich ein Byte aus 8 Bits zusammensetzt. Dies sind *logische Dateneinheiten*, da sie inhaltlich zusammengehören.

9) Feld- und Speichervariablen: *Datenfeldvariablen* sind insofern dateiabhängig, als sie mit der Dateistruktur gespeichert werden. *Speichervariablen* hingegen werden unabhängig von der gerade geöffneten Datei im RAM gehalten.

1.2.2 Einfache Datentypen als "Moleküle"

C h a r :
- Einzelzeichen wie z.B. "D"
- Wertebereich: Zeichen (Buchstabe, Ziffer, Sonderzeichen)

I n t e g e r :
- Ganze Zahl wie z.B. 126
- Wertebereich: Ganze Zahlen z.B. von -32768 bis 32767

R e a l (Numerisch):
- Dezimalzahl wie z.B. 126.75
- Wertebereich: Reelle Zahlen, Zahlen mit Dezimalpunkt

B o o l e a n (Logisch):
- Ja/Nein-Entscheidung wie z.B. ja bzw. True bzw. wahr
- Wertebereich: True (-1, wahr) oder False (0, unwahr)

D a t u m :
- Datumsangaben im Format tt.mm.jj.

S t r i n g (Zeichen):
- Zeichenkette, Text *(als Einheit)*
- Wertebereich: Gesamter Zeichenvorrat des Computers

Einfache bzw. elementare Datentypen

Einfache Datentypen lassen sich nicht weiter zerlegen und werden deshalb auch als elementare, unstrukturierte Datentypen bezeichnet. Diese Typen enthalten deswegen stets nur ein einziges Datum und stellen sozusagen die "Moleküle" der Daten dar, da sie vom Programmierer nicht - so ohne weiteres - unterteilt werden können.

1.2.3 Datenstrukturen als strukturierte Datentypen

A R R A Y (eindimensional, Vektor, Liste):
- Komponenten haben alle den gleichen Datentyp
- Beispiel:

| 12 | 3 | 44 | 56 | 21 |

A R R A Y (zweidimensional, Matrix):
- Komponenten haben alle den gleichen Datentyp
- Beispiel mit 4 Zeilen und 3 Spalten:

33.5	36.7	11.2
24.0	99.1	74.5
10.5	10.0	75.3
99.5	22.6	44.2

R E C O R D (Verbund, Satz):
- Komponenten mit unterschiedlichen Datentypen
- Beispiel: Kundensatz mit Typen Integer, String und Real:

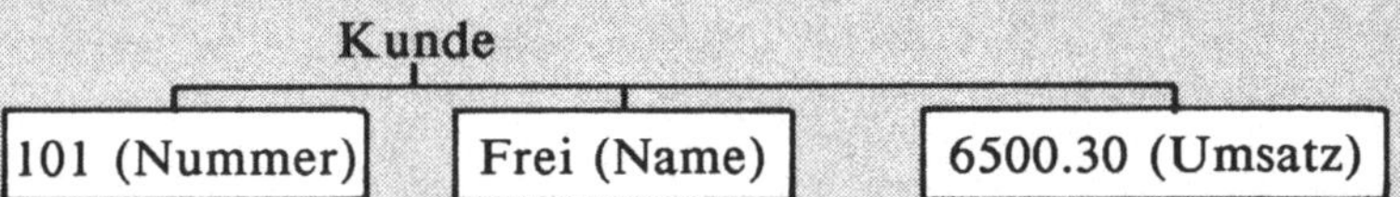

S E T (Menge):
- Komponenten sind Teilmengen einer Grundmenge
- Beispiel: () (1) (2) (12) für einen SET OF 1..2

F I L E (Extern auf Diskette abgelegte Datei):
- Datei als Sammlung zusammengehörender Datensätze
- Beispiel: über 1000 Datensätze einer Kundendatei

Vier Datenstrukturen Array, Record, Set und File

Strukturierte Datentypen sind neben anderen der String (als Kette von Einzelzeichen aufgefaßt), der Array, der Record, der Set und der File. Dabei werden jeweils mehrere Daten unter einem Namen zusammengefaßt abgelegt.

Datenstruktur String: Verarbeitet man den String nicht als Einheit, sondern element- bzw. zeichenweise, dann kann man ihn auch zu den Datenstrukturen zählen.

Datenstruktur Array: Der Array wird auch als Feld, Tabelle und Bereich bezeichnet und enthält Komponenten bzw. Elemente gleichen Typs. Beim eindimensionalen Array sind die Elemente in Reihe angeordnet. Beispiel: Fünf Wochentagsabsatzmengen 12, 3, 44, 56 und 21. Der zweidimensionale Array hingegen dehnt sich in zwei Richtungen aus: waagerecht in Zeilen (hier vier Zeilen) und senkrecht in Spalten (hier drei Spalten).

Datenstruktur Record: Im Gegensatz zum Array können im Record auch Daten verschiedener Datentypen abgelegt sein. Der wiedergegebene Record verbindet drei Komponenten vom Typ Integer (Kundennummer ganzzahlig), String (Kundenname stets Text) und Real (Kundenumsatz als Dezimalzahl) - deshalb auch die Bezeichnungen *Verbund* und *Struktur* bzw. *Strukt.* Diese Datenstruktur entspricht den Datensätzen bzw. Komponenten von Dateien, wie hier der Kundendatei.

Datenstruktur File: Unter einer Datei versteht man allgemein eine Sammlung von Datensätzen, die getrennt vom Programm auf einem Externspeicher (Diskette, Platte, Kassette, Band) als selbständige Einheit gespeichert sind. Die Datensätze stellen die Datei-Komponenten dar und weisen alle denselben Datentyp auf, d.h. sie sind alle z.B. vom Typ Record oder alle vom Typ Array. Eine Datei bzw. ein File kann viel größer sein als der im Hauptspeicher verfügbare Speicherplatz.

1 Software-Tools allgemein

Vier grundlegende Programmstrukturen: Die Programmstrukturen *Folge*, *Auswahl*, *Wiederholung* und *Unterprogramm* sind die grundlegenden Ablaufarten der Informatik überhaupt. Grundlegend in zweifacher Hinsicht:

- *Analyse:* Zum einen gelangt man beim Auseinandernehmen noch so umfangreicher Programmabläufe immer auf diese vier Programmstrukturen als Grundmuster (Analyse von Programmen).

- *Synthese:* Zum anderen kann umgekehrt jeder zur Problemlösung erforderliche Programmablauf durch geeignetes Anordnen dieser vier Programmstrukturen konstruiert werden (Synthese von Programmen).

P r o g r a m m s t r u k t u r e n :

1) Folgestrukturen:
   Erst Anweisung 1 ausführen, dann Anweisung 2, ...

2) Auswahlstrukturen:
   Wenn Bedingung erfüllt, dann Anweisung(en) ausführen

3) Wiederholungsstrukturen:
   Wiederhole Anweisungen, bis Bedingung erfüllt ist

4) Unterablaufstrukturen:
   Führe Anweisungen aus, unterbreche, führe Unterprogramm aus, kehre zurück und fahre im Hauptprogramm fort

---

Vier grundlegende Programm- bzw. Ablaufstrukturen

1.3.1 Folgestrukturen

Linearer Ablauf: Jedes Programm besteht aus einer Aneinanderreihung von Anweisungen an den Computer. Besteht ein bestimmtes Programm nur aus einer Folgestruktur, dann wird Anweisung für Anweisung wie eine Linie abgearbeitet. Man spricht deshalb auch vom linearen, unverzweigten Ablauf, vom Geradeaus-Ablauf oder von einer *Sequenz*.

Ablaufbeispiel mit vier Darstellungsformen: Das Beispiel zeigt ein Programm, bei dem fünf Anweisungen in Folge ausgeführt werden: Über die Tastatur wird ein Rechnungsbetrag eingegeben, um nach der Berechnung

den Skonto- und Überweisungsbetrag als Ergebnis am Bildschirm auszugeben. Das Ablaufbeispiel wird in vier Darstellungsformen wiedergegeben:
- als *Ablaufregel* (verbale Kurzform)
- als *Entwurf* (algorithmischer Entwurf, Pseudocode, Entwurfsprache)
- als *Dialogprotokoll* (Dialog zwischen Benutzer und Computer)
- als *Struktogramm* (Nassi-Shneiderman-Diagramm)

1) Allgemeine Regel:
Erst Anweisung 1 ausführen, dann Anweisung 2, dann ...

2) Beispiel in Entwurfsprache:
Ausgabe Fragestellung
Eingabe RECHNUNGSBETRAG
berechne SKONTOBETRAG
berechne UEBERWEISUNGSBETRAG
Ausgabe der Ergebnisse

3) Beispiel als Dialogprotokoll:

Rechnungsbetrag eintippen:
<u>200</u>
Skontoabzug: 6 DM
Überweisung: 194 DM

4) Ablauf als Struktogramm:

Anweisung 1
Anweisung 2
Anweisung 3
Anweisung 4
Anweisung 5

Vier Darstellungsformen eines Ablaufs mit Folgestruktur

Algorithmischer Entwurf: Um unabhängig von den Formalitäten der vielen Programmiersprachen Programmabläufe beschreiben zu können, verwendet man eine einfache *Entwurfsprache* (auch algorithmischer Entwurf oder Pseudocode genannt), die umgangssprachlich formuliert wird. Im Beispiel werden die umgangssprachlichen Anweisungsworte *Ausgabe*, *Eingabe* und *berechne* verwendet. Die Beschreibung von Abläufen mittels einer Entwurfsprache ist in der Informatik weit verbreitet.

Das Dialogprotokoll zum Ablaufbeispiel gibt den "Dialog" zwischen Benutzer (der Werte eintippt) und Computer (der Information ausgibt) wieder, wie er bei der Programmausführung am Bildschirm erscheint bzw. protokolliert wird. Im Beispiel gibt der Benutzer den Befehl RUN ein, worauf der Computer mit der Ausgabe *Rechnungsbetrag eintippen:* antwortet; nach der Benutzereingabe von 200 rechnet der Computer (im Dialogprotokoll nicht sichtbar) mit 3%, um dann den Skonto- und den Überweisungsbetrag in zwei Ausgabezeilen am Bildschirm anzuzeigen.

Struktogramm: Nach dem Entwurf und dem Dialogprotokoll ist das Programmbeispiel zeichnerisch als Struktogramm dargestellt. Die Sinnbilder von Struktogrammen sind nach DIN 66261 genormt (Abschnitt 1.6.6). Für jede Programmstruktur gibt es ein gesondertes Strukturblock-Sinnbild.

1.3.2 Auswahlstrukturen

Zweiseitige Auswahlstruktur:
Die Auswahlstrukturen dienen dazu, aus einer Vielzahl von Möglichkeiten bestimmte Fälle auszuwählen: In der folgenden Abbildung sind es die beiden Fälle
Skontoabzug bei Bezahlung in weniger als acht Tagen nach Rechnungserhalt (Bedingung TAGE kleiner 8 erfüllt) sowie
Zahlung rein netto bei späterer Überweisung (Bedingung TAGE kleiner 8 nicht erfüllt).
Dieses Beispiel bezeichnet man deshalb als zweiseitige Auswahl(-struktur).

1) **Allgemeine Regel:**
   Wenn Bedingung 1 erfüllt ist, dann führe Anweisung 2 aus,
   sonst führe Anweisung 3 aus, um dann gemeinsam fortzufahren.

2) **Beispiel in Entwurfsprache:**
   Ausgabe der Fragestellung
   wenn TAGE kleiner 8
   *   dann überweise mit Skonto*
   *   sonst überweise rein netto*
   Ende-wenn

3) **Zwei Ausführungsbeispiele als Dialogprotokolle:**

4) Ablauf als Struktogramm:

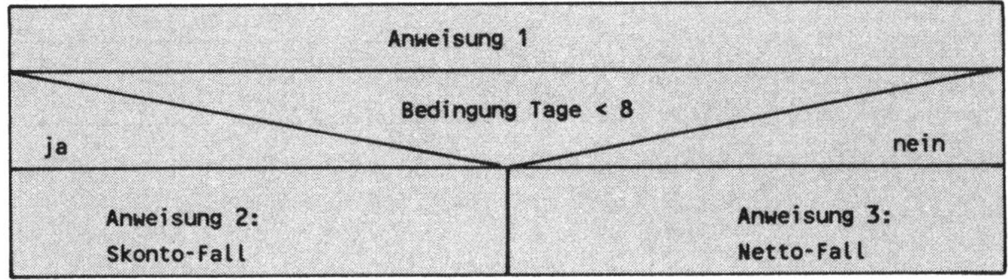

5) Allgemeiner Ablauf in Entwurfsprache:
> *Anweisung(en) 1*
> *wenn Bedingung 1 erfüllt*
>   *dann Anweisung(en) 2*
>   *sonst Anweisung(en) 3*
> *Ende-wenn*

Fünf Darstellungsformen eines Ablaufs mit zweiseitiger Auswahlstruktur

Einseitige Auswahlstruktur als Sonderfall:
Neben der zweiseitigen Auswahl gibt es zwei weitere Auswahltypen: die
einseitige Auswahl mit nur einem Fall und die mehrseitige Auswahl bzw.
Fallabfrage mit mehr als zwei Fällen. Bei der einseitigen Auswahl ist ein
Zweig leer:

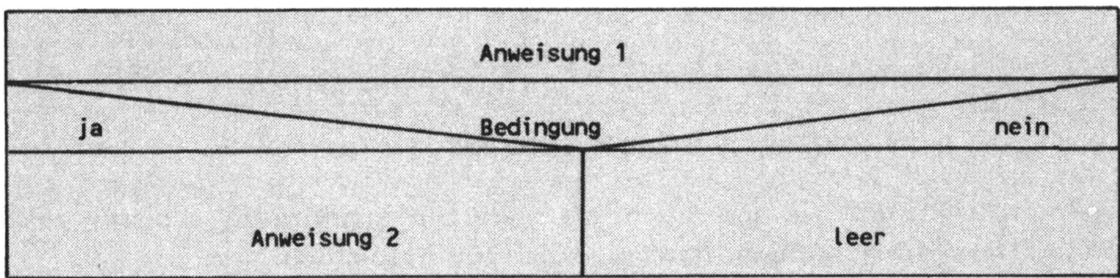

Einseitige Auswahlstruktur als Struktogramm

Mehrseitige Auswahlstruktur als Sonderfall
Bei der mehrseitigen Auswahl werden mehrere Fälle unterschieden; im
folgenden Beispiel sind es drei Fälle. Das Struktogramm zeigt, daß die
mehrseitige Auswahl als *Schachtelung* von zweiseitigen Auswahlen aufgefaßt werden kann.

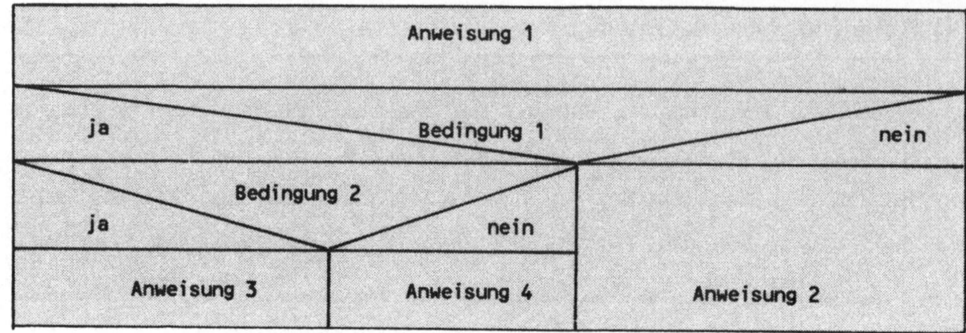

Mehrseitige Auswahlstruktur als Struktogramm

Fallabfrage als mehrseitige Auswahlstruktur:
Die mehrseitige Auswahl läßt sich entweder als *Schachtelung* von zweiseitigen Auswahlen darstellen (siehe obiges Struktogrammbeispiel), oder aber vereinfacht als *Fallabfrage (Fallunterscheidung)*. Dazu werden in zahlreichen Programmiersprachen spezielle Kontrollanweisungen vorgesehen (z.B. case, switch). Das folgende Struktogramm zeigt eine Fallabfrage mit vier Fällen und einem Restfall:

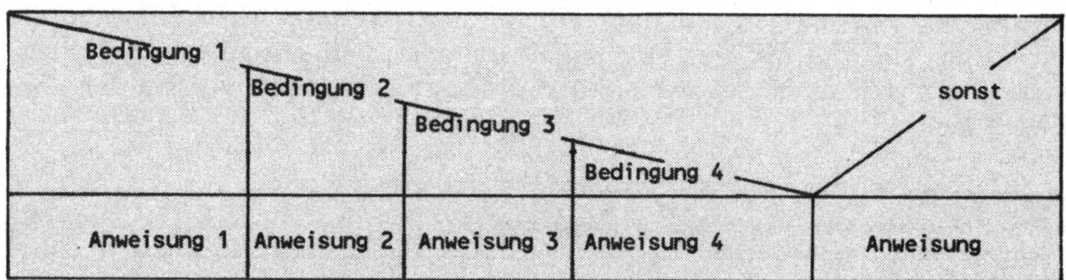

Fallabfrage mit Unterscheidung von vier Fällen

Auswahlstrukturen werden auch als Alternativstrukturen, Abläufe mit (Vorwärts-)Verzweigungen bzw. als Selektion bezeichnet.

1.3.3 Wiederholungsstrukturen

Schleifen: Wiederholungsstrukturen führen zu Programmschleifen, die mehrmals durchlaufen werden. In dem unten wiedergegebenen Beispiel wird die Anweisungsfolge *Eingabe, berechne, berechne und Ausgabe* wiederholt durchlaufen, bis die Bedingung *RECHNUNGSBETRAG = 0* erfüllt ist; diese Bedingung wird über die Tastatur als Signal zum Beenden der Schleife eingetippt. Wiederholungsstrukturen werden auch als Repetitionen und Iterationen bezeichnet.

1) Allgemeine Regel:
Wiederhole die Anweisungen 1, 2, 3, ... so lange, bis eine
bestimmte Bedingung zum Beenden der Schleife erfüllt ist.

2) Beispiel in Entwurfsprache:
Ausgabe Überschriftszeile
Eingabe RECHNUNGSBETRAG
wiederhole, solange RECHNUNGSBETRAG ungleich Null
   berechne SKONTOBETRAG
   berechne UEBERWEISUNGSBETRAG
   Ausgabe Ergebnis
   Eingabe RECHNUNGSBETRAG
Ende-wiederhole
Ausgabe Hinweis für Programmende

3) Ausführungsbeispiel als Dialogprotokoll:

Programm mit Schleife
Rechnungsbetrag =?
<u>100</u>
Überweisungsbetrag: 97 DM
Rechnungsbetrag =?
<u>200</u>
Überweisungsbetrag: 194 DM
Rechnungsbetrag =?
<u>0</u>
Programmende.

4) Ablauf als Struktogramm (Abfrage im Schleifenkörper):

| Anweisung(en) |
| Anweisung(en |
| Ende-Bedingung |
| Anweisung(en) |

5) Allgemeiner Ablauf in Entwurfsprache:
Anweisung 0
wiederhole, solange Bedingung erfüllt ist
   Anweisung 1
   Anweisung 2
   Anweisung 3
   .....
   Anweisung n
Ende-wiederhole

Fünf Darstellungsformen eines Ablaufs mit Wiederholungsstruktur

Unterscheidung von Schleifentypen:
- *Abweisende und nicht-abweisende Schleife:* Bei der abweisenden Schleife wird die Schleifenbedingung vor dem Schleifenkörper abgefragt. Die Schleife wird somit ggf. kein einziges Mal durchlaufen. Die oben dargestellte Schleife ist abweisend.
- *Zählerschleife:* Eine Zählervariable wird als Kontrollvariable bei jedem Durchlauf um 1 erhöht.
- *Offene und geschlossene Schleife:* Bei der geschlossenen Schleife ist vor Eintritt in den Schleifenkörper bereits festgelegt, wie oft dieser zu durchlaufen ist.

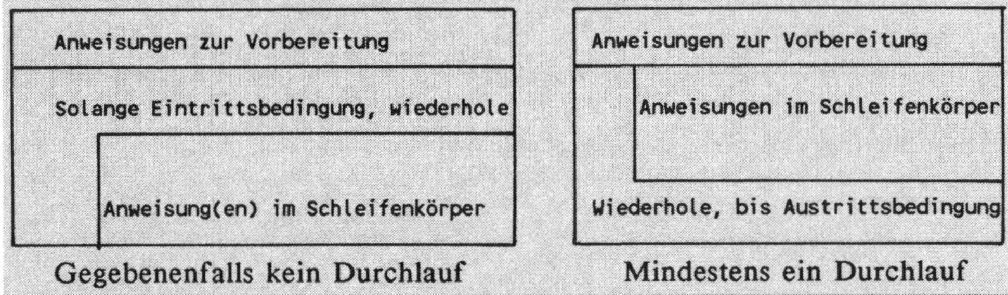

Abweisende Schleife (links) und nicht-abweisende Schleife (rechts)

Zählerschleife: Diese Schleife wird durch eine Zählervariable kontrolliert, die bei jedem Schleifendurchlauf um 1 erhöht wird.

Zählerschleife als besondere Form der abweisenden Schleife

1.3.4 Unterprogrammstrukturen

Unterprogrammstrukturen (auch Unterablaufstrukturen genannt) werden aus drei Gründen verwendet:

1. **Wirtschaftlichkeit:** Eine Aufgabe wird während eines Programmablaufes mehrmals benötigt. Beispiel: Im unten wiedergegebenen Beispiel ist die Aufgabe *Runde kaufmännisch auf zwei Dezimalstellen* zweimal zu erledigen; das Unterprogramm RUNDEN wird zweimal aufgerufen.
2. **Übersichtlichkeit:** Gliederung eines komplexen Programmes in übersichtliche Unterprogramme, die dann von einem übergeordneten Hauptprogramm aufgerufen werden.
3. **Programmentwicklung im Team:** Jeder Mitarbeiter entwickelt ein Unterprogramm; diese werden einzeln ausgetestet und später als Module zum Gesamtprogramm(-paket) zusammengesetzt.

Drei Gründe zur Verwendung von Unterprogrammen

1) **Allgemeine Regel:**
   Führe die Anweisungen A1 aus, unterbreche die Tätigkeit A, um die Anweisungen B auszuführen, kehre zurück und fahre mit der Ausführung der Anweisungen A2 fort (A im Haupt- und B im Unterprogramm).

2) **Beispiel in Entwurfsprache:**
Beginn Hauptprogramm
   Eingabe RECHNUNGSBETRAG
   berechne SKONTOBETRAG
   Aufruf Unterprogramm RUNDEN
   berechne UEBERWEISUNGSBETRAG
   Aufruf Unterprogramm RUNDEN
   Ausgabe ERGEBNIS
Ende Hauptprogramm

   Beginn-Unterprogramm
      runde BETRAG auf zwei Stellen
      ersetze BETRAG durch den gerundeten BETRAG
   Ende-Unterprogramm

Zwei Darstellungsformen eines Ablaufs mit Unterprogrammstruktur

1

Software-Tools allgemein

Daten- und Programmstrukturen als Bausteine: In den vorangegangenen Abschnitten wurden die wesentlichen Datenstrukturen *(was wird verarbeitet?)* sowie Programmstrukturen *(wie ist zu verarbeiten?)* allgemein dargestellt. Diese Strukturen mit ihren unterschiedlichen Ausprägungen können insofern als Software-Bausteine aufgefaßt werden, als aus ihnen bausteinartig die zur Lösung eines Problems erforderlichen Abläufe gebildet werden können.

Einfache Datentypen:
- CHAR für einzelnes Zeichen
- INTEGER für ganze Zahl
- REAL (Numerisch) für Dezimalzahl
- STRING (Zeichen) für Texteinheit
- BOOLEAN (Logisch) für Wahrheitswerte

Strukturierte Datentypen (=Datenstrukturen i.e.S):
- STRING (Zeichen) für Zeichenkette
- ARRAY für Feld bzw. Bereich
- RECORD für Verbund bzw. Datensatz
- FILE für Datei (genauer: Datendatei)
- SET für Menge

S O F T W A R E - B A U S T E I N E

Programmstrukturen bzw. Ablaufstrukturen:
- Folge für linearen Ablauf
- Auswahl für verzweigenden Ablauf
- Wiederholung für schleifenförmigen Ablauf
- Unterprogramm als Prozedur oder Funktion

Daten- und Programmstrukturen als Software-Bausteine

Tabellenkalkulations-Software:
- *Tabelle als Datenstruktur:* Eine Tabelle kann als zweidimensionaler ARRAY aufgefaßt werden, in der Information in Zeilen (waagrecht) und in Spalten (senkrecht) angeordnet ist. Der ARRAY ist äußerst komplex, da dem Feld als Arrayelement eine Vielzahl von Attributen zugeordnet werden können (vgl. Abschnitt 1.5).
- *Datentypen:* In einer Tabelle können Daten vom Typ REAL, STRING, BOOLEAN und FILE verarbeitet werden.
- *Programmstrukturen:* Information wird in der Regel linear verarbeitet. Über Funktionen können Auswahlstrukturen (WENN) wie auch Schleifen (Iterationen, DELTA) programmiert werden.

1

Software-Tools allgemein

1.5.1 Feld als Dateneinheit von Tabellen

Bei der **Tabellenkalkulations-Software** kommt der Dateneinheit *Feld* *(auch Zelle genannt)* eine zentrale Bedeutung zu. Eine Tabelle besteht aus waagrecht und senkrecht angeordneten Feldern, denen *Attribute* wie Ausgabetext, Zahlen als Ergebnisse, Formeln usw. zugeordnet werden können.

Mehrere Felder des gleichen Typs kann man zu einem *Bereich* (auch Feldbereich genannt) zusammenfassen. Damit gelangt man zu folgender Unterordnung von Dateneinheiten in der Tabelle:

> *Feld - Feldbereich - Tabelle*

Feldadresse: Ein Feld wird durch eine Zeilennummer Z und eine Spaltennummer S adressiert:
- Z4S2 kennzeichnet "Feld in Zeile 4 und Spalte 2".
- Z20S7 kennzeichnet "Feld in Zeile 20 und Spalte 7".
- In Feld Z3S5 ist gerade die Zahl 391,50 gespeichert.
- In Feld Z3S4 ist gerade der Text (String) "Summe:" gespeichert.

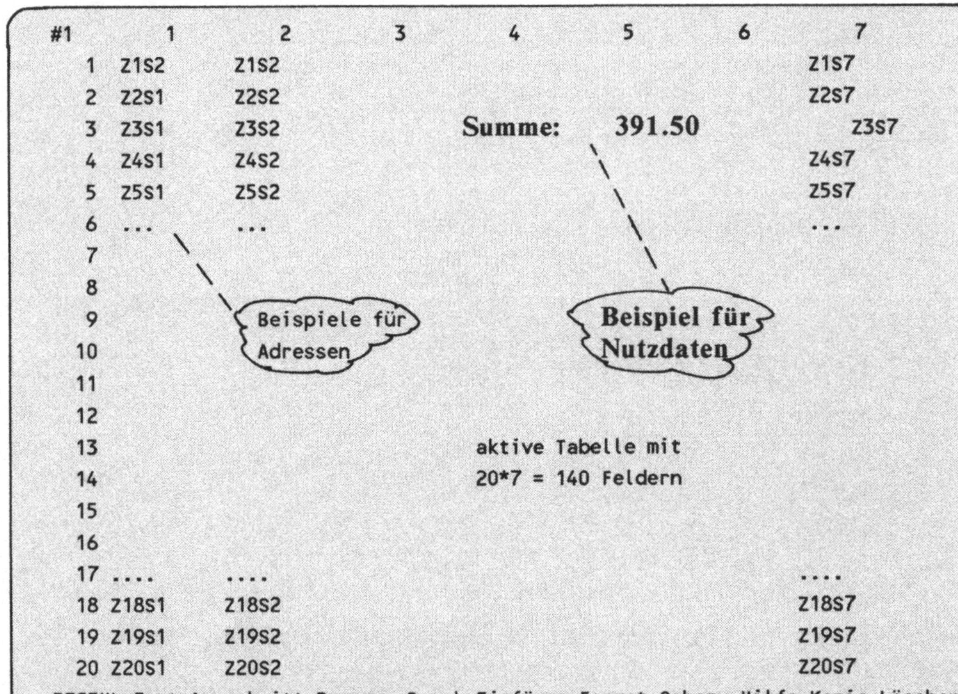

Multiplan-Tabelle mit 20 Zeilen und 7 Spalten bzw. mit 140 Feldern

Physikalische Dateneinheiten: Diese Einheiten beziehen sich auf die Organisation der Speicherung des jeweiligen Datenträgers (Band oder Platte).
- Auf dem Magnetband ist eine Tabelle blockweise abgelegt. Der Block bildet die kleinste Zugriffseinheit. Blöcke sind durch Klüfte getrennt.
- Auf der Platte gilt die Organisationshierarchie *"Spur - Sektor - Zylinder - Partition"* mit dem Sektor als kleinster Zugriffseinheit.

Mit den physikalischen Dateneinheiten hat der Benutzer in der Regel nichts zu tun.

Feld als zentrale logische Dateneinheit: Dem Feld (Zelle) einer Tabelle können mehrere Attribute zugeordnet werden. Dabei sind Nutz- und Hilfs-Attribute zu unterscheiden:
- *Nutz-Attribute:* Jede Tabelle enthält Zahlen und Texte (Strings). Zahlen gelten als "Standardfutter" der Tabellenkalkulation. Zahlen und Texte stellen die Nutzdaten der Tabelle dar.
- *Hilfs-Attribute:* Zusätzlich zu den Nutzdaten können einem Feld oder Feldbereich Hilfs-Attribute zugeordnet werden. Diese Hilfsdaten werden zusammen mit den Nutzdaten in der Tabelle gespeichert.

Nutz-Attribute:
1. Zahl (numerische Daten für Eingabe und Rechenergebnisse)
1. Ausgabetext (alphanumerische Daten für Hinweise)

Hilfs-Attribute:
2. Formel (zur Verknüpfung von numerischen Daten)
3. Formatierung (Darstellungsform, z.B. Zahl runden, Ausgabe rechtsbündig im Feld, Zahl mit DM-Währungsangabe)
4. Adressierung (absolut, relativ)
5. Name (für Einzelfelder oder für Feldbereiche)
6. Makrofunktion (Befehlsfolge, Programm)
7. Berechnungsmodus (sofort/später)
8. Iteration (Schleifenbildung)
9. Datenbankfunktion
10. Schreibschutz

Feld als Dateneinheit der Tabelle mit möglichen Attributen

Tabelle mit mehreren Attribut-Ebenen: Stellt man sich eine Tabelle als dreidimensionales Gebilde vor, dann werden in den hintereinanderliegenden Ebenen die verschiedenen Attribute gespeichert. Beim Kopieren, Übertragen usw. werden die Nutzdaten *und* die Hilfsdaten erfaßt. Natürlich kann man eine Tabelle auch ohne Hilfsdaten speichern.

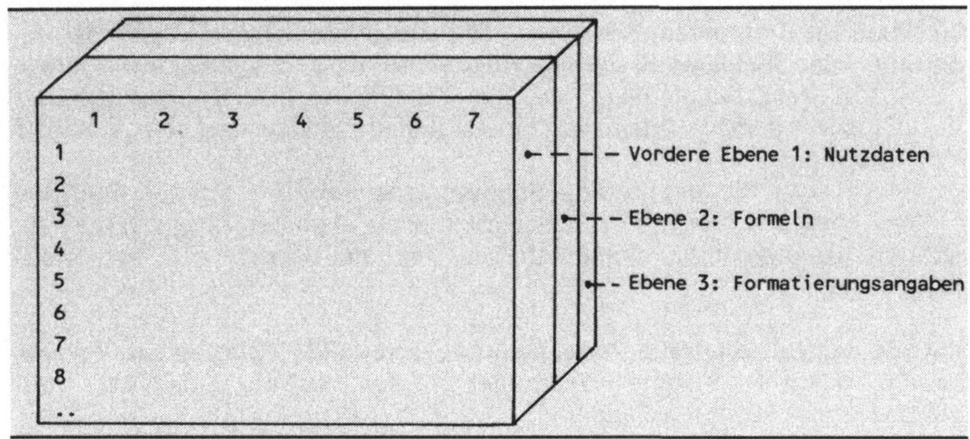

Modell einer Tabelle mit mehreren Attribut-Ebenen

Dateneinheiten und Datentypen: Im Mittelpunkt jeder Tabellenkalkulationstabelle steht der Datentyp Real bzw. Dezimalzahl. Dieser Datentyp wird den Eingabefeldern (Zahleneingabe) und Ausgabefeldern (Ergebnisausgabe) zugeordnet. Nur bei Texthinweisfeldern wird der Datentyp String zugeordnet. Texthinweise jedoch können nur ausgegeben, nicht aber in Formeln verarbeitet werden.

| *Dateneinheit:* | *Datentypen:* | | | | | | | |
| | *einfach:* | | | | *strukturiert:* | | | |
	Ganze Zahl Integer	Dezimal-zahl Real	Wahrheits-wert Boolean	Zei-chen Char	Zeichen-kette String	Feld Array	Verbund Record	Datei File
Feld		x			x			
Bereich		x			x			
Tabelle								

Dateneinheiten und Datentypen bei der
Tabellenkalkulations-Software

1.5.2 Grundlegende Abläufe zur Tabellenkalkulation

1.5.2.1 Was-wäre-wenn-Analyse

Bei dieser Datenanalysemethode führt man Berechnungen über mögliche Entwicklungen bei variablen numerischen Eingaben und festliegenden Berechnungsregeln durch. Die *Was-wäre-wenn-Analyse* kann als Matrix, in Kontoform oder grafisch duchgeführt werden.

Das folgende Beispiel einer Tabelle namens Kalk0 zeigt eine Kalkulation in seiner elementaren Form:
- Selbstkosten in DM im Feld Z6S2 und Gewinnzuschlagsatz in % im Feld Z10S2 als Eingabefelder.
- Gewinnzuschlag im Feld Z7S2 und Barverkaufspreis im Feld Z8S2 als Ausgabe- bzw. Ergebnisfelder.
- Formel für den Gewinnzuschlag: "Selbstkosten * Gewinnzuschlagsatz / 100" bzw. Z6S2*Z10S2/100.
  Formel für den Barverkaufspreis: "Selbstkosten plus Gewinnzuschlag" bzw. Z6S2+Z7S2.
- Links wiedergegebener Bildschirm: Für 800 DM Selbstkosten und 12,50 % Zuschlagsatz ermittelt die Tabelle 100 DM Gewinnzuschlag und 900 Barverkaufspreis.
- Rechts wiedergegebener Bildschirm: Für 90 DM Selbstkosten und 12,50 % Zuschlagsatz ermittelt die Tabelle 11,25 DM Gewinnzuschlag und 101,25 Barverkaufspreis.

```
#1              1              2        #1              1              2
1 Kalk0                                 1 Kalk0
2 Elementare Verkaufskalkulation        2 Elementare Verkaufskalkulation
3                                       3
4   Hinweis:           Beträge:         4   Hinweis:           Beträge:
5                                       5
6   Selbstkosten (DM)?      800,00      6   Selbstkosten (DM)?       90,00
7 + Gewinnzuschlag (DM):    100,00      7 + Gewinnzuschlag (DM):     11,25
8 = Barverkaufspreis (DM):  900,00      8 = Barverkaufspreis (DM):  101,25
9                                       9
10  Gewinnzuschlagsatz (%)?  12,50      10  Gewinnzuschlagsatz (%)?  12,50
11                                      11
```

Zwei Bildschirme für zwei Anwendungen der Kalkulationstabelle Kalk0

Die Tabellenkalkulations-Software wurde - wie der Name schon sagt - ursprünglich zur Durchführung von Kalkulationen entwickelt. Heute wird dieses Tool als universelles Planungssystem genutzt.

1.5.2.2 Iterative Analyse

Bei der iterativen Analyse werden Berechnungen über Programmschleifen durchgeführt.

In der Beispieltabelle namens Zins1 wird eine Schleife immer genau 10 mal durchlaufen, um für ein bestimmtes Anfangskapital (z.B. 1000 DM) bei einem bestimmten Zinssatz (z.B. 10%) das Kapital nach dem 1., 2., ..., 10. Jahr zu berechnen. Bei jeder Iteration wird die Formel "Kapital ergibt sich aus Kapital plus Kapital*Zinssatz/100" angewendet.

```
#1        1         2         3              #1        1         2         3

 1 Zins1                                      1 Zins1
 2 Kapitalverzinsung mit Iteration           2 Kapitalverzinsung mit Iteration
 3                                            3
 4 Jahre=10      WAHR                         4 Jahre=10      WAHR
 5 Kapital?      1000                         5 Kapital?      1000
 6 Zinssatz?       10                         6 Zinssatz?        9
 7 Kapital: 2593,7425                         7 Kapital: 2367,3637
 8                                            8
 9   Jahr     Endkapital                      9   Jahr     Endkapital
10   ----     ----------                     10   ----     ----------
11   1           1100                        11   1           1090
12   2           1210                        12   2          1188,1
13   3           1331                        13   3         1295,029
14   4          1464,1                       14   4        1411,5816
15   5         1610,51                       15   5         1538,624
16   6        1771,561                       16   6        1677,1001
17   7       1948,7171                       17   7        1828,0391
18   8       2143,5888                       18   8        1992,5626
19   9       2357,9477                       19   9        2171,8933
20  10       2593,7425                       20  10        2367,3637
```

Zwei Bildschirme zu Tabelle Zins1 mit einer Iteration
bzw. Schleife, die stets 10 mal durchlaufen wird

1.5.2.3 Tabelle ohne Berechnungsformeln

Die Tabelle wird 'zweckentfremdet' allein zur formatierten Textausgabe eingesetzt. Nicht die Rechenmöglichkeit, sondern allein die Formatierungsmöglichkeit der Tabellenkalkulation wird genutzt.

In der Beispieltabelle Termin1 wird eine Terminliste geführt: Zu jedem Termin werden das Datum, die Zeit und eine Bemerkung gespeichert. Über eine Sortierfunktion kann die Terminliste spaltenweise sortiert werden - im wiedergegebenen Beispiel wird nach den Datum geordnet.

```
#1        1          2          3           #1        1          2          3
 1 Termin1                                   1 Termin1
 2 Terminliste führen                        2 Terminliste führen
 3                                           3
 4  Datum:    Zeit:    Termin:               4  Datum:    Zeit:    Termin:
 5                                           5
 6 26.9.88   10:00   Projektabnahme          6 24.9.88     13:45 Arbeitsessen
 7 25.9.88    8:30   Schlußsitzung           7 25.9.88      8:30 Schlußsitzung
 8 26.9.88    7:15   Team-Meeting            8 26.9.88     10:00 Projektabnahme
 9 27.9.88    9:30   Einstellung             9 26.9.88      7:15 Team-Meeting
10 24.9.88   13:45   Arbeitsessen           10 27.9.88      9:30 Einstellung
11                                          11
```

Zwei Bildschirme zur Tabelle Termin1: Unsortierte (links)
und nach Spalte 1 sortierte (rechts) Terminliste

1.5.3 Datei-Anwendungen in der Tabelle

In Abschnitt 1.3.1 wurden die *Textverarbeitung*, *Tabellenkalkulation* und *Datenbank/Datei* als grundlegende Software-Tools genannt. Die in diesen Tools bereitgestellten Dienstleistungen sind nicht isoliert voneinander zu sehen. So integrieren moderne Tabellenkalkulationssysteme wie z.B. Multiplan Datenbank-/Dateianwendungen und Textverarbeitung im Tool. Wir wenden uns zunächst der Datenbank/Datei zu.

1.5.3.1 Dateneinheiten bei Dateien

Physikalische Dateneinheiten: Wie bei den Software-Tools *Tabellenkalkulation* und *Textverarbeitung* wird auch beim Software-Tool *Datenbank* blockweise bzw. sektorweise auf die auf Band bzw. Platte abgelegten Textdateien zugegriffen.

Logische Dateneinheiten: Die Hierarchie *"Zeichen - Datenfeld - Datensatz - Datei - Datenbank"* kennzeichnet die Organisation der Datei im RAM und hängt vom jeweiligen Programm ab. Die physikalische Ebene wird vom Betriebssystem übernommen. Den Programmierer interessiert vor allem die logische Ebene; er muß jeder Dateneinheit die entsprechenden *Attribute* zuordnen.

↑Zeichen

Datenfeld:
- Datenfeldname (z.B. Bezeichnung).
- Datenfeldtyp (z.B. Datentyp String bzw. Zeichenkette).
- Datenfeldlänge (z.B. maximal 25 Zeichen)

Datensatz:
- Datensatzlänge (mindestens: Summe der Länge aller Datenfelder).
- Datensatzposition (durch relative Datensatznummer gekennzeichnet).
- Datensatzstruktur (Aufbau des Satzes).

Datei:
- Nutzdatendatei (z.B. die Datei KUNDEN1).
- Indexdatei (Hilfsdatei: zu jedem Schlüssel die Satznummer angeben).
- Formatdatei (Formatierungsangaben zur Ausgabe der Nutzdaten).

Datenbank:
- Dateianzahl (Anzahl der verknüpften Dateien)

Logische Dateneinheiten von Datenbank-Tools mit möglichen Attributen

Dateneinheit:	Datentypen: einfach:				Datentypen: strukturiert:			
	Ganze Zahl Integer	Dezimal-zahl Real	Wahrheits-wert Boolean	Zei-chen Char	Zeichen-kette String	Feld Array	Verbund Record	Datei File
Zeichen								
Datenfeld								
Datensatz	x	x	x	x	x	x	x	x
Datei								
Datenbank								

Dateneinheiten und Datentypen bei der Datenbank-Software

Dateneinheiten und Datentypen: Jeder Datensatz einer Datei ist gleich lang und gleich aufgebaut. Man spricht von konstanter Datensatzlänge. *Die Datensatzstruktur bestimmt die Dateistruktur.* Bei der Entwicklung von Datenbank-Software ist zu berücksichtigen, daß für die (logischen) Dateneinheiten alle einfachen Datentypen (Abschnitt 3.1.1) und alle strukturierten Datentypen bzw. Datenstrukturen (Abschnitt 3.1.2) vereinbart werden können.

Für die in die Tabellenkalkulation integrierte Datei sind zumeist nur die Datentypen REAL und STRING vorgesehen.

1.5.3.2 Grundlegende Abläufe zur Dateiverarbeitung

Zu unterscheiden sind Abläufe zum 1) Anlegen, 2) Erfassen, 3) Abfragen, 4) Pflegen und 5) Auswerten von Dateien.

1) **Anlegen einer Datei:** Zunächst muß eine Datei angelegt werden. Dabei werden noch keine Nutzdaten gespeichert, sondern nur das Gerüst bzw. die Struktur der Datei festgelegt. Man vereinbart z.B., in wieviele Felder ein Datensatz unterteilt und unter welchem Namen die Datei auf Diskette gespeichert werden soll. Anders ausgedrückt: man legt die *Attribute* für die Dateneinheiten fest.

2) **Datenerfassung** bedeutet, Daten computerlesbar zu machen und zu speichern: Sätze werden erstmalig z.B. auf Diskette abgelegt.

3) **Abfragen von Information:** Das Abfragen kann sich auf alle, einen einzelnen oder ausgewählte Datensätze der Datei beziehen; die Sätze werden auf Diskette gesucht, in den RAM gelesen und am Bildschirm gezeigt oder am Drucker ausgegeben.

4) **Dateipflege:** Eine Datei pflegen heißt, Zugänge, Abgänge usw. zu verarbeiten. Die Dateipflege wird erforderlich, sobald eine Änderung von Daten bekannt wird und die Datei entsprechend zu aktualisieren ist. Beispiel: Fortschreibung der Lagerbestände einer Artikeldatei.

5) **Dateiauswertung:** Bei der Auswertung werden Daten je nach Problemstellung verknüpft. Man interessiert sich z.B. für die derzeit auf Lager befindlichen Artikel. Das Sortieren, Mischen, Kopieren, Auswählen, Klassifizieren und Verdichten zählt zur Dateiauswertung.

Das *Anlegen* einer neuen und (noch) leeren Datei geschieht einmalig und betrifft die Struktur der Datei, also ihr Definitionsgerüst. Die Dateistruktur wird durch die Attribute geprägt, die für die Datenelemente vereinbart werden. Das *Erfassen, Abfragen, Pflegen* und *Auswerten* hingegen wird anschließend wiederholt durchgeführt und bezieht sich auf den Inhalt der Datei. Im Rahmen der Dateipflege kann die Dateistruktur ggf. nachträglich geändert werden.

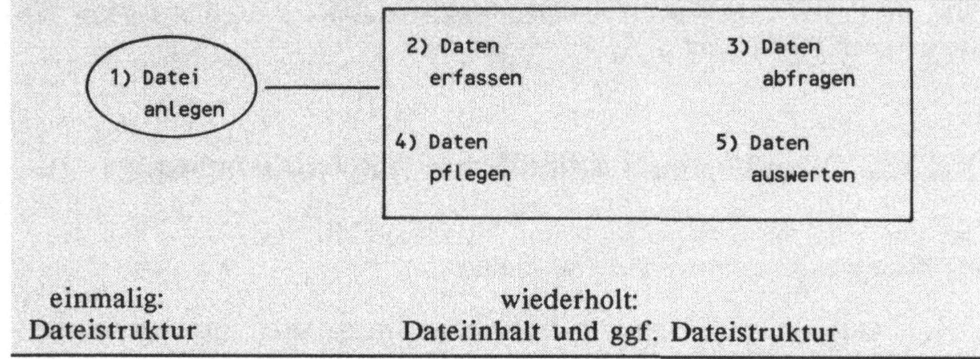

Fünf grundlegende Abläufe der Dateiverarbeitung

1.5.4 Textverarbeitungs-Anwendungen in der Tabelle

Moderne Tabellenkalkulations-Tools wie Multiplan sehen zahlreiche Funktionen vor, um in der Tabelle Texte komfortabel zu verarbeiten. Damit verwischt die exakte Trennung zwischen den Tools *Tabellenkalkulation* einerseits und *Textverarbeitung* andererseits.

1.5.4.1 Dateneinheiten bei Texten

Physikalische Dateneinheiten: Wie bei den Software-Tools *Tabellenkalkulation* und *Datei/Datenbank* wird auch beim Software-Tool *Textverarbeitung* blockweise bzw. sektorweise auf die auf Band bzw. Platte abgelegten Textdateien zugegriffen.

Logische Dateneinheiten: Die Hierarchie

"Zeichen - Wort - Zeile - Absatz - Bereich - Text"

kennzeichnet die Organisation der Textdatei im Hauptspeicher. Diesen Dateneinheiten werden dann die Attribute zur Bildschirmdarstellung, Druckformatierung usw. zugeordnet. Die Einteilung in Dateneinheiten ist bei der Textverarbeitungs-Software mehr oder weniger gleich. Bei der Zuordnung von Attributen und Auszeichnungen hingegen unterscheiden sich die Tools teilweise sehr stark (Beispiel: Bei WordStar geschieht sie durch Steuerzeichen, bei Word wird markiert bzw. über Druckformatvorlagen ausgezeichnet). Aus diesem Grunde können Textverarbeitungsdateien zumeist nur über reine ASCII-Dateien konvertiert werden - also ohne Attribute und Auszeichnungen.

Zeichen:
  - Standard
  - Fett, Kursiv
  - Unterstrichen, Doppelt unterstrichen, Durchgestrichen
  - Kapitälchen, Hochgestellt, Tiefgestellt
  - Schriftart, Schriftgrad
  - Verborgen

Absatz:
  - Standard
  - Linksbündig, Rechtsbündig, Blocksatz
  - Einzug links, Einzug rechts
  - Absatzabstand, Zeilenabstand

Bereich:
  - Seitenlänge, Seitenbreite
  - Bundsteg
  - Paginierung
  - Seitenrand oben, unten, links, rechts
  - Spaltenanzahl, Spaltenabstand
  - Kopfzeilen, Fußzeilen

Datei:
  - Textdatei (Dateitypen TXT, SIK)
  - Textbausteindatei (TBS)
  - Durchformatvorlagendatei (DFV)
  - Druckerbeschreibungsdatei (DBS)

Logische Dateneinheiten von Texten mit möglichen Attributen

Dateneinheiten und Datentypen: Textverarbeitungs-Software arbeitet primär mit den Datentypen Char (Einzelzeichen) bzw. String (Zeichenkette). Über die Option "Rechnen" können gegebenenfalls numerische Datentypen erreicht werden.

Dateneinheit:	Datentypen:							
	einfach:				strukturiert:			
	Ganze Zahl Integer	Dezimal- zahl Real	Wahrheits- wert Boolean	Zei- chen Char	Zeichen- kette String	Feld Array	Verbund Record	Datei File
Zeichen Absatz Bereich Textdatei				x	x			x

Dateneinheiten und Datentypen bei der Textverarbeitungs-Software

1.5.4.2 Grundlegende Abläufe zur Textverarbeitung

Aufbauend auf die Tastaturschulung und die Computerbedienung unterscheidet man die *Erfassung*, *Bearbeitung* und *programmierte Verarbeitung*
von Texten als wichtige Tätigkeiten der Textverarbeitung.

- **1) Texterfassung:** Eingabe von Fließtexten, Sofortkorrektur, Textformatierung (Rand, Blocksatz, Flattersatz), Text auf einem Externspeicher sicherstellen.

- **2) Textbearbeitung:** Text nachträglich überarbeiten (Löschen, Einfügen, Versetzen, Suchen, Ersetzen, Kopieren, Umformatieren),
  Texttabellen erstellen, Druckformatvorlagen erstellen und einsetzen, Druckausgabe durchführen.

- **3) Textverarbeitung:** Textdateien mischen, Textbausteine erstellen,
  Serienbriefe, Stammdatenverarbeitung.

Bei der Integration der Textverarbeitung in das Tool Tabellenkalkulation
geht es in erster Linie nur um die *Textbearbeitung*. Moderne Tabellenkalkulationssysteme wie z.B. Multiplan sehen Funktionen vor, die das nachträgliche Bearbeiten von Text in Feldern auf komfortable Weise ermöglichen.

2 Referenz zu Multiplan

2
Referenz zu Multiplan

Die folgende Referenz bezieht sich auf das Planungssystem Multiplan. Die
Definitionen, Befehle bzw. Funktionen beziehen sich auf Multiplan 4.0.
Die Referenzlisten sind komplett, d.h. sie umfassen sämtliche Sprachmittel
von Multiplan 4.0.
Abweichungen zu älteren Multiplan-Versionen (bis Multiplan 3.0) werden
jeweils vermerkt.

2.1.1 Datentypen

Multiplan arbeitet mit den fünf Datentypen Zahl, String, Logisch, Positionsangabe und Fehlerwert.

Datentyp Numerisch bzw. Zahlen:
- Ganze Zahlen   887
- Dezimalzahlen   526,88 (Dezimalkomma)
- Exponentialdarst.   14,3E+2 für 14,3 * 10 hoch 2 = 1430
- Genauigkeit   14 Stellen: Exponent -307 bis +308
- Kleinste Zahl   1 * 10 hoch -307
- Größte Zahl   9,999 999 999 999 9*10 hoch +307
- Rechenzeichen   - (Negation) % (Prozent) ^ * / + -
                             in abnehmender Priorität

Datentyp String (Zeichenkette, Text):
- Maximallänge   Text zwischen " " bis 255 Zeichen
- Stringverkettung &   "Till"&"mann" ergibt "Tillmann"
- Stringfunktionen   LÄNGE, TEIL, FEST, ...
- FEST(3;2)   wandelt 3 in String "3,00" um
- WERT("0,2")   wandelt "0,2" in Zahl 0,2 um

Datentyp Logisch (WAHR und FALSCH als Ergebnis von Vergleichen):
- Sechs Vergleichszeichen   < <= > >= = <>
                             Strings sind nicht vergleichbar
- Funktionen   z.B. UND, ODER, NICHT, WAHR
                             und FALSCH
- WENN-Funktion   für Entweder-Oder-Entscheidungen

Datentyp Positionsangabe (für Adressen):
Adressen werden angegeben, um Daten in die Tabelle exakt einzuordnen.
- Z7S1   Absolute Adresse
- Z(+4)S   Relative Adresse
- Z1S1:Z6S9   Adresse eines Feldbereichs

Datentyp Fehlerwerte:
Fehlerwerte stellen einen Ersatz für Werte dar, die aufgrund von Fehlern
in der jeweiligen Formel nicht berechnet werden können.

- DIV/0!	Divisionsergebnis (durch 0 konnte nicht geteilt werden)
- NAME!	Name nicht vereinbart
- NV!	Wert ist nicht verfügbar
- NULL!	Schnittmengenoperator: leere Menge
- NUM!	Arithm. Funktion nicht verwendbar
- POS!	Position (Adresse) nicht erreichbar
- WERT!	String anstelle Zahl verwendet

Bestandteile von Formeln:
Die Datentypen tauchen in Formeln z.B. wie folgt auf:

- Zahlen	Normal- oder Exponentialdarstellung
- Text	Zwischen " "
- Logische Werte	Datentyp mit WAHR oder FALSCH
- Adreßangaben	Z7S2 als absolute Feld-Adresse
	Z7S2:Z9S4 als abs. Bereich-Adresse
	Su als Name bzw. benannte Adresse
- Fehlerwerte	z.B. DIV/0!, WERT!, NV!

2.1.2 Adressierung

Absolute Adressierung (Positionierung) von Feldern: Eine Adresse setzt
sich aus der Angabe der Zeilen- und Spaltennummer des betreffenden
Feldes zusammen. "Absolut" bedeutet, daß die Adresse ohne Beziehung zu
einer anderen Adresse angegeben wird.

- Zn	Zeilennummer n (1 - 4095)
- Sn	Spaltennummer n (1 - 255)
- Zn:m	Alle Zeilen von n bis m
- Sn:m	Alle Spalten von n bis m
- ZnSm	Einzelnes Feld
- Zn:mSp:q	Rechteckiger Feldbereich

Relative Adressierung (Positionierung) von Feldern: "Relativ" bedeutet,
daß sich die Adresse des (Ziel-)Feldes auf ein bestimmtes (Quell-)Feld
bezieht.

- Z(+n)	n Zeilen unterhalb der aktiven Zeile
- Z(-n)	n Zeilen oberhalb der aktiven Zeile
- S(+n)	n Spalten rechts der aktiven Spalte
- S(-n)	n Spalten links der aktiven Spalte

- ZS(-1)	Feld links vom aktiven Feld
- Z(+1)S	Feld unterhalb des aktiven Feldes
- Z(-2)S(+4)*Z7S3	Relative, absolute Adresse gemischt

Adressen von Feld oder Bereich mit Namen benennen:
- Namen   Mit Buchstaben beginnen, bis 31 Zeichen lang; Buchstaben, Ziffern, "." und Unterstrich "_" erlaubt

2.1.3 Anweisungsvorrat von Multiplan

Multiplan stellt folgende Anweisungen zur Verfügung: *Befehle, Funktionen, Operatoren* und *Makrocodes*.

2.1.3.1 Befehle

Hauptmenü von Multiplan mit 21 Befehlen:

```
BEFEHL:Text Ausschnitt Bewegen Druck Einfügen Format Gehezu Hilfe Kopie Löschen
Name Ordnen Pfad Quitt Radieren Schutz Übertragen Verändern Wert Xtern Zusätze
Wählen Sie bitte eine Option oder geben Sie deren Anfangsbuchstaben ein!
```

Drei Möglichkeiten zur Befehlsauswahl aus dem Hauptmenü:
1. Anfangsbuchstaben des Befehlswortes eingeben.
2. Befehlszeiger mit der Leertaste zum Befehlswort bewegen und den Befehl mit der Return-Taste aktivieren.
3. Auswahl mit der Maus

Unter Multiplan 4.0 mit den Menüs von Multiplan 3.0 arbeiten:
Über den Befehl ZUSÄTZE MENÜ_3.0 JA wird das Befehlsmenü von Multiplan 3.0 so lange angezeigt, bis erneut ZUSÄTZE MENÜ_3.0 NEIN eingestellt wird.

Auswahl eines Feldbereichs:
Mit dem Cursor wird das linke obere Anfangsfeld des Bereichs markiert, um dann den entsprechenden Befehl zu wählen (ggf. mit der Tab-Taste zum gewünschten Befehlsfeld gehen. Nun hat man zwei Möglichkeiten zur Auswahl des Bereichs:

- Eintippen des Bereichs in das entsprechende Befehlsfeld; Beispiel Z4S1:Z7S5.
- ":" bzw. F6 eingeben und mit dem Cursor bis zum Endefeld rechts unten gehen. Der Bereich erscheint im Befehlsfeld.

Vorauswahl eines Feldbereichs (ab Multiplan 4.0):
Ein Feldbereich kann markiert werden, *bevor* ein Befehl aktiviert wird.

1. Cursor in eine linke obere Ecke des zu markierenden Bereichs bewegen.
2. F6 (Erweiterung) oder direkt ":" eintippen und den Cursor zur gegenüberliegenden Ecke bewegen. Der Bereich ist markiert und erscheint hell unterlegt.
3. Den gewünschten Befehl wählen; Multiplan schlägt den markierten Bereich im jeweiligen Befehlsfeld (z.B. FORMAT FELDER) vor.

Neue bzw. geänderte Befehle ab Multiplan 4.0:

- AUSSCHNITT: Fünf Unterbefehle identisch. Optionen geändert.
- DRUCK: Fünf Unterbefehle identisch. Optionen geändert.
- FORMAT: Unterbefehle Breite_der-Spalten, Druckerschriftarten, Ersetzen, Felder und Optionen; Unterbefehl Zeit_Datum ausgelagert. Optionen geändert.
- ORDNEN: Unterbefehle Spalten, Zeilen. Optionen angepaßt.
- PFAD: Unterbefehle Betriebsystem, Kontrolle, Ausgabe, Datenbank. Optionen geändert.
- ÜBERTRAGEN: Unterbefehle Laden, Speichern, Bildschirmlöschen, Dateilöschen, Optionen, Umbenennen; Import/Export ausgelagert. Optionen geändert.
- ZUSÄTZE: Unterbefehle Sofort rechnen, Warnton, Iteration, Endekriterium in, T/W-Modus, Merke, Menü_3.0. Optionen geändert.

Verwaltung einer Datenbank (ab Multiplan 4.0):
In Multiplan 4.0 besteht die Möglichkeit, eine Datenbank (Datei mit einer Sammlung von Datensätzen) als Teil einer Tabelle zu verwalten.
- Über den Befehl PFAD Datenbank können Datensätze kopiert, gelöscht und gesucht werden.
- Über spezielle Datenbankfunktionen kann die Datenbank ausgewertet werden.

2.1.3.2 Funktionen

Funktionen können in Felder geschrieben werden: für sich alleine oder als
Bestandteil einer Formel. Im Gegensatz zu den Befehlen können Funktionen somit nur über den WERT-Befehl eingegeben werden.

Aufbau einer Funktion: Eine Funktion besteht aus einem Funktionswort
und einem Funktionsargument, das in Klammern angegeben wird.
- Es gibt Funktionen ohne Argument (die Klammer ist dann leer).
  Beispiele: Funktion WAHR, Funktion NV..
- Nach dem Aufruf liefert die Funktion ein Ergebnis zurück; das
  Ergebnis kann vom Datentyp Numerisch (z.B. SUMME), vom Da-
  tentyp String (z.B. GROSS) oder vom Datentyp Logisch (z.B.
  WAHR) sein.

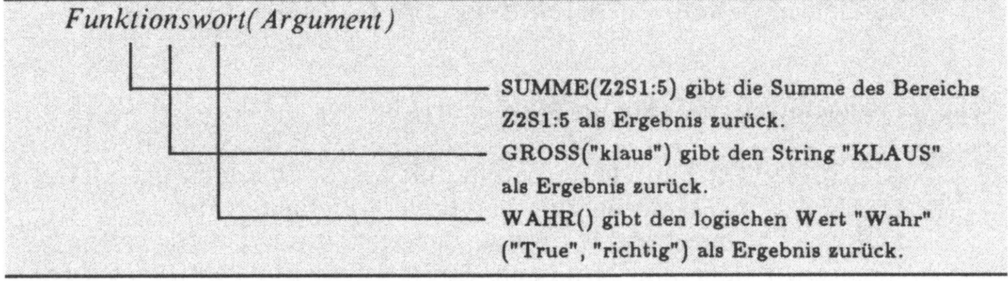

Typen von Funktionen: Nach ihrer Aufgabe lassen sich neun Typen von
Funktionen angeben. In der folgenden Übersicht werden zu diesen Typen
die neuen, erst ab Multiplan 4.0 gültigen Funktionen angegeben:

Datenbankfunktionen:
    DBANZAHL(),   DBANZAHL2(),   DBMAX(),   DBMIN(),
    DBMITTELWERT(), DBPRODUKT(),   DBSTDABW(),   DBSTD-
    ABWN(), DBSUMME(), DBVARIANZ(), DBVARIANZEN().
Datums- und Zeitfunktionen:
    identisch.
Finanzmathematische Funktionen:
    DIA(), GDA(), KAPZ(), LIA(), ZINSZ().
Logische Funktionen:
    ISTFEHLER(), ISTLOG().
Mathematische Funktionen:
    FAKULTÄT(), KÜRZEN(), LOG(), PRODUKT().
Sonderfunktionen:
    VERSION(), VERWEIS(), WAHL().
Statistische Funktionen:
    ANZAHL2(), STABWN(), VARIANZ(), VARIANZEN().

Textfunktionen:
   ERSETZEN(), FINDEN(), SUCHEN() (die Multiplan 3.0-Funktion
   heißt jetzt VERWEIS()), WECHSELN().
Trigonometrische Funktionen:
   ASCCOS(), ARCSIN(), ARCTAN2().

2.1.3.3 Operatoren

Multiplan arbeitet mit den fünf Datentypen Zahl, String (Text), Logisch,
Positionsangabe (Adresse) und Fehlerwert. Operatoren verknüpfen Daten
und werden als Bestandteil einer Formel über den WERT-Befehl eingegeben.

Operatoren zur Verknüpfung von Zahlen:
In der folgenden Übersicht werden die mathematischen Operatoren in der
Reihenfolge der Berechnung angegeben (- als negativer Wert zuerst).

-	Negation (monadisch)	-2
%	Prozentangabe für /100	20% für 0,20 (also 20/100)
^	Potenzierung	2^3
*	Multiplikation	2*3,75
/	Division	Z6S2/100
+	Addition	Zins+23,55
-	Subtraktion	Z6S8-SUMME(Z1:4S3)
	Logische Operatoren	

Operator zur Verknüpfung von Text (String):
Der Verkettungsoperator & addiert Strings: "Multi"&"plan" ergibt den Er-
gebnisstring "Multiplan".

Logische Operatoren:
Diese Operatoren werden innerhalb von Vergleichen verwendet und liefern das Ergebnis WAHR oder FALSCH.

<	Kleiner als	7 < 33 ergibt FALSCH
<=	Kleiner oder gleich	
=	Gleich	
>	Größer als	
>=	Größer oder gleich	
<>	Ungleich	

Operatoren zur Verknüpfung von Positionsangaben (Adressen):
Innerhalb einer Adresse haben die Operatoren " " (Leerstelle), ":" und ";"
die folgenden Bedeutungen:

Schnittmengenoperator " ":
      Z S7 schneidet die aktive Zeile mit der Spalte 7
Bereichsoperator ":":
      a:b mit a als Adreßangabe links oben und b rechts unten.
Verknüpfungsoperator ";":
      Z7S2;Z1S1 verknüpft die entfernten Felder Z7S2 und Z1S1.
      Z7S2;Z7S3 entspricht Z7S2:3 bzw. Z7S2:Z7S3.

Der Operator ":" kann auch über die Taste F6 (Erweiterung) erzeugt
werden (siehe Markierung von Bereichen in Abschnitt 2.1.3.1).

2.1.3.4 Makrocodes

Makro: Ein Makro ist eine Befehlsfolge, die in einem bestimmten Feld
der Tabelle abgelegt wird. Das Feld erhält einen Namen. Das einmal gespeicherte Makro kann später bei Bedarf beliebig oft über seinen Namen
aufgerufen bzw. ausgeführt werden.

Makro-Tastenschlüssel: Im Makro können auch Tastenschläge abgelegt
werden. Die dazu erforderlichen Tastenschlüssel müssen mit einem Apostroph, gefolgt von zwei Buchstaben, im Makro angegeben werden. In der
folgenden Übersicht sind die erst ab Multiplan 4.0 gültigen Tastenschlüssel (Makrocodes) getrennt angeführt:

Tastenschlüssel:

'lt	Leertaste	'un	Unterbrechen	'aa	Ausschnittanfang
'rt	Return	'zr	Zeichen rechts	'nl	Nach links
'tb	Tab	'na	Nächster Ausschnitt	'nf	Nächstes ungeschütztes Feld
'wl	Wort links	'nu	Nach unten	'vf	Vorheriges ungeschütztes Feld
'wr	Wort rechts	'lö	Löschen	'su	Seite nach unten
'zl	Zeichen links	'lf	Letztes Feld	'rc	Rück-Tab
'sl	Seite links	'sr	Seite rechts	'so	Seite nach oben
'nb	Neuberechnen	'az	Anführungszeichen	'la	Letzter Ausschnitt
'ad	Adressierung	'nr	Nach rechts	'rü	Rücktaste
'no	Nach oben	'hi	Hilfe	'ef	Erstes Feld

Tastenschlüssel ab Multiplan 4.0:

'am	Menü aus	'ab	Bildschirm aus	'he	Zum Anfang Befehlsfeldeingabe
'em	Menü an	'eb	Bildschirm an	'en	Zum Ende Befehlsfeldeingabe

Makro-Befehlsworte: Neben Tastenschlüsseln können folgende Befehlsworte in Makros geschrieben werden.

`'er Erläuterungstext'`	Erläuterung
`'we Bedingung'`	Bedingung überprüfen
`'gz Positionsangabe'`	Positionsangabe eines Feldes
`'ma Positionsangabe'`	Makroaufruf
`'me`	Makroende nach `'ma`
`'qu`	Makro beenden, zurück zum Hauptmenü
`'te Meldung 'Positionsangabe'`	Aufforderung zur interaktiven Texteingabe
`'wt Meldung 'Feldposition'`	Aufforderung zur Eingabe von Werten
`'is Systemmeldung'`	Wie Befehl ? beim interaktiven Makro
`'ew Positionsangabe 'Wert'`	Befehl Wert aktivieren
`'nb Positionsangabe'`	Neuberechnung
`'mü Positionsangabe'`	Selbsterstellte Menüs anzeigen
`'mf Positionsangabe'`	Wie `'mü`
`'?`	Warten und Tastatureingabe entgegennehmen

2.1.3.5 Neuerungen von Multiplan 4.0 im Abriß

Im folgenden werden die wesentlichen Neuerungen, die Multiplan 4.0 gegenüber Multiplan 3.0 bietet, in alphabetischer Folge zusammengestellt.

Befehle: Die Befehle AUSSCHNITT, DRUCK, FORMAT, ORDNEN, PFAD, ÜBERTRAGEN und ZUSÄTZE wurden geändert bzw. erweitert (vgl. Abschnitte 2.1.3.1 und 2.2).

Datenbank: Ein Bereich der Multiplan-Tabelle kann als Datenbank (besser: als Datei) definiert und über spezielle Funktionen und Befehle verarbeitet werden (vgl. Abschnitt 3.10).

Druckertreiber: Über DRTUCK OPTIONEN MODELL lassen sich Druckertreiber einstellen (vgl. Liste der verfügbaren Treiber in der Datei INFO.TXT auf der Multiplan-Diskette).

Farbe: Zur besseren Unterscheidung lassen sich die Farben von Befehlsname und Befehlsoptionen variieren.

Feldbreite: Über die Richtungstasten kann die Feldbreite verändert werden (vgl. Befehl FORMAT BREITE_DER_SPALTEN).

Formatierung: Zahlreiche Zeichencodes werden in einer *Formatcode-Liste* angeboten. Zusätzlich können die Zeichenformate Fett, Unterstrichen, Durchgestrichen und Kursiv eingestellt werden (vgl. FORMAT-Befehl).

Funktionsangebot: Über 30 neue Funktionen werden bereitgestellt (vgl. Abschnitte 2.1.3.2 und 2.3).

Funktionsauswahl: Bei der Eingabe einer Formel lassen sich die verfügbaren Funktionsnamen auflisten und über die Richtungstasten auswählen.

Kompatibilität: Unter Multiplan 3.0 erzeugte Tabellen können unter Multiplan 4.0 geladen und ausgeführt werden (Aufwärtskompatibilität). Mit ÜBERTRAGEN SPEICHERN werden sie dann im Multiplan 4.0-Format sichergestellt und sind nicht mehr unter Multiplan 3.0 ausführbar (keine Abwärtskompatibilität). Folgerung: Tabellen zuvor kopieren.

Laden von Tabellen: Der Befehl ÜBERTRAGEN LADEN lädt stets in dem Format, das zuvor über ÜBERTRAGEN OPTIONEN eingestellt worden ist.

Makros: Neue Makrocodes 'am, 'em, 'ab, 'eb, 'he und 'em (vgl. Abschnitte 3.7 und 3.8.3).

Menü Multiplan 3.0: Das von Multiplan 3.0 gewohnte Menü kann auch unter Multiplan 4.0 angezeigt werden (vgl. ZUSÄTZE MENU_3.0). Dies ist insbesondere dann sinnvoll, wenn Makro-Tastenfolgen unverändert abzuarbeiten sind.

Multiplan-Tabelle: Die am Bildschirm angezeigte Tabelle weist folgende Zusätze auf:

- EW für den ERWEITERUNG-Modus in der Statuszeile, um das Markieren eines Feldbereichs anzuzeigen (vgl. Vorauswahl).
- Die Statusanzeigen NF, RF, MR, MV, ES, UF und EW ersetzen das Wort "Multiplan" in der Statuszeile, falls mehrere dieser Möglichkeiten gewählt werden:
  NF = Num-feststelltaste, RF = Rollen-Feststelltaste, MR = Makro Recorder, MV = Makro Verändern, ES = Einzelschritt, UF = Umschalt-Feststelltaste und EW = Erweiterung.
- Beim Kopieren aus einer anderen Tabelle werden die zu übertragenden Felder durchnumeriert angezeigt (vgl. XTERN KOPIE).
- Mausunterstützung: Das Drücken von F4 wie auch das Anklicken des "!" bewirken eine Neuberechnung der Tabelle (das "!" steht neben dem "?").
- Seitenumbrüche (horizontal wie vertikel) können als Teil der Ausschnittsumrahmung angezeigt werden (vgl. Abschnitt 3.9).
- In der Meldungszeile wird eine Meldung zum gerade markierten Befehl angezeigt.

Ordnen: Mehrere Ordnungsbegriffe lassen sich durch ";" getrennt zum Sortieren angeben (vgl. ORDNEN-Befehl).

OS/2: Unter dem Betriebssystem OS/2 kann Multiplan gleichzeitig mit anderer Software ausgeführt werden (OS/2-Modus).

Teiltabelle speichern: Ein über ÜBERTRAGEN OPTIONEN definierter Teil der aktiven Tabelle kann auf Diskette als neue Tabelleneinheit sichergestellt werden.

Vorauswahl eines Feldbereichs: Ein Bereich kann nicht nur nach, sondern bereits *vor* der Befehlswahl markiert werden (vgl. Abschnitt 2.1.3.1).

Windows: Im ASCII- oder SYLK-Format angelegte Tabellen können in der Windows-Zwischenablage gespeichert bzw. geladen werden.

2.1.4 Befehlsstruktur des Hauptmenüs von Multiplan

2.1.4.1 Befehlsstruktur bis Multiplan 3.0

Zu jedem Befehl des Multiplan-Hauptmenüs werden die zugehörigen Unterbefehle sowie Befehlsworte (Optionen) zusammengestellt.
In Multiplan 4.0 kann man die folgenden Menüs nach Einstellung des Befehls ZUSÄTZE MENÜ_3.0 JA erreichen.

```
Befehl:         Unterbefehl:           Befehlswort (Option):


TEXT                                   :


AUSSCHNITT      Teilen                 Waagerecht  Senkrecht  Bezeichnung
                Umrahmen               Ändern in Ausschnitt-Nr.  Dateinamen anzeigen
                Löschen
                Verbinden              Ausschnitt-Nr  Mit Ausschnitt-Nr
                                       Verbinden:JaNein
                Farbe                  Text  Hintergrund  Rahmen


BEWEGEN         Zeilen                 von Zeile:  bis vor Zeile:  Zeilenanzahl:

                Spalten                von Spalte:  bis vor Spalte:  Spaltenanzahl:


DRUCK           Drucker
                Platte/Diskette
                Randbegrenzung         Links  Oben  Druckbreite  Drucklänge
                                       Seitenlänge  Einrücken
                Optionen               Bereich  Steuerzeichen  Anschluß
                                       Formeln:JaNein  Zeilen/Spalten-Nr.:  Währung


EINFÜGEN        Zeile                  Zeilenanzahl:  vor Zeile:  von Spalte:
                                       bis Spalte:
                Spalte                 Spaltenanzahl:  vor Spalte:  von Zeile:
                                       bis Zeile:


FORMAT          Felder                 Ausrichtung  Formatcode
                Standard               Felder Breite der Spalten  Höhe
                Optionen               Tausenderpunkte:JaNein  Formeln:JaNein
                Breite_der_Spalten     Zeichenanzahl oder Standardwert s
                                       von Spalte:  bis Spalte:
                Währung
                Zeit_Datum             Felder  Ersetzen


GEHEZU          Makro
                Name
                Zeile_Spalte           Zeile:  Spalte:
                Ausschnitt             Ausschnitt-Nr:  Zeile:  Spalte:
```

HILFE	Wiederaufnahme	
	Erklärung ...	
KOPIE	Rechts	Anzahl Kopien Beginn bei: ZS
	Nach Unten	Anzahl Kopien Beginn bei: ZS
	Von	Feld: ZS in Feld: ZS
LÖSCHEN	Zeile	Zeilenanzahl: Beginn bei: von Spalte: bis:
	Spalte	Spaltenanzahl: Beginn bei: von Zeile: bis:
NAME		Name definieren Bereichsangabe
		Makro Tastenschlüssel
ORDNEN		der Spalte: von Zeile: bis Zeile:
		Sortierfolge:(>)<
PFAD	Betriebssystem	
	Kontrolle	Formeln Bezüge
	Ausgabe	
QUITT		
RADIEREN		Felder
SCHUTZ	Felder	ZS Status
	Rechenformeln	
ÜBERTRAGEN	Laden	Dateiname Nur Lesen
	Speichern	Dateiname geschützt
	Bildschirmlöschen	
	Dateilöschen	Dateiname
	Optionen	Format Laufwerk
	Umbenennen	Dateiname
	Import/Export	
VERÄNDERN		Formel eingeben:
WERT		:
XTERN	Kopie	von Tabelle: Bereichsname: nach:
		Verbindung:JaNein
ZUSÄTZE		SofortRechnen:JaNein Warnton aus:JaNein
		Iteration:JaNein Endekriterium in:
		Text-/Wert-Modus Merke

2.1.4.2 Befehlsstruktur von Multiplan 4.0

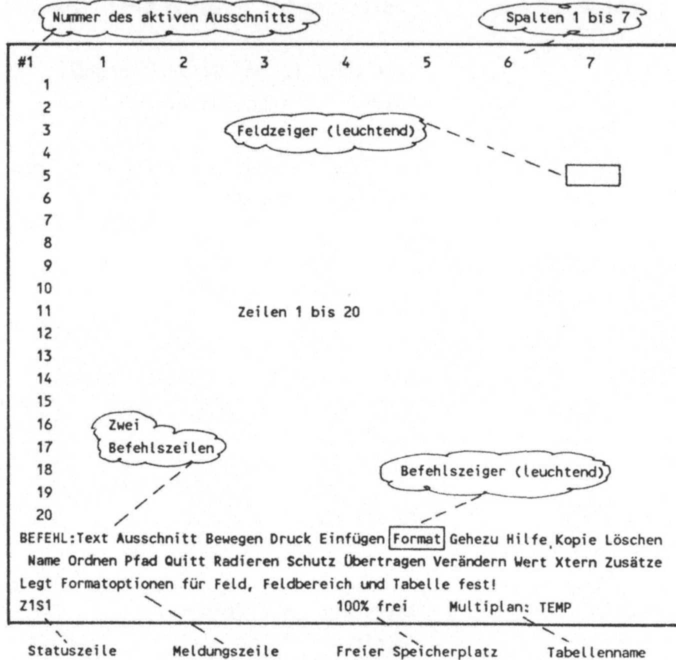

Um die folgenden Menüs zu erhalten, muß ZUSÄTZE MENÜ_3.0 NEIN
eingestellt sein.

Befehl:	Unterbefehl:	Befehlswort (Befehlsfeld, Option):
TEXT		:
AUSSCHNITT	Teilen	Waagerecht Senkrecht Bezeichnung
	Umrahmen	ändern in Ausschnitt Nummer:
		Dateinamen anzeigen:(Ja)Nein
		Seitenwechsel anzeigen:(Ja)Nein
	Löschen	Ausschnitt Nummer:

	Verbinden	Ausschnitt Nummer: mit Ausschnitt Nummer: verbunden:Ja(Nein)
	Farbe	Text: Hintergrund: Ausschnittrahmen: Menü:
BEWEGEN	Zeilen	von Zeile: bis vor Zeile: Zeilenanzahl:
	Spalten	von Spalte: bis vor Spalte: Spaltenanzahl:
DRUCK	Drucker	
	Platte/Diskette	auf Platte/Diskette:
	Randbegrenzung	oben: unten: links: rechts: Einrücken: Seitenlänge: Seitenbreite: Maßeinheit:
	Optionen	Bereich: Drucker: Modell: Anschluß: Entwurf:Ja(Nein) Formeln:Ja(Nein) Z/S-Nummern:Ja(Nein)
	Kopf-/Fußzeile	Kopfzeile: Fußzeile: Start Numerierung bei: Numerierungsformat: (1) I i A a
EINFÜGEN	Zeile	Zeilenanzahl: vor Zeile: von Spalte: bis:
	Spalte	Spaltenanzahl: vor Spalte: von Zeile: bis:
FORMAT	Felder	ZS Ausrichtung:(Stnd)Mitte Norm Links Rechts - Formatcode: Standard
	Standard	Felder Breite_der_Spalten Höhe
	Optionen	Fehlermeldungen:Ja(Nein) Formeln:Ja(Nein) Dezimalzeichen: .(,)
	Breite_der_Spalten	in Zeichen oder S(tandard): Spalte: bis:
	Ersetzen	Standard durch:
	Zeichenformat	Felder: ZS Fett: Ja Nein(-)
	Druckerschriftarten	Schriftart: Schriftgröße:
GEHEZU	Makro	
	Name	
	Zeile_Spalte	Zeile: Spalte:
	Ausschnitt	Ausschnitt Nummerr: Zeile: Spalte:
HILFE	Wiederaufnahme	
	Erklärung ...	
KOPIE	Rechts	Anzahl Kopien: Beginn bei: ZS
	Nach_Unten	Anzahl Kopien: Beginn bei: ZS
	Von	Feld: ZS in Feld: ZS
LÖSCHEN	Zeile	Zeilenanzahl: Beginn bei: von Spalte: bis:
	Spalte	Spaltenanzahl: Beginn bei: von Zeile: bis:

NAME		Name eingeben: Bereich: Makro:Ja(Nein)
		Tastenschlüssel:
ORDNEN	Zeilen	nach Spalten: von Zeile: bis:
		Sortierfolge:(>)<
	Spalten	nach Zeilen: von Spalte: bis:
		Sortierfolge:(>)<
PFAD	Betriebssystem	
	Kontrolle	Formeln Bezüge
	Ausgabe	Drucker Platte/Diskette
		Namen Querverweis Überblick
	Datenbank	Vorwärts_Suchen Rückwärts_Suchen
		Kopieren_Daten Löschen_Daten
QUITT		
RADIEREN		Felder
SCHUTZ	Felder	ZS Status: Geschützt(Ungeschützt)
	Rechenformeln	
ÜBERTRAGEN	Laden	Dateiname: Nur Lesen:Ja(Nein)
	Speichern	Dateiname: geschützt:Ja(Nein)
	Bildschirmlöschen	Gesamt Ausschnitt
	Dateilöschen	Dateiname:
	Optionen	Format: Normal Symbolisch Fremd ASCII
		Laufwerk/Inhaltsverzeichnis: Bereich:
	Umbenennen	Dateiname:
VERÄNDERN		:
WERT		:
XTERN	Kopie	von Tabelle: Bereichsname: nach: ZS
		verbunden:(Ja)Nein
	Liste	
	Gesamt	von Tabelle: Bereichsname: Beginn bei:
		Operation:(+)- * /
	Umbenennen	Dateiname: statt:
	Aktualisieren	verbundene Tabellen:
ZUSÄTZE		sofort rechnen:Ja Nein Warnton aus:Ja(Nein)
		Iteration:Ja(Nein) Endekriterium in:
		T/W-Modus:Ja(Nein) Merke:Ja(Nein)
		Menü_3.0:Ja(Nein)

2
Referenz zu Multiplan

Die Befehle werden in alphabetischer Reihenfolge genannt. Zu jedem Befehl bzw. Unterbefehl werden folgende Angaben gemacht:
- Befehlswort mit Unterbefehlen gemäß Menü
- Erklärung mit Beispielen
- Menü des Befehls und Menüs aller Unterbefehle

Die Referenzliste umfaßt sämtliche Befehle von Multiplan 4.0.

Ausschnitt

AUSSCHNITT: Teilen Umrahmen Löschen Verbinden Farbe
Ausschnittoperationen durchführen. Farben: 0=schwarz, 1=blau, 2=grün, 3=zyanblau, 4=rot, 5=magentarot, 6=gelb, 7=hellgrau, 8=dunkelgrau, 9=hellgrau, 10=hellgrün, 11=zyanblau hell, 12=hellrot, 13=magentarot hell, 14=hellgelb, 15=weiß.
- Den aktiven Ausschnitt bei Spalte 3 teilen und Ausschnitte verbinden:

```
AUSSCHNITT TEILEN SENKRECHT bei Spalte: 3       verbunden: ja
```

```
AUSSCHNITT FARBE Text: 7          Hintergrund: 0          Ausschnittrahmen: 7
              Menü: 7
AUSSCHNITT LÖSCHEN Ausschnitt Nummer: 1
Bitte eine Zahl eingeben!


AUSSCHNITT TEILEN: Waagrecht  Senkrecht  Bezeichnung
Teilt aktiven Ausschnitt horizontal in der angegebenen Zeile!


AUSSCHNITT UMRAHMEN ändern in Ausschnitt Nummer: 1
 Dateinamen anzeigen: Ja(Nein)   Seitenwechsel anzeigen: Ja(Nein)
Bitte eine Zahl eingeben!


AUSSCHNITT VERBINDEN Ausschnitt Nummer: 1
              mit Ausschnitt Nummer: 1          verbunden: Ja(Nein)
Bitte eine Zahl eingeben!
```

Bewegen

BEWEGEN: Zeilen Spalten
Zeilen oder Spalten unter Anpassung relativer Adreßangaben innerhalb der Tabelle bewegen.
- Die aktive Spalte 7 zum linken Rand der Tabelle bewegen:

```
BEWEGEN SPALTEN von Spalte: 7 bis vor Spalte: 1     Spaltenanzahl: 1
```

```
BEWEGEN SPALTEN von Spalte: 1  bis vor Spalte: 1    Spaltenanzahl: 1
Bitte eine Zahl eingeben!
```

```
BEWEGEN ZEILEN von Zeile: 1     bis vor Zeile: 1       Zeilenanzahl: 1
Bitte eine Zahl eingeben!
```

Druck

DRUCK: Drucker Platte/Disk. Randbegrenzung Optionen Kopf-/Fußzeile
Die aktive Tabelle ausdrucken.
- Die aktive Tabelle komplett ausdrucken:
    DRUCK: Drucker
- Tabelle z.B. zur späteren Übernahme in einen Text speichern:
    DRUCK auf Platte/Diskette: b:kfzmiet3.tab
- Eine exakt begrenzte Teiltabelle ausdrucken:
    DRUCK RANDBEGRENZUNG: oben: 1In   unten: 1In   links: 0,5In   rechts: 0,5In
    Einrücken: 0,4In Seitenlänge: 11In Seitenbreite: 8,5In Maßeinheit: Ze(In)C

```
DRUCK: Drucker Platte/Diskette Randbegrenzung Optionen Kopf-/Fußzeile
Ausgabe auf Drucker!


DRUCK Drucker:


DRUCK KOPF-/FUßZEILE Kopfzeile:                      Fußzeile:
       Start Numerierung bei: 1     Numerierungsformat:(1)I i A a
Geben Sie bitte die Position eines Felds oder eines Tabellenbereichs ein!


DRUCK OPTIONEN Bereich: Z1:4095   Drucker: TEXT          Modell:
Anschluß: PRN  Entwurf: Ja(Nein)  Formeln: Ja(Nein)  Z/S-Nummern: Ja(Nein)
Geben Sie den Namen des Druckertreibers ein oder wählen Sie von der Liste!


DRUCK auf Platte/Diskette:
Bitte geben Sie einen Dateinamen ein!


DRUCK RANDBEGRENZUNG oben: 1In        unten: 1,67In  links: 0,5In  rechts: 1In
 Einrücken: 0,4In  Seitenlänge: 11,67In Seitenbreite:8,5In Maßeinheit:Ze(In) Cm
Geben Sie bitte eine Maßeinheit ein!


DRUCK RANDBEGRENZUNG oben: 6 Ze     unten: 10,02 Ze links: 5 Ze  rechts: 10 Ze
 Einrücken:4 Ze  Seitenlänge:70,02 Ze  Seitenbreite:85 Ze Maßeinheit:(Ze)I n Cm
Geben Sie bitte eine Maßeinheit ein!


DRUCK RANDBEGRENZUNG oben: 2,54 Cm  unten: 4,24 Cm  links: 1,27 Cm
 rechts: 2,54 Cm  Einrücken: 1,02 Cm  Seitenlänge: 29,64 Cm
 Seitenbreite: 21,59 Cm  Maßeinheit: Ze In(Cm)
Geben Sie bitte eine Maßeinheit ein!
```

Einfügen

EINFÜGEN: Zeile Spalte

Zeile(n) oder Spalte(n) einfügen. Durch das Einfügen bedingte Adreßänderungen werden automatisch durchgeführt.

- Zwei Zeilen mit Leerfeldern vor Zeile 7 einfügen:

```
EINFÜGEN ZEILE Zeilenanzahl: 2          vor Zeile: 7
               von Spalte: 1                 bis: 255


EINFÜGEN SPALTE Spaltenanzahl: 1        vor Spalte: 1
                von Zeile: 1                  bis: 4095
Bitte eine Zahl eingeben!
```

Format

FORMAT: Felder Standard Optionen Breite_der_Spalten Ersetzen
Zeichenformat Druckerschriftarten

Form der Tabellendarstellung auf dem Bildschirm einstellen. FORMAT ZEIT_Datum von Multiplan 3.0 ist ab Multiplan 4.0 in FORMAT FELDER und FORMAT ERSETZEN enthalten.

- Die Breite der 3. Spalte von s=10 auf 15 vergrößern:

```
FORMAT BREITE_DER_SPALTEN in Zeichen oder S(tandard): 15
                      Spalte: 3                 bis: 3
```

- Tabelle in Formeldarstellung anzeigen:

```
FORMAT OPTIONEN Fehlermeldungen: Ja Nein     Formeln: Ja(Nein)
                Dezimalzeichen: .(,)
```

- Inhalt der 10 oberen Zeilen von Spalte 3 mit zwei Dezimalstellen:

```
FORMAT FELDER: Z1:10S3         Ausrichtung:(Stnd)Mitte Norm Links Rechts -
         Formatcode: 0,00
```

Vordefinierte Formate des Befehlsfeldes "Formatcode" (bei Drücken der Richtungstaste im Befehlsfeld "Formatcode" angezeigt):

Formatcode:	Ergebnis:
Standard	Anzeigen im Standardformat.
@[Zusammen]	Zeilenbereich in zusammenhängender Form.
0E+00	Exponentialschreibweise; 3E+06 für 3000000.
0,00	Festkommadarstellung; Anzahl der Nullen rechts vom Komma legt die Anzahl der Dezimalstellen fest (hier 2).

Norm	Zahl so genau wie möglich in der verfügbaren Spaltenbreite angeben.
0	Ausgabe ganzzahlig (Dezimalzahlen ganzzahlig gerundet).
#.##0 DM; (#.##0 DM)	Formatierter Währungsbetrag; vierstellige Beträge mit einem Punkt angezeigt; negative Zahlen eingeklammert; leeres Feld als 0 DM.
#.##0,00 DM; (+.++0,00 DM)	Formatierter Währungsbetrag wie oben, aber mit zwei Nachkommastellen; leeres Feld wird als 0,00 DM angezeigt.
Balken; (Balken)	Zahlen als entsprechende Anzahl von Sternchen anzeigen; negative Zahlen als eingeklammerte Sternchen.
0%	Zahlen als Prozentsatz ohne Nachkommastellen anzeigen (0,2 als 20%).
Unverändert	Ausgabeformat bleibt unverändert.
#.##0	Formatierter numerischer Wert; vierstellige Zahlen werden mit einem Punkt gezeigt; ein leeres Feld wird als 0 angezeigt.
#.##0,00	Formatierter numerischer Wert mit zwei Nachkommastellen; ein leeres Feld wird als 0,00 angezeigt.
0,00%	Zahl als Prozentsatz mit zwei Nachkommastellen (0,2 als 20,00%).
0,00E+00	Zahl als Wert mit zwei Nachkommastellen, E und einem Exponenten von 10 anzeigen (Exponentialdarstellung); 3,15E+06 für 3150000.
t.m.jj	31.1.89, aber 11.11.89
t.m	31.1
t-mmm-jj	31-Jan-89
t-mmm	31-Jan
mmm-jj	Jan-89
h:mm AM/PM	7:25 PM
h:mm:ss AM/PM	7:25:08 PM
h:mm	19:25
h:mm:ss	19:25:08
t.m.jj h:mm	31.1.89 19:25

Schnellformatierung durch Drücken der folgenden Tasten im "Formatcode"-Feld:

Z = Zusammen, S = Standard, E = 0E+00, F = 0,00, N = Norm, G = 0, W = DM-Währung, * = Balken;(Balken), % = 0% und - = Unverändert.

```
FORMAT: Felder Standard Optionen Breite_der_Spalten Ersetzen Zeichenformat
        Druckerschriftarten


FORMAT BREITE_DER_SPALTEN in Zeichen oder S(tandard): s
                        Spalte: 3                    bis: 3
Bitte eine Zahl oder S für Standard eingeben!


FORMAT DRUCKERSCHRIFTARTEN Schriftart: System
                        Schriftgröße: 12
Geben Sie bitte eine Schriftart ein oder wählen Sie von der Liste!


FORMAT Ersetzen: Standard              durch: Standard
Geben Sie bitte ein Format ein oder wählen Sie von der Liste!


FORMAT OPTIONEN Fehlermeldungen: Ja Nein    Formeln: Ja(Nein)
            Dezimalzeichen: .(,)
Wählen Sie bitte eine Option oder geben Sie deren Anfangsbuchstaben ein!


FORMAT STANDARD: Felder Breite_der_Spalten Höhe
Legt Standard-Formatoptionen für Felder fest!


FORMAT ZEICHENFORMAT Felder: Z5S3                        Fett: Ja Nein(-)
Unterstrichen: Ja Nein(-)  Durchgestrichen: Ja Nein(-)  Kursiv: Ja Nein(-)
Geben Sie bitte die Position eines Felds oder eines Tabellenbereichs ein!
```

Gehezu

GEHEZU: Makro Name Zeile_Spalte Ausschnitt
Einen bestimmten Bereich der Tabelle aktivieren.
- Zu dem mit Endbetrag benannten Feld gehen (bei Eingabe einer Pfeil-
taste werden die Variablennamen zur Auswahl aufgelistet).

```
        GEHEZU Name: Endbetrag
```

```
GEHEZU: Makro Name Zeile_Spalte Ausschnitt
Führt einen Makro aus!


GEHEZU AUSSCHNITT Ausschnitt Nummer: 1      Zeile: 1      Spalte: 1
Bitte eine Zahl eingeben!


GEHEZU MAKRO:
Geben Sie bitte die Position eines Felds oder eines Tabellenbereichs ein!
```

```
GEHEZU Name:
Geben Sie bitte die Position eines Felds oder eines Tabellenbereichs ein!


GEHEZU Zeile: 1            Spalte: 1
Bitte eine Zahl eingeben!
```

Hilfe

HILFE: Wiederaufnahme Erklärung_Hilfe Nächste_Seite Vorhergehen-de_Seite Lösungen Befehle Ändern_Vorschläge Formeln Tastatur Makros Hifestellungen geben (mit W zur Tabelle, Esc zum Hauptmenü zurück).

Kopie

KOPIE: Rechts Nach_Unten Von
Inhalt und Format von Feldern kopieren (Originalfelder bleiben erhalten).
- Die sechs ersten Felder von Zeile 2 3 mal nach unten kopieren:
```
        KOPIE NACH_UNTEN Anzahl Kopien: 3        Beginn bei: Z2S1:6
```
- Feldquadrat links oben auf ein in Z7S1 beginnendes Quadrat kopieren:
```
        KOPIE VON Feld: Z1:3S1:3      in Feld: Z7S1
```
- Von Ausschnitt 1 die ersten 5 Felder in Spalte 2 nach Ausschnitt 2:
```
        KOPIE VON Feld: 1:Z1:5S2      in Feld: 2:S3S3
```

```
KOPIE: Rechts Nach_Unten Von
Kopiert Feld oder Feldbereich nach rechts!


KOPIE NACH_UNTEN Anzahl Kopien:          Beginn bei: Z1S1
Bitte eine Zahl eingeben!


KOPIE RECHTS Anzahl Kopien: 4            Beginn bei: Z3S2
Bitte Zahl eingeben!


KOPIE VON Feld: Z1S1                 in Feld: Z1S1
Geben Sie bitte eine Positions- oder Bereichsangabe ein!
```

Löschen

LÖSCHEN: Zeile Spalte
Zeile(n) oder Spalte(n) mit Anpassung von Adreßangaben entfernen.

- Die derzeit aktive Zeile 7 komplett löschen:

```
LÖSCHEN ZEILE Zeilenanzahl: 7                    Beginn bei: 1
                 von Spalte: 1                          bis: 255
```

```
LÖSCHEN Zeile Spalte
Wählen Sie bitte eine Option oder geben Sie deren Anfangsbuchstaben ein!


LÖSCHEN ZEILE Zeilenanzahl: 1             Beginn bei: 1
                 von Spalte: 1                  bis: 255
Bitte eine Zahl eingeben!


LÖSCHEN SPALTE Spaltenanzahl: 1           Beginn bei: 1
                  von Zeile: 1                  bis: 4095
Bitte eine Zahl eingeben!
```

Name

NAME: Namen eingeben: Bereich: Makro:Ja(Nein) Tastenschlüssel
Ein Feld oder einen Bereich benennen bzw. die Benennung entfernen.
Namen sind maximal 31 Zeichen lang. Bei Eingabe einer Richtungstaste
werden die vergebenen Namen angezeigt.
- Die ersten vier Felder von Zeile 7 erhalten den Bereichsnamen Summe1:

```
NAME Namen eingeben: Summe1               Bereich: Z7S1:4
           Makro: Ja(Nein)    Tastenschlüssel:
```
- Variable Betrag4 löschen durch Entfernen der Adreßangabe in Bereich:

```
NAME Namen eingeben: Betrag4              Bereich: Del-Taste drücken
           Makro: Ja(Nein)    Tastenschlüssel:
```

```
NAME: Namen eingeben:                     Bereich: Z3S1
            Makro: Ja(Nein)    Tastenschlüssel:
Bitte einen Namen eingeben!
```

Ordnen

ORDNEN Zeilen Spalten
Tabelle gemäß der Sortierfolge der genannten Spalte ordnen. Adreßangaben werden angepaßt. Beim Ordnen werden Zahlen, Text, Logische Wer-
te/Fehlerwerte und leere Felder unterschieden. Sortierfolge von Text:

```
 ! " # $ % & ' ( ) * + , - . / 0-9 : ; > = < ? @ A-Z [ \ ] ^ _ ` a-z { } ~
```
- Die Tabelle nach dem Sortierschlüssel in Spalte 2 aufsteigend sortieren:

```
ORDNEN ZEILEN nach Spalten: 2             von Zeile: 1       bis: 4095
            Sortierfolge: (>)<
```

```
ORDNEN Zeilen Spalten
Sortiern Spalten nach Zeilen!


ORDNEN SPALTEN nach Zeilen: 3            von Spalte: 1          bis: 255
          Sortierfolge:(>)<
Geben Sie bitte die Zeilennummer(n) ein!


ORDNEN ZEILEN nach Spalten: 2            von Zeile: 1          bis: 4095
          Sortierfolge:(>)<
Geben Sie bitte die Spaltennummer(n) ein!
```

Pfad

PFAD: Betriebssystem Kontrolle Ausgabe Datenbank
Vier Befehlsoptionen bereitstellen.
- Zur Betriebssystemebene wechseln, um einen DOS-Befehl aufzurufen:
  (mittels COMMAND mehrere DOS-Befehle aufrufen, zurück mit EXIT):
```
PFAD BETRIEBSSYSTEM
```
- Einen Bericht über Namen von Feldern und Makros drucken:
```
PFAD AUSGABE DRUCKER: Querverweis Namen Überblick
```
- Die Formel in Feld Z7S2 über zwei Fenster kontrollieren:
```
PFAD KONTROLLE FORMELN Feld: Z7S2
```
- Information in der Datenbank suchen und in den Zielbereich kopieren:
```
PFAD DATENBANK KOPIEREN_DATEN
```

```
PFAD: Betriebssystem Kontrolle Ausgabe Datenbank
Geht in das Betriebssystem, ohne Multiplan zu beenden!


PFAD AUSGABE: Drucker Platte/Diskette
Ausgabe von Querverweisen, Namen und Überblick auf Drucker!


PFAD AUSGABE DRUCKER NAMEN: Alle Nicht_Makros Makros
Druckt einen Bericht mit allen Namen einer Tabelle!


PFAD AUSGABE DRUCKER QUERVERWEIS Feld: Z1:4095
Beziehungen:(Ja)Nein    Wert:(Ja)Nein     Format:(Ja)Nein     Ebenen:
Geben Sie bitte die Position eines Felds oder eines Tabellenbereichs ein!


PFAD AUSGABE DRUCKER ÜBERBLICK: Aufzählen Gesamt
Druckt einen Bericht über mögliche Fehlerbedingungen!


PFAD AUSGABE PLATTE/DISKETTE: Querverweis Namen Überblick
Ausgabe von Querverweisen auf Platte/Diskette!
```

```
PFAD BETRIEBSSYSTEM:
Bitte Text eingeben!


PFAD DATENBANK: Vorwärts_Suchen Rückwärts_Suchen Kopieren_Daten Löschen_Daten
Sucht in Richtung Dateiende nach Datensätzen!→


PFAD DATENBANK KOPIEREN_DATEN in Felder: Z3S3
Geben Sie bitte eine Positions- oder Bereichsangabe ein!


PFAD DATENBANK LÖSCHEN_DATEN
??


PFAD DATENBANK RÜCKWÄRTS_SUCHEN ..
?


PFAD DATENBANK VORWÄRTS_SUCHEN
?


PFAD KONTROLLE: Formeln Bezüge
Überprüft Felder, auf die sich Formeln beziehen!


PFAD KONTROLLE BEZÜGE Feld: Z3S2
Geben Sie bitte die Position eines Felds oder eines Tabellenbereichs ein!


PFAD KONTROLLE FORMELN Feld: Z3S2
Geben Sie bitte die Position eines Felds oder eines Tabellenbereichs ein!
```

Quitt

QUITT:
Aktive Datei sichern (falls J eingegeben), Datei namens MP.INI speichern
und Multiplan verlassen. In MP.INI werden die über folgende Befehle
vorgenommenen Einstellungen gespeichert:

```
AUSSCHNITT FARBE/UMRAHMEN, DRUCK OPTIONEN/RANDBEGRENZUNG, FORMAT FELDER/STAN-
DARD HÖHE, ÜBERTRAGEN OPTIONEN Laufwerk und ZUSÄTZE.
```
MP.INI wird beim nächsten Starten geladen.

Radieren

RADIEREN: Felder
Nur den Inhalt eines Feldes bzw. Bereichs löschen, nicht aber Format,
Name bzw. das Feld selbst (siehe LÖSCHEN-Befehl).
- Den Inhalt von fünf Feldern in Spalte 7 ausradieren.

```
RADIEREN Felder: Z2:6S7
```

- Alle im Bereich mit dem Namen Skonto liegenden Felder ausradieren:

```
RADIEREN Felder: Skonto
```

```
RADIEREN Felder: Z3S3
Geben Sie bitte die Position eines Felds oder eines Tabellenbereichs ein!
```

Schutz

SCHUTZ: Felder Rechenformeln

Felder bzw. alle Rechenformeln vor unbeabsichtigter Änderung schützen
(eine Änderung mit den Befehlen Kopie, Radieren, Text, Verändern,
Wert bzw. Xtern ist nicht mehr möglich).
- Den Schutzstatus des Feldes Z7S2 anzeigen bzw. ändern:

```
SCHUTZ Felder: Z7S2          Status: Geschützt(Ungeschützt)
```

```
SCHUTZ Felder: Z3S3              Status: Geschützt(Ungeschützt)
Geben Sie bitte die Position eines Felds oder eines Tabellenbereichs ein!

SCHUTZ Rechenformeln:
Geben Sie bitte J ein um zu bestätigen!
```

Text

TEXT: bzw. TEXT/WERT:

Text in das aktive Feld eingeben. Zur Texteingabe aufeinanderfolgender
Felder den TEXT-Befehl mit einer Pfeiltaste anstelle der Ret-Taste beenden (das System meldet sich dann mit TEXT/WERT:).

```
TEXT:
Bitte Text eingeben!
```

Beendet man die Eingabe mit einer Pfeiltaste anstelle der Return-Taste,
so wird der TEXT-Modus nicht verlassen. Man gelangt in den TEXT-
/WERT-Modus; das 1. Zeichen entscheidet zwischen WERT und TEXT:

```
TEXT/WERT:
Geben Sie bitte einen Text oder Wert ein!
```

Übertragen

**ÜBERTRAGEN: Laden Speichern Bildschirmlöschen Dateilöschen
                 Optionen Umbenennen**

Die gesamte Tabelle zwischen dem RAM und einem Externspeicher über-
tragen. Durch Drücken einer Pfeiltaste (anstelle des Dateinamens) werden
die Dateinamen angezeigt.
- Tabelle TEST1.TAB von Diskette B: in den RAM kopieren und zeigen:
```
ÜBERTRAGEN LADEN Dateiname: b:test1.tab                Nur Lesen:Ja(Nein)
```
- Systemmeldung, wenn die Tabelle im RAM noch nicht gesichert wurde:
```
Geben Sie J ein wenn Sie speichern möchten N wenn nicht oder unterbrechen!
```
- Tabelle im RAM unter dem Namen STATIS7 auf Diskette A: speichern:
```
ÜBERTRAGEN SPEICHERN Dateiname: a:statis7                geschützt:Ja(Nein)
```
- Vor dem Speichern das SYLK-Format (Symbolisch) einstellen:
```
ÜBERTRAGEN OPTIONEN Format: Normal Symbolisch Fremd
                              Laufwerk/Inhaltsverzeichnis:
```
- Aktive Tabelle mit Aktualisierung verbundener Tabellen umbenennen:
```
ÜBERTRAGEN UMBENENNEN Dateiname: b:test7.tab
```

Aufwärtskompatibilität von Multiplan:
  - Tabellen von Multiplan 2.0 oder Multiplan 3.0 können unter Mul-
    tiplan 4.0 verarbeitet werden: Multiplan 4.0 starten, ÜBERTRA-
    GEN LADEN und dann ÜBERTRAGEN SPEICHERN, um die
    Tabelle automatisch in das Multiplan 4.0-Format umzuwandeln.
  - Eine im Multiplan 4.0-Format gespeicherte Datei kann nicht in
    früheren Multiplan-Versionen geladen werden.

Vier Dateiformate:
  - *Normal*: Binäres Multiplan-Format (BIFF-Format für binary interchange file
    format), schnell und kompakt.
  - *Symbolisch*: SYLK-Dateiformat für Datenaustausch mit anderen Programmen.
  - *Fremd*: zum Laden anderer Tabellenformate von Lotus 1-2-3 und Symphony.
  - *ASCII*: ASCII-Format; Laden und Speichern von formatierten ASCII-Textdateien.

```
ÜBERTRAGEN: Laden Speichern Bildschirmlöschen Dateilöschen Optionen Umbenennen
Laden der Tabelle!


ÜBERTRAGEN BILDSCHIRMLÖSCHEN: Gesamt Ausschnitt
Löscht alle Tabellen aus dem Arbeitsspeicher!


ÜBERTRAGEN DATEILÖSCHEN Dateiname:
Bitte geben Sie einen Dateinamen ein oder wählen Sie einen!


ÜBERTRAGEN LADEN Dateiname:                          Nur Lesen: Ja(Nein)
Bitte geben Sie einen Dateinamen ein oder wählen Sie einen!


ÜBERTRAGEN OPTIONEN Format: Normal Symbolisch Fremd ASCII
   Laufwerk/Inhaltsverzeichnis: A:\                  Bereich: Z1:4095
Wählen Sie bitte eine Option oder geben Sie deren Anfangsbuchstaben ein!
```

```
ÜBERTRAGEN SPEICHERN Dateiname: A:\TEMP              geschützt: Ja(Nein)
Bitte geben Sie einen Dateinamen ein!
```

Hinweis: Eine in Multiplan 4.0 geladene und wieder gespeicherte Tabelle kann in Multiplan 3.0 später nicht mehr geladen werden (automatische Formatanpassung).

```
ÜBERTRAGEN UMBENENNEN Dateiname: A:\TEMP
Bitte geben Sie einen Dateinamen ein!
```

Wert

WERT:
Eine Zahl oder Formel in das aktive Feld eintragen. Der WERT-Befehl kann auch durch eine Ziffer 0-9 (Zahlen als Standardfutter von Multiplan) oder ein Zeichen +-,= aktiviert werden.

Beendet man den Befehl mit einer Pfeiltaste, gelangt man in den TEXT-/WERT-Modus (siehe TEXT).

```
WERT:
Bitte eine Formel eingeben!
```

Xtern

XTERN: Kopie Liste Gesamt Umbenennen Aktualisieren
Auf Daten von nicht aktiven bzw. externen Tabellen zugreifen.
- Aus Tabelle B:T8.TAB die Felder BET1 kopieren und ab Z7S2 ablegen:

```
        XTERN KOPIE von Tabelle: b:t8.tab          Bereichsname: bet1
                          nach: Z7S2                verbunden:(Ja)Nein
```

```
XTERN: Kopie Liste Gesamt Umbenennen Aktualisieren
Kopiert aus externen Tabellen!

XTERN GESAMT von Tabelle:                  Bereichsname: Z1:4095
              Beginn bei: Z8S4                Operation:(+)- * /
Geben Sie bitte einen Dateinamen ein!


XTERN AKTUALISIEREN verbundene Tabellen:


XTERN GESAMT von Tabelle:                  Bereichsname: Z1:4095
              Beginn bei: Z1S1                Operation:(+)- * /
```

```
XTERN KOPIE von Tabelle:                  Bereichsname:
                 nach: Z8S4               verbunden:(Ja)Nein
Geben Sie bitte einen Dateinamen ein!


XTERN LISTE
Keine Tabellen senden Werte an A:\TEMP
Keine Tabellen sind abhängig von A:\TEMP
Zur Fortsetzung der Arbeit drücken Sie bitte eine beliebige Taste!


XTERN UMBENENNEN Dateiname:               statt:
Geben Sie bitte einen Tabellennamen ein!
```

Zusätze

**ZUSÄTZE sofort rechnen:Ja Nein Warnton aus:Ja(Nein)
     Iteration:Ja(Nein) Endekriterium in: T/W-Modus:Ja(Nein)
     Merke:Ja(Nein) Menü_3.0:Ja(Nein)**
Befehlszusätze in Form von Schaltern dauerhaft einstellen. SOFORT
RECHNEN=Nein ermöglicht eine rasche Eingabe großer Datenmengen.
WARNTON=AUS schont die Nerven.

```
ZUSÄTZE sofort rechnen: Ja Nein  Warnton aus: Ja(Nein)  Iteration: Ja(Nein)
Endekriterium in:        T/W-Modus: Ja(Nein)  Merke: Ja(Nein)  Menü_3.0: Ja(Nein)
Wählen Sie bitte eine Option oder geben Sie deren Anfangsbuchstaben ein!
```

2
Referenz zu Multiplan

Zu jeder Multiplan-Funktion werden das allgemeine Format, die Bedeutung sowie Beispiel(e) angegeben. Abkürzungen der Funktionsargumente:

- *N* für einen numerischen Wert oder eine Formel.
- *String* für eine Zeichenkette oder eine Formel, die einen String liefert.
- *Logisch* für einen logischen Wert (sonst: Fehlerwert WERT!).
- *Liste* für Einträge, die durch ";" aufgelistet sind.
- *Bereich* für eine Adresse (Einzelfeld, Feldbereich bzw. Name).

Der Hinweis *Ab 4.0* bedeutet, daß die betreffende Funktion erst ab der Version Multiplan 4.0 verfügbar ist.

ABS(N)
Absolutwert von Zahl. ABS(-77.12) ergibt 77.12.

ANFANG(String)
Das 1. Zeichen in einen Großbuchstaben umwandeln.
- Ausgabe von "Kai":
```
ANFANG("kai")
```

ANZAHL(Liste)
Anzahl der angegebenen Zahlenwerte. Siehe MITTELW, SUMME.
- Die Anzahl der Felder namens Betrag, die einen Wert beinhalten:
```
ANZAHL(Betrag)
```

ANZAHL2(Liste)
Anzahl der nicht-leeren Felder in der Liste. *Ab 4.0.*
- Zum Beispiel den Wert 3 angeben:
```
ANZAHL2(Z1S4:Z1S7)
```

ARCCOS(N)
Arcuskosinus von N im Bogenmaß berechnen; Ergebnis 0 - Pi. *Ab 4.0.*

ARCSIN(N)
Arcussinus von N im Bogenmaß angeben; Ergebnis -Pi/2 - Pi/2. *Ab 4.0.*

ARCTAN(N)
Arcustangens des Winkels N im Bogenmaß zwischen -Pi/2 und +Pi/2.

ARCTAN2(x;y)
Arcustangens aus den x- und y-Koordinaten berechnen. ARCTAN2(a;b) entspricht ARCTAN(b/a), wobei in ARCTAN a=0 erlaubt ist. *Ab 4.0.*

BARWERT(Zinssatz;Liste)
Barwert für einen Zinssatz (als Dezimalzahl; 0,9 für 9%) berechnen.
- In Liste stehen der Ertrag am Ende der 1. Periode (1. Wert), am Ende
  der 2. Periode (2. Wert) usw. Einnahme als Bereich benannt:
```
BARWERT(0,9;Einnahm)
```

BUCHSTABE(Bereich)
Textinhalt des linken oberen Feldes des genannten Bereichs liefern.

CODE(String)
Codezahl der ersten Zeichens. CODE("Klaus") ergibt 75 als ASCII-Zahl.

COS(N)
Cosinus von N als Winkel im Bogenmaß liefern.

DATUM(Jahr;Monat;Tag)
Die dem Datum zugehörige Datumszahl nennen (Datumszahl 0 für den 1.
1.1900).
- Die Datumszahl 7 ausgeben:
```
DATUM(1988;4;22)-DATUM(1988;4;15)
```

DATWERT(Datumstring)
In die Datumszahl umwandeln. DATWERT("8.7.86") ergibt 31615.

DBANZAHL(Datenbank;Feld;Suchkriterien)
Anzahl der Zahlen im genannten Feld der Datensätze angeben, für die die
Suchkriterien erfüllt sind. *Ab 4.0.*

DBANZAHL2(Datenbank;Feld;Suchkriterien)
Anzahl der nicht-leeren Felder im genannten Feld der Datensätze ange-
ben, für die die Suchkriterien erfüllt sind. *Ab 4.0.*
- Die nicht-leeren Felder in "Rechnung" zählen:
```
DBANZAHL2(Datenbank;"Rechnung";Suchkriterien)
```

DBMAX(Datenbank;Feld;Suchkriterien)
Die größte Zahl im genannten Feld der Datensätze angeben, für die die
Suchkriterien erfüllt sind. *Ab 4.0.*

DBMIN(Datenbank;Feld;Suchkriterien)
Die kleinste Zahl im genannten Feld der Datensätze angeben, für die die
Suchkriterien erfüllt sind. Siehe MIN. *Ab 4.0.*

DBMITTELWERT(Datenbank;Feld;Suchkriterien)
Den Mittelwert der Zahlen im genannten Feld der Datensätze angeben,
für die die Suchkriterien erfüllt sind. Siehe MITTELW. *Ab 4.0.*

DBPRODUKT(Datenbank;Feld;Suchkriterien)
Das Produkt der Zahlen im genannten Feld der Datensätze angeben, für
die die Suchkriterien erfüllt sind. Siehe PRODUKT. *Ab 4.0.*

DBSTDABW(Datenbank;Feld;Suchkriterien)
Durch Schätzen die Standardabweichung der Zahlen im genannten Feld
der Datensätze angeben, für die die Suchkriterien erfüllt sind (Grundgesamtheit anhand Sichprobe). Siehe STABW. *Ab 4.0.*

DBSTDABWN(Datenbank;Feld;Suchkriterien)
Die Standardabweichung der Zahlen im genannten Feld der Datensätze
berechnen, für die die Suchkriterien erfüllt sind (vollständige Grundgesamtheit). Siehe STABWN. *Ab 4.0.*

DBSUMME(Datenbank;Feld;Suchkriterien)
Die Summe der Zahlen im genannten Feld der Datensätze angeben, für
die die Suchkriterien erfüllt sind. Siehe SUMME. *Ab 4.0.*

DBVARIANZ(Datenbank;Feld;Suchkriterien)
Die Varianz einer Grundgesamtheit anhand einer Stichprobe unter Verwendung der Zahlen im genannten Feld der Datensätze angeben, für die
die Suchkriterien erfüllt sind. Siehe VARIANZ. *Ab 4.0.*

DBVARIANZEN(Datenbank;Feld;Suchkriterien)
Die Varianz einer Grundgesamtheit unter Verwendung der Zahlen im genannten Feld der Datensätze angeben, für die die Suchkriterien erfüllt
sind. Siehe VARIANZEN. *Ab 4.0.*

DELTA()
Größte während eines Iterationsdurchlaufes erfolgte Wertänderng nennen.

DIA(Kosten;Rest;Dauer;Zr)
Wert der digitalen Abschreibung ermitteln. Argumente: *Kosten* (Anschaf-
fungspreis), *Rest* (Restwert am Ende), *Dauer* (Nutzungsdauer in Jahren),
Zr (Zeitraum; für welches Jahr berechnen?). Siehe GDA, LIA. *Ab 4.0.*
- 20000 DM bis zu 5000 DM über 10 Jahre abschreiben und dabei den
  Abschreibungsbetrag für das 6. Jahr angeben.

```
DIA(20000;5000;10;6)
```

ERSETZEN(TextAlt;Beginn;Anzahl;TextNeu)
Anzahl Zeichen ab der angegebenen *Beginn*-Position in *TextAlt* durch
TextNeu ersetzen. *Ab 4.0.*
- "Tillmann" angeben:

```
ERSETZEN("Tibkmann";3;2;"ll")
```

EXP(N)
e hoch N als Umkehrfunktion zu LN berechnen (e=2,7182818...).

FAKULTÄT(N)
Die Fakultät von N angeben. *Ab 4.0.*

FALSCH()
Den logischen Wert FALSCH liefern. WENN(6<Z7S2;FALSCH();WAHR())
ergibt den Wert FALSCH, wenn Z7S2 größer als 6 ist.

FEST(N;Nachkommastellen)
N in einen String umwandeln. FEST(721,476;2) ergibt gerundet 721,48.

FINDEN(Suchtext;Text;Beginn)
Im Text nach einem Suchtext ab der Beginn-Position suchen und die
Nummer des Zeichens angeben, bei dem Suchtext erstmalig auftritt; sonst
den Fehlerwert WERT! ausgeben. Siehe LÄNGE, SUCHEN. *Ab 4.0.*
- Zahl 5 angeben:
```
FINDEN("e";"Das eigene Heim")
```

GANZZAHL(N)
Die größte ganze Zahl, die kleiner oder gleich n ist, liefern.
- Die Zahlen -785 bzw. 7 ausgeben:
```
GANZZAHL(-784,777)    bzw.   GANZZAHL(7,8)
```

GDA(Kosten;Rest;Dauer;Zr)
Den Abschreibungswert bei geometrisch degressiver Abschreibung gemäß
"(*Kosten*-Gesamtabschreibung aus vorangehenden Zeiträumen)*2/*Dauer*"
angeben. Siehe DIA, LIA. *Ab 4.0.*

GLÄTTEN(String)
Leerstellen entfernen. GLÄTTEN(" Klau s ") ergibt "Klaus".

GROSS(String)
In Großbuchstaben umwandeln. GROSS("Klaus") ergibt "KLAUS".

GW(zins;zzr;rmz;zw;f)
Cash-flow-Rechnung bei regelmäßigen Zahlungen mit numerischen Ar-
gumenten Gegenwartswert (*gw*), Zinssatz (zins), Zahl der Zeiträume (*zzr*),
regelmäßige Zahlungen (*rmz*), zukünftiger Wert (*zw*) und Fälligkeit (*f=0*
Zahlungen am Ende und *f=1* Zahlungen am Anfang fällig). Voreinstellung
der Argumente ist Null. Siehe Funktionen ZW, ZZR, RMZ und ZINS.
- 12000 Kredit zum Jahreszinssatz von 9% ergibt eine Monatsbelastung
  von 548,22 DM, wenn der Kredit in 2 Jahren zurückbezahlt wird:
```
RMZ(0,0075;24;-12000;0;0) ergibt 548,22 DM
```

IKV(Liste,Schätzwert)
Internen Kapital-Verzinsungssatz einer Liste von Cash-Flows ermitteln
(Schätzwert=0 voreingestellt).

INDEX(Bereich;Lage)
Wert eines Feldes durch Angabe seiner Lage im Bereich liefern.
- Den Wert des 4. Feldes in Zeile 7 angeben:
```
INDEX(Z7;4)
```
- Den Inhalt des Feldes von Zeile 7 und Spalte 2 im Bereich Gebühren:
```
INDEX(Gebühren;7;2)
```

ISTFEHL(Wert)
Den logischen Wert WAHR liefern, wenn *Wert* einen der Fehlerwerte
NV!, WERT!, POS!, DIV/0!, NUM!, NAME!, NULL! hat. Sonst FALSCH.
- Wenn Feld Z7S2 z.B. den Wert DIV/0! hat, wird WAHR geliefert:
```
ISTFEHL(Z7S2)
```

ISTFEHLER(Wert)
WAHR liefern, wenn *Wert* ein Fehlerwert außer NV! ist. *Ab 4.0.*

ISTFOLGE(String)
Für Stringfeld WAHR und für numerisches Feld FALSCH liefern.
- Wenn in Z7S2 ein String gespeichert ist, dann WAHR liefern:
```
ISTFOLGE(Z7S2)  bzw.  ISTFOLGE("Klaus")
```

ISTLEER(Feld oder Bereich)
Logischen Wert WAHR liefern, wenn das Feld nicht leer ist.
- FALSCH liefern, wenn in der 7. Zeile etwas gespeichert ist:
```
ISTLEER(Z7S1:200)
```

ISTLOG(Wert)
Logischen Wert WAHR liefern, wenn *Wert* ein logischer Wert ist. *Ab 4.0.*

ISTNV(Wert)
Logischen Wert WAHR liefern, wenn der Fehlerwert NV! vorliegt.

ISTPOS(Wert)
Logischen Wert WAHR liefern, wenn Wert eine (Bezugs-)Formel ist.
- Im ersten Fall WAHR bzw. im zweiten Fall FALSCH liefern:
```
ISTPOS(Z7S2)  bzw.  ISTPOS(Z7S2+Z8S3)
```

ISTZAHL(N)
Logischen Wert WAHR liefern, wenn das Argument numerisch ist.

JAHR(N)
Angegebene Zahl in eine Jahreszahl 1900-2078 umwandeln. Siehe TAG.

JETZT()
Bei jeder Neuberechnung für das aktuelle Datum und die aktuelle Zeit die laufende Zahl liefern.

KAPZ(zins;Zr;zzr;gw;zw;f)
Kapitalzahlung über einen gegebenen Zeitraum für eine Investition auf Basis von regelmäßigen Zahlungen bei festem Zinssatz angeben. *Ab 4.0.*
- -75,62 als Kapitalzahlung für den 1. Monat eines 24-Monate-Darlehens über DM 2000.- bei einem Zinssatz von 10% angeben (zw=0 und f=0):
```
KAPZ(0,11/12;1;24;2000;0;0)
```

KLEIN(String)
String in Kleinbuchstaben umwandeln. Siehe GROSS, ANFANG.

KÜRZEN(N)
Den ganzzahligen Teil von N liefern. Siehe REST, GANZZAHL. *Ab 4.0.*

LIA(Kosten;Rest,Dauer)
Den Wert der linearen Abschreibung angeben. Siehe DIA, GDA. *Ab 4.0.*

LÄNGE(String)
Länge eines Strings (zwischen " " oder als Adresse) liefern.

LINKS(String,n)
Den linken Teilstring angeben (siehe RECHTS, TEIL).
- Den String "Till" als Ergebnis liefern:
```
LINKS("Tillmann und Klaus",4)
```

LN(N)
Den natürlichen Logarithmus des Arguments liefern. Siehe EXP, LOG10.

LOG(N;Basis)
Den Logarithmus von N zur *Basis* angeben. *Ab 4.0.*

LOG10(N)
Den Logarithmus von N zur Basis 10 angeben. Siehe ABS, LN.

MAX(Liste)
Den größten Wert oder 0 (falls keine Zahlenwerte gefunden) liefern.
- Den Wert 77 angeben (siehe MIN):
```
MAX(76;22;-23;75;77;1;2)
```

MIN(Liste)
Den kleinsten von zwei oder mehr Werten liefern. Siehe MAX.

MINUTE(N)
N in Minutenangabe zwischen 0 und 59 umwandeln. Siehe STUNDE.

MITTELW(Liste)
Den Mittelwert liefern. Identisch mit SUMME(Liste)/ANZAHL(LISTE).
- 2 als Mittelwert angeben:
```
MITTELW(3,5;0,5;2)
```

MONAT(N)
N in Monatsangabe zwischen 0 und 12 umwandeln. Siehe STUNDE.

NAME()
Den Namen der Tabelle liefern, unter dem sie gespeichert ist.
- Zum Beispiel A:TEST1.TAB angeben (zur Kommentierung verwenden):
```
NAME()
```

NICHT(Logisch)
Den entgegengesetzten logischen Wert liefern (FALSCH ergibt WAHR).
- WAHR bzw. FALSCH liefern:
```
NICHT(7+7=8)    bzw.    NICHT(7+7=14)
```

NV()
Den Fehlerwert NV! (nicht verfügbar) liefern. Siehe ISTNV.

ODER(Liste)
Logischen Wert WAHR liefern, wenn mindest ein Listenwert WAHR ist.

PI()
Den Näherungswert 3,1415926535898 für Pi liefern.

PRODUKT(Liste)
Das Produkt der Liste von Zahlen angeben. Sie Summe. *Ab 4.0.*
- Wert 24 angeben (Annahme: in Z3S7:Z3S9 sind 2,3,4 gespeichert):
```
PRODUKT(4;2;3)      bzw.      PRODUKT(Z3S7:Z3S9)
```

QIKV(Liste;Investitionssatz;Reinvestitionssatz)
Den qualifizierten internen Kapitalverzinsungssatz einer Liste von Cash-Flows bei vorgegebenem Verzinsungssatz der Investitionen (Investitionssatz) und der Reinvestitionen (Reinvestitionssatz) liefern.
- Cash-Flows 5000, 1000, 1500, 2000, 3000, 25000 und 5000 in Zeile 1 ergeben bei 12% (Ausgaben) und 17% (Einnahmen) ergibt 15,19%
```
QIKV(Z1S1:Z1S7;0,12;0,17)
```

RECHTS(String,n)
n rechtsstehende Zeichen aus String entnehmen. Siehe LINKS, TEIL.
- Die Jahresangabe "1988" entnehmen:
```
RECHTS("31.08.1988",4
```

REST(N;M)
Den Rest der Division N/M liefern. Für M=0 wird DIV/0! angegeben.

RMZ(zins;zzr;gw;zw;f)
Regelmäßige Zahlung bei Cash-flow-Rechnung. Siehe GW.

RUNDEN(N;S)
Eine Zahl auf S Stellen runden (S=0 ganzzahlig, S<0 rundet innerhalb des ganzzahligen Anteils). Siehe GANZZAHL, FEST.
- Die Zahlen 7,64 bzw. 70 liefern:
```
RUNDEN(7,635;2)   bzw.   RUNDEN(71;-1)
```

SEKUNDE(N)
Eine Sekundenzahl zwischen 0 und 59 liefern. Siehe STUNDE.

SIN(N)
Den Sinus von N als Winkel im Bogenmaß liefern. Siehe COS, TAN.

SPALTE()
Die Nummer der Spalte liefern, in der SPALTE() aufgerufen wird.

STABW(Liste)
Die Standardabweichung liefern. STABW(24;84;34) ergibt 32,1455.

STABWN(Liste)
Die Standardabweichung nach dem Verfahren "mit systematischem Fehler" oder "n" liefern. *Ab 4.0.*

STUNDE(N)
N in eine Stundenzahl zwischen 0 und 23 umwandeln. Die Zeitangabe N wird als Dezimalzahl zwischen 0 und 1 (ausschließlich) angegeben.
- Die Stunden- Minuten- bzw. Sekundenzahlen 16, 48 bzw. 0 liefern:
```
STUNDE(0,7)   bzw.   MINUTE("4:48:00"   bzw.   SEKUNDE(ZEIT(16;48;0))
```

SUCHEN(N;Bereich)
Eine Tabellenzeile bzw. -spalte nach N durchsuchen und den Inhalt des letzten Feldes ausgeben. Siehe VERWEIS. *Nur bis 3.0.*
- Die zu prüfenden Werte müssen aufsteigend sortiert sein:
```
98    109    174    222        SUCHEN(109;Z1S1:Z2S4)    ergibt 8
 3      8      1      4        SUCHEN(22;Z1S1;Z2S3)     ergibt NV!
```

SUCHEN(Suchtext;Text;Beginn)
Nach dem Suchtext in einem Text ab einer Beginn-Position suchen und
die Positionsnummer des Zeichens angeben, bei dem der Suchtext zum er-
sten Mal auftritt. Gegensatz zu FINDEN: keine Unterscheidung zwischen
Groß-/Kleinschreibung; Joker ? und * sind erlaubt. *Ab 4.0.*
- Angabe von Position 5:
```
SUCHEN("e*r";"Heidelberg";1)
```

SUMME(Liste)
Die Summe der Zahlen angeben. Siehe ANZAHL, MITTELW, MAX.
- 200 als Summe bereitstellen:
```
SUMME(66;100;34;-1;1)
```

TAG(N)
Die laufende Zahl N (zwischen 0 und 65380) in eine Tagesangabe
zwischen 1 und 31 umwandeln. Siehe JAHR (Zahl zwischen 1900 und
2078), MONAT (zwischen 1 und 12) bzw. WOCHENTAG (Zwischen 1
und 7).
- Ausgabe der Tagesangabe 15, Monatsangabe 4 bzw. Jahresangabe 1986:
```
TAG(DATUM(1985;4;15))  bzw.  MONAT(DATUM(1985;4;15))  bzw.  JAHR(31654)
```

TAN(N)
Tangens von N als Winkel im Bogenmaß liefern. Siege COS, ARCTAN.

TEIL(String;Beginn;Länge)
Teilstring liefern (für Beginn>Länge oder Länge=0 Leerstring liefern).
- Teilstring "und" angeben:
```
TEIL("Klaus und Tillmann;7;3")
```

UND(Liste)
Logischen Wert WAHR liefern, wenn alle Werte der Liste WAHR sind.
- WAHR liefern (Argumente müssen logische Werte sein, sonst WERT!).
```
UND(9+8=17;6+6=12;0+1=1)
```

VARIANZ(Liste)
Durch Schätzung die Varianz einer Grundgesamtheit anhand der Stichprobe ermitteln, die mit der Liste angegeben ist. *Ab 4.0.*

VARIANZEN(LISTE)
Die Varianz einer Grundgesamtheit ermitteln, wenn mit der Liste sämtliche Daten angegeben sind. *Ab 4.0.*

VERSION()
Die Multiplan-Versionsnummer angeben. *Ab 4.0.*

VERWEIS(N;Bereich)
Entspricht der Funktion SUCHEN unter Multiplan 3.0. *Ab 4.0.*

VORZEICHEN(N)
Vorzeichen von N als Zahl (1 für positiv, 0 für Null, -1für negativ).

WÄHRUNG(N;Nachkommastellen)
Zahlenwert N in einen Text im Währungsformat (entsprechend Befehl
FORMAT WÄHRUNG) umwandeln (Nachkommastellen=2 voreingestellt).
- Bei FORMAT WÄHRUNG "DM" "7,26 DM" bzw. "1.000 DM" zeigen:
```
WÄHRUNG(7,255;2)  bzw.  WÄHRUNG(1;4)
```

WAHL(Index;Liste)
Unter Verwendung eines *Index* aus einer *Liste* von Werten (Adressen,
Texte oder Zahlen) auswählen. *Ab 4.0.*
- "c)" als Ergebnis für die 3. Stelle angeben:
```
WAHL(3;"a)";"b)";"c)";"nichts")
```

WAHR()
Den logischen Wert WAHR liefern.
- Wenn Z4S9 größer als 999 ist, dann FALSCH, sonst WAHR liefern:
```
WENN(999<Z4S9;FALSCH();WAHR())
```

WECHSELN(Text;TextAlt;TextNeu;Anzahl)
Im *Text* den *TextAlt* durch *TextNeu* in der angegebenen Anzahl von Zei-
chen ersetzen. Bei fehlender Anzahl wird der gesamte TextAlt ersetzt.
Siehe ERSETZEN, GLÄTTEN. *Ab 4.0.*
- "Tillmann" angeben:
```
WECHSELN("Tiaamann";"a";"l")
```

WENN(Logisch;Dann-Wert;Sonst-Wert)
Wenn der logische Wert WAHR ist, wird als Ergebnis der Dann-Wert,
sonst aber der SONST-Wert übernommen. Dann- und Sonst-Wert können
Zahlen-, Text- oder logische Werte sein.
- Nur im Falle Z7S2 kleiner/gleich Z7S3 einen Text anzeigen:
```
WENN(Z7S2>Z7S3;"";"Bedingung nicht erfüllt")
```

WERT(String)
Die in einem String enthaltene Zahl bzw. WERT! als Fehlerwert liefern.
- Die Zahlen 7777 bzw. 20 (Exponentialdarstellung) liefern:
```
WERT("7777DM")  bzw.  WERT("2E1")
```

WIEDERHOLEN(String;Anzahl)
Einen Gesamtstring mit Anzahl Wiederholungen von String liefern.
- Den String "Freiburg Freiburg " anzeigen:
```
WIEDERHOLEN("Freiburg ";2)
```

WOCHENTAG(N)
Laufende Zahl N in Wochentagszahl (1 und 7) umwandeln. Siehe TAG.

WURZEL(N)
Die Quadratwurzel von N liefern.

ZAHL(Bereich)
Inhalt des linken oberen Feldes des numerischen Bereichs liefern.
- Die Zahl 88 liefern, wenn in Z7S2 die 88 steht (sonst jedoch 0):
```
ZAHL(Z7S2)
```

ZÄHLER()
Die Anzahl der Iterationsdurchgänge liefern. Siehe DELTA().

ZEICHEN(N)
Das der ASCII-Codenummer 1 - 255 entsprechende Zeichen liefern.
- Zeichen "K" angeben, da im ASCII "K" die Nummer 75 zugeordnet ist:
```
ZEICHEN(75)
```

ZEILE()
Nummer der Zeile, in der die Funktion ZEILE() steht, liefern.

ZEIT(Stunde;Minute;Sekunde)
Die Zeitangabe in eine laufende Zahl zwischen 0 (für 0:00:00 Uhr) und 1
(für 23:59:59 Uhr) umwandeln. Siehe JETZT, DATUM, ZEITWERT.
- Die Zeitzahlen 0,75 bzw. 0,2 liefern:
```
ZEIT(18;0;0)     bzw.     ZEIT(16;48;0)-ZEIT(12;0;0)
```

ZEITWERT(String)
Den String in die Zeitzahl zwischen 0 und 1 umwandeln.
- Zeitzahlen 0,1 bzw. 0,2 anzeigen:
```
ZEITWERT("14:24")     bzw.     ZEITWERT("16:48")
```

ZINS(zzr;rmz;gw;zw;f;Schätzwert)
Zinssatz liefern bei Cash-flow-Rechnung. Siehe GW.

ZINSZ(zins;Zr;zzr;gw;zw;f)
Die Zinszahlung über einen gegebenen Zeitraum für eine Investition auf
Basis regelmäßiger, konstanter Zahlungen bei festem Zinssatz ermitteln.
Siehe GW, IKV, KAPZ, QIKV, RMZ, ZINS, ZW und ZZR. *Ab 4.0.*

ZUFALLSZAHL()
Eine Zufallszahl zwischen 0 und 0,9999... liefern.

ZW(zins;zzr;rmz;gw;f)
Zukünftigen Wert (ZW) bei Cash-flow-Rechnung ermitteln. Siehe GW.

ZZR(zins;rmz;gw;zw;f)
Die Zahl der Zeiträume bei Cash-flow-Rechnung. Siehe GW.

3
Tabellenverarbeitung mit Multiplan

3
Tabellenverarbeitung mit Multiplan

3.1.1 Schritt 1: Multiplan starten

Multiplan von Diskette starten:
- In Diskettenlaufwerk A: die Multiplan-Programmdiskette und in Laufwerk B: eine leere Anwenderdiskette (Datendiskette) einlegen.
- Vom MS-DOS-Prompt "A>" aus Multiplan durch Eingabe von MP laden. Am Bildschirm erscheint eine leere Multiplan-Tabelle.
- Die vom Benutzer entwickelten Tabellen können nun auf der Diskette in B: sichergestellt werden.

Multiplan von der Festplatte starten:
- Das Multiplan-System ist auf die Festplatte kopiert worden. Im Diskettenlaufwerk A: bzw. B: befindet sich eine leere Anwenderdiskette.
- Vom MS-DOS-Prompt "C>" aus Multiplan durch Eingabe von MP starten. Am Bildschirm erscheint eine leere Multiplan-Tabelle.
- Die Tabellen des Benutzers können nun auf die Diskette in A: bzw. B: gespeichert werden.

Nach dem Starten erscheint - wie umseitig abgebildet - eine leere Multiplan-Tabelle auf dem Bildschirm. Der Cursor steht links oben.

Aufbau einer Multiplan-Tabelle: Die Tabelle (auch als Arbeitsblatt bezeichnet) ist durch waagrechte Zeilen und senkrechte Spalten in *Felder* unterteilt. Am Bildschirm ist immer nur ein Teil der gesamten (z.B. 4095 Zeilen mal 255 Spalten großen) Tabelle zu sehen. Man betrachtet die Tabelle stets durch das aktive *Fenster*.

Zwei leuchtend unterlegte Zeiger:
1. *Der Feldzeiger* markiert nach dem Starten das Feld Z1S1 (lies: Zeile 1, Spalte 1). Das gerade markierte Feld ist das *aktive Feld*. Der Feldzeiger wird durch die Cursortasten bewegt.
2. *Der Befehlszeiger* markiert den Befehl TEXT als ersten Befehl der Befehlszeile und wird durch die Leertaste bewegt. Ein markierter Befehl wird aktiviert, in dem man die Return-Taste oder den Anfangsbuchstaben (z.B. T oder t für TEXT) tippt.

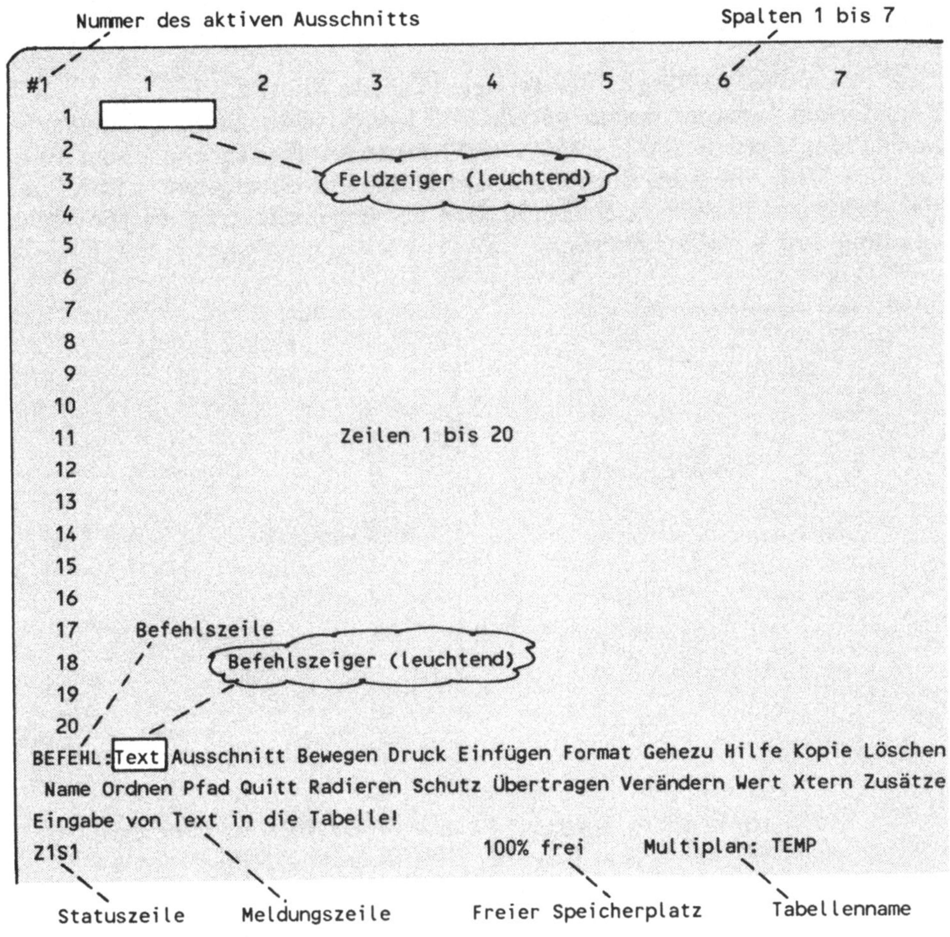

Aufbau einer Multiplan-Tabelle

3.1.2 Schritt 2: Text in die Tabelle eingeben

Was-wäre-wenn-Analysen: Das Multiplan-System ermöglicht auf komfortable Weise eine Datenanalysemethode, die als *Was-wäre-wenn-Analyse* bezeichnet wird. Damit sind Berechnungen über mögliche Entwicklungen bei variablen Zahleneingaben und festliegenden Berechnungsformeln gemeint. Am Beispiel des Angebotsvergleichs bei Mietwagen soll diese Methode erklärt werden.

Problemstellung zu Tabelle MietPKW1:
Eine Tabelle namens MietPKW1 soll zu folgenden Was-wäre-wenn-Fragen Auskunft geben: *"Was wäre für einen gemieteten PKW bei einem bestimmten Angebotstarif in DM zu bezahlen, wenn zum Beispiel 700 km oder 205 km gefahren werden?"*

3.1.2.1 Texteingabe mit TEXT

Zwei Normaldarstellungen der fertigen Tabelle MietPKW1:
Beim linken Beispiel wurde gerade 700 km als Entscheidung eingegeben.
Gemäß der Formel *100 + (700-200)*0,1* meldet die Tabelle einen Betrag
von 150 DM. Da beim rechten Beispiel 205 km eingegeben wurde, zeigt
die Multiplan-Tabelle nun 100,50 DM als Ergebnisbetrag an (Formelan-
wendung *100 + (205-200)*0,1*).

```
   -1        1        2              -1        1        2

    1 MietPKW1                        1 MietPKW1
    2                                 2
    3                                 3
    4         Angebot 1               4         Angebot 1
    5                                 5
    6 DM fest?       100              6 DM fest?       100
    7 DM je km?      0,1              7 DM je km?      0,1
    8 km frei?       200              8 km frei?       200
    9                                 9
   10 DM zahlen:     150             10 DM zahlen:    100,5
   11                                11
   12 km?            700             12 km?            205
   13                                13
```

*Bildschirme der fertigen Tabelle MietPKW1 bei Eingabe
von 700 km (links) bzw. bei Eingabe von 205 km (rechts)*

In die Felder Z1S1 ("MietPKW1"), Z6S1 ("DM fest?"), Z7S1 ("DM je
km?"), Z8S1 ("km frei?"), Z10S1 ("DM zahlen:"), Z12S1 ("km?") und Z4S2
("Angebot 1") ist Text einzugeben. Der TEXT-Befehl übernimmt diese
Aufgabe; dabei geht man stets in drei Schritten wie folgt vor.

Befehlsfolge zur Eingabe des Textes "Angebot 1" in Langform:
  1. Feldzeiger zum Feld Z4S2 bewegen: Ausgehend von Z1S1 mit dem
       Cursor dreimal nach unten und einmal nach rechts.
  2. Den Befehl TEXT aktivieren. Dazu gibt es zwei Methoden:
       Markierungs-Methode: Befehlszeiger in der Befehlszeile zum Wort
       TEXT bewegen (TEXT ist nun markiert) und dann die Return-
       Taste tippen.
       Anfangsbuchstaben-Methode: T als Anfangsbuchstaben des Befehls
       TEXT eintippen.
  3. Den Text "Angebot 1" eintippen (ohne die " ") und dann die Ein-
       gabe mit der Ret-Taste abschließen. Der Text "Angebot 1" wird in
       das aktive Feld Z4S2 übernommen.

Befehlsfolge zur Eingabe des Textes "Angebot 1" in Kurzform: Durch die jeweils nach rechts eingerückte Schreibweise wird angedeutet, daß bei der Befehlseingabe in Schritten vorgegangen wird.

1. Feldzeiger auf Z4S2	Feldzeiger mit Cursor bewegen
2. Text	Befehl aktivieren
3. Angebot 1 [Return]	Tabellennamen und Return tippen

Weiter verkürzt schreibt man die Befehlsfolge zur Eingabe von Text in der folgenden Form:

Feldzeiger auf Z4S2	*Im Buch verwendete Darstellung einer*
Text	*Befehlsfolge*
Angebot 1	

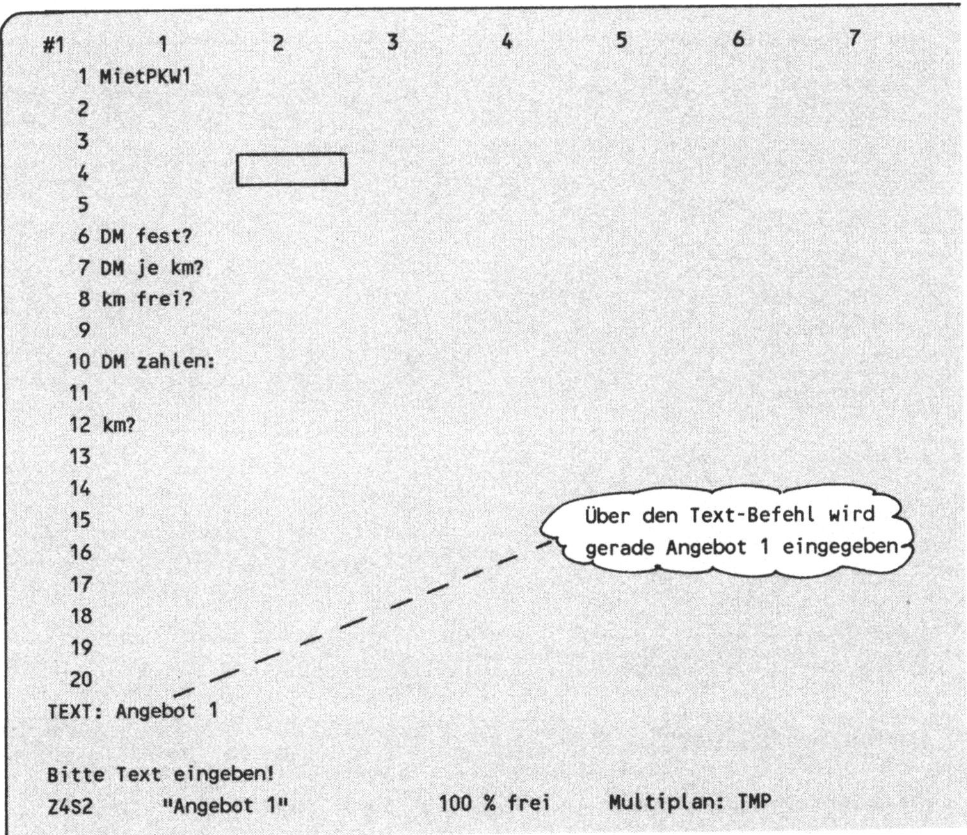

TEXT-Befehl als aktiver Befehl fordert zur Eingabe von Text auf

3.1.2.2 Eingabe benachbarter Felder

Befehlsfolge zur Eingabe untereinanderliegender Textfelder: Um nicht
nach jeder Eingabe erneut den TEXT-Befehl aktivieren zu müssen,
schließt man jede Zeileneingabe mit der Runter-Taste und erst die letzte
Eingabe mit der Return-Taste ab:

Feldzeiger nach Z6S1
  Text
    DM fest? [Runter]
    DM je km? [Runter]
    km frei? [Return]
	Im TEXT/WERT-Modus verbleiben
	Im TEXT/WERT-Modus verbleiben
	Erst jetzt die Texteingabe beenden

3.1.2.3 Entfernen einer falschen Eingabe

```
#1        1         2        3        4        5        6        7

   1 MietPKW1
   2
   3
   4              Angebot 1?
   5
   6 DM fest?
   7 DM je km?
   8 km frei?
   9
  10 Df zahln:
  11
  12 km?
  13
  14
  15
  16
  17
  18
  19
  20
RADIEREN Felder: Z10S1


Geben Sie bitte die Position eines Felds oder eines Tabellenbereichs ein!
Z10S1     "Df zahln:"                    100% frei       Multiplan: TEMP
```

*RADIEREN-Befehl aufrufen, um den Inhalt des Feldes Z10S1 zu
entfernen*

Feldinhalte entfernen durch den RADIEREN-Befehl: Der Inhalt eines versehentlich falsch beschriebenen Feldes kann durch den RADIEREN-Befehl entfernt werden. Wurde in das Feld Z10S1 (Zeile 10, Spalte 1) der Text "Df zahln:" anstelle von "DM zahlen:" eingegeben, so kann man diesen Text wie folgt ausradieren:

Feldzeiger auf Z10S1 *Radieren*	Feld aktivieren Text "DM zahlen:" wird gelöscht

Feldinhalte löschen durch den LÖSCHEN-Befehl: Im Gegensatz zum RADIEREN-Befehl wird durch den LÖSCHEN-Befehl die ganze Zeile gelöscht und die nachfolgenden Zeilen aufgerückt:

Feldzeiger auf Z10S1
    Löschen
        Zeile Zeilenzahl: 1
	Die Zeilen 11 und 12 rücken nach
	10 und 11 vor

```
#1          1         2         3         4         5
   1 MietPKW1
   2
   3
   4            Angebot 1?
   5
   6 DM fest?
   7 DM je km?
   8 km frei?
   9
  10 Df zahln:
  11
  12 km?
  13
  14
  15
  16
  17
  18
  19
  20
LÖSCHEN ZEILE Zeilenanzahl: 1          Beginn bei: 10
               von Spalte: 1               bis: 255
Bitte eine Zahl eingeben!
Z10S1     "Df zahln:"                 100% frei     Multiplan: TEMP
```

LÖSCHEN-Befehl aufrufen, um die Zeile 10 zu entfernen

Nach dem Entfernen der Zeile 10 durch den LÖSCHEN-Befehl rückt der
Text "km?" von Zeile 12 auf die Zeile 11 vor.

```
  #1          1           2           3           4          5          6          7
    1 MietPKW1
    2
    3
    4                 Angebot 1?
    5
    6 DM fest?
    7 DM je km?
    8 km frei?
    9
   10
   11 km?
   12
    . . . . . . . . . . . .
   20
  BEFEHL:Text Ausschnitt Bewegen Druck Einfügen Format Gehezu Hilfe Kopie Löschen
   Name Ordnen Pfad Quitt Radieren Schutz Übertragen Verändern Wert Xtern Zusätze
  Eingabe von Text in die Tabelle!
```

3.1.3 Schritt 3: Zahlen in die Tabelle eingeben

Vier numerische Eingabefelder: Die folgenden Felder nehmen die Kon-
ditionen zur PKW-Vermietung in Form von Zahlen auf:
-    Feld Z6S2 (z.B. 100 DM als fester DM-Betrag)
-    Feld Z7S2 (z.B. 0,1 DM/km; jeder km kostet 10 Pfennige)
-    Feld Z8S2 (z.B. 200 km werden ohne variable Kosten berechnet)
Feld Z12S2 ist ein besonderes Eingabefeld der jeweiligen *Was-wäre-
wenn-Frage*; es nimmt die Entscheidung über die zu fahrenden Kilometer
auf.

Befehl WERT zur Eingabe von Zahlen: Multiplan verlangt das Dezimalkomma (keinen Dezimalpunkt). Da Zahlen als "Normalfutter" angesehen
werden, schaltet Multiplan auch ohne Aktivieren des WERT-Befehls automatisch diesen Befehl an.

Befehlszeiger auf Z7S2 *Wert* *0,1*	Feld Z7S2 zum aktiven Feld machen WERT-Befehl aktivieren Zahl eingeben und speichern

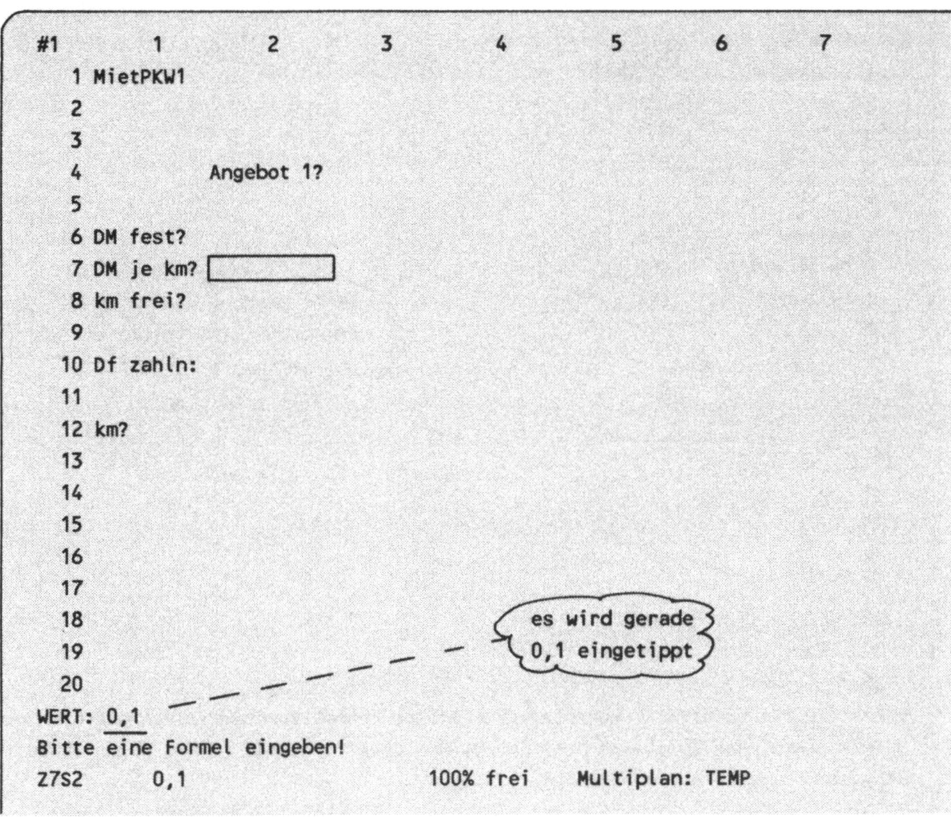

Aufruf des WERT-Befehls zur Eingabe der Zahl 0,1 in Feld Z7S2

Zahlen gelten als "Standardfutter" für die Multiplan-Tabelle. Aus diesem Grunde kann der WERT-Befehl auch durch das Eintippen von Ziffern bzw. mathematischen Zeichen aufgerufen werden:

- Befehlswort WERT markieren und Return-Taste drücken.
- W eintippen
- Eine der zehn Ziffern 1 2 3 4 5 6 7 8 9 eintippen
- Eines der sechs Zeichen = + - , " / eintippen

Vier Möglichkeiten zum Aufrufen des WERT-Befehls

Eine Zahl als Text eingeben: Gibt man zum Beispiel die Zahl 700 irrtümlich mit dem TEXT-Befehl ein, dann erscheint diese zwar auch als "Zahl" in der Tabelle, im Ergebnisfeld Z10S2 jedoch wird die Fehlermeldung WERT! ausgegeben. Grund: Mit Text kann nicht gerechnet werden. Woran erkennt man die falsche EIngabe? Wie der umseitige Bildschirm zeigt, erscheint der Text "700" linksbündig im Feld Z10S2; die korrekt mit dem WERT-Befehl eingegebenen Zahlen hingegen erscheinen rechtsbündig.

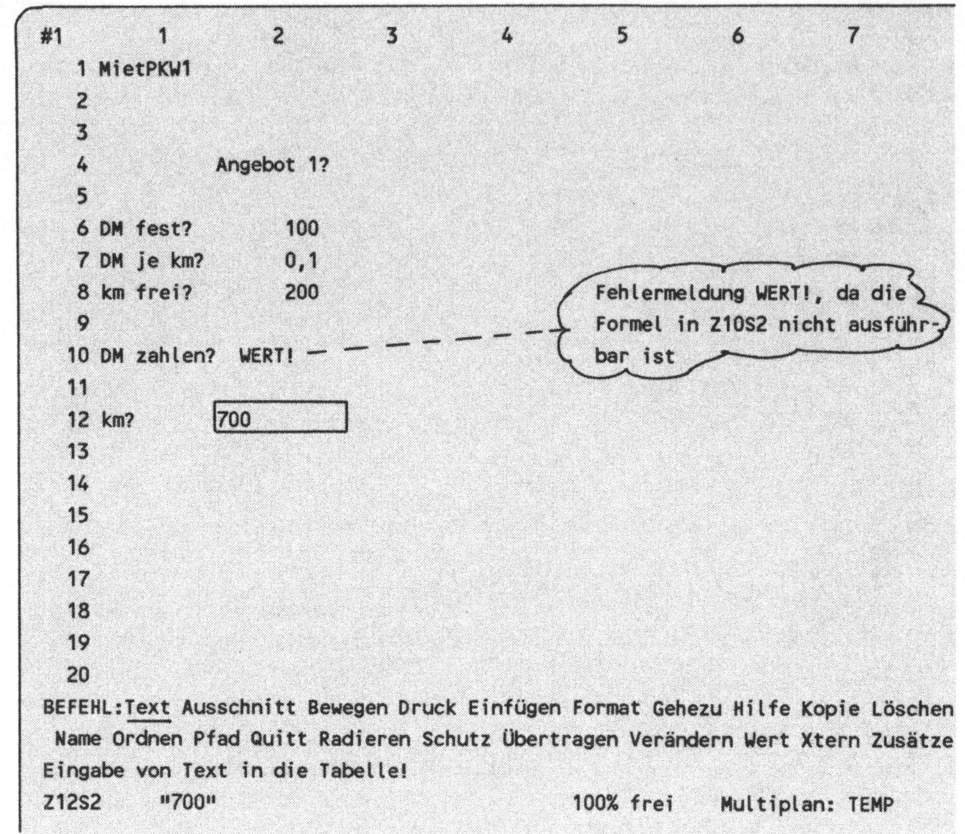

Zahl "700" in Z12S2 irrtümlich als Text eingegeben

3.1.4   Schritt 4: Formeln in die Tabelle eingeben

3.1.4.1 Eine Formel im Ergebnisfeld verstecken

Textfelder, Eingabefelder und Ausgabefelder: Eine Multiplan-Tabelle enthält Textfelder (mit Texthinweisen), *Eingabefelder* (Zahlen über Tastatur eingegeben) und *Ausgabefelder* (Zahlenergebnisse in Abhängigkeit der Eingaben). In der Tabelle MietPKW1 liegen sieben Text-, vier Einga- be- und ein Ergebnisfeld vor.
  - Textfelder Z1S1, Z6S1, Z7S2, Z8S1, Z10S1, Z12S1, Z4S2
  - Eingabe- bzw. Zahlenfelder Z6S2, Z7S2, Z8S2, Z12S2
  - Ergebnis- bzw. Formelfeld Z10S2

```
  -1        1          2
     1 MietPKW1
     2
     3
     4            Angebot 1
     5
     6 DM fest?        100
     7 DM je km?       0,1
     8 km frei?        200
     9
    10 DM zahlen:
    11
    12 km?             700
    13
    14 ....
```

Textfelder mit Hinweistexten

Eingabefelder Z6S2, Z7S2, Z8S2
und Z12S2 mit Zahlen

Ergebnisfeld Z10S2 leer, da
noch keine Formel eingegeben

Zustand der Tabelle MietPKW1 vor Eingabe der Formel

Ergebnisfeld als Formelfeld: Im Ergebnisfeld wird eine Formel "versteckt", damit Multiplan bei Änderung des Wertes eines Eingabefeldes sofort den neuen Wert für das Ergebnisfeld berechnen und anzeigen kann.

Eingabe der Formel in Ergebnisfeld Z10S2 über den WERT-Befehl: Der WERT-Befehl dient zur Eingabe von Zahlen (in Eingabefelder) wie auch zur Eingabe von Formeln (in Ergebnisfelder). Zahlen bleiben am Bildschirm sichtbar, während sich Formeln hinter dem ausgegebenen Ergebnis "verstecken".

Feldzeiger nach Z10S2 *Wert* *   Z6S2+(Z12S2-Z8S2)*Z7S2*

Ergebnisfeld Z10S2 als aktives Feld
WERT-Befehl aktivieren
Formel in Ergebnisfeld speichern

Nach Eingabe der Formel

- Allgemein: Feste Kosten + abzurechnende Kilometer * Kilometerpreis
- Multiplan: Z6S2 + (Z12S2-Z8S2) * 0,1

in das Feld Z10S2 erscheint sofort das Ergebnis von 700 DM.

```
   19

   20

WERT: z6s2+(z12s2-z8s2)*z7s2



Bitte eine Formel eingeben!
Z10S2      Z6S2+(Z12S2-Z8S2)*Z7S2   100% frei        Multiplan:TEMP
```

WERT-Befehl aufrufen, um eine Formel in Feld Z10S2 einzugeben

3.1.4.2 Tabelle in Formeldarstellung analysieren

Normal- und Formeldarstellung: In der Normaldarstellung einer Tabelle werden die Zahlenergebnisse von Ergebnisfeldern angezeigt. In der Formeldarstellung hingegen werden die "versteckten" Formeln sichtbar gemacht. Mit dem FORMAT-OPTIONEN-Befehl kann man die Formeldarstellung einstellen:

FORMAT
OPTIONEN
Formeln: Ja

FORMAL-Befehl aktivieren
Unterbefehl aktivieren (Tab-Taste)
"Ja"-Schalter einstellen (Leertaste)

Die links angegebene Formeldarstellung zeigt Texte in " ", Eingabefelder mit Zahlen und Ausgabefelder mit Formeln an:

```
    -1          1              2              -1          1              2

 1 "MietPKW1"                              1 MietPKW1

 2                                         2

 3                                         3

 4                    "Angebot 1"          4                    Angebot 1

 5                                         5

 6 "DM fest?"         100                  6 DM fest?           100

 7 "DM je km?"        0,1                  7 DM je km?          0,1

 8 "km frei?"         200                  8 km frei?          200

 9                                         9

10 "DM zahlen:"       Z6S2+(Z12S2-Z8S2)*Z7 10 DM zahlen:        150

11                                        11

12 "km?"              700                  12 km?              700

13                                        13
```

*Tabelle MietPKW1 in Formeldarstellung (links) und
in Normaldarstellung (rechts)*

Von der Formeldarstellung wieder zur Normaldarstellung wechseln: Das Befehlsfeld FORMELN des FORMAT-OPTIONEN-Befehls dient als Schalter und läßt sich von *Ja* wieder auf *Nein* stellen. Die Tabelle erscheint dann wieder in Normaldarstellung.

Format	Befehl
Optionen	Unterbefehl
Formeln: Nein	Befehlsfeld als Ja/Nein-Schalter

```
  19
  20
FORMAT: Felder Standard Optionen Breite_der_Spalten Ersetzen Zeichenformat
        Druckerschriftarten
Formatiert ein Feld oder einen Feldbereich!
```

OPTIONEN als 3. Unterbefehl des FORMAT-Befehls

```
#1         1          2          3          4          5          6          7
   1 MietPKW1
   2
   3
   4            Angebot 1?
   5
   6 DM fest?       100
   7 DM je km?      0,1
   8 km frei?       200
   9
  10 DM zahlen?   [ 150 ]
  11
  12 km?           700
  13
  14
  15
  16
  17
  18
  19
  20
FORMAT OPTIONEN Fehlermeldungen:(Ja)Nein   Formeln: Ja Nein
          Dezimalzeichen: .(,)
Wählen Sie bitte eine Option oder geben Sie deren Anfangsbuchstaben ein!
Z10S2      "Z6S2+(Z12S2-Z8S2)*Z7S2"            100% frei       Multiplan: TEMP
```

Aufruf des Befehls FORMAT OPTIONEN Formeln Ja

Nach dem Aufruf des FORMAT OPTIONEN-Befehls erscheint die Tabelle MietPKW1 in Formeldarstellung:

```
#1              1                    2                    3
   1 "MietPKW1"
   2
   3
   4                       "Angebot 1?"
   5
   6 "DM fest?"            100
   7 "DM je km?"           0,1
   8 "km frei?"            200
   9
  10 "DM zahlen?"          Z6S2+(Z12S2-Z8S2)*Z7
  11
  12 "km?"                 700
  13
  14
  15
  16
  17
  18
  19
  20
BEFEHL:Text Ausschnitt Bewegen Druck Einfügen Format Gehezu Hilfe Kopie Löschen
 Name Ordnen Pfad Quitt Radieren Schutz Übertragen Verändern Wert Xtern Zusätze
Eingabe von Text in die Tabelle!
Z10S2      "Z6S2+(Z12S2-Z8S2)*Z7S2          100% frei          Multiplan: TEMP
```

3.1.5 Schritt 5: Tabelle auf Diskette speichern

Durch die Befehlsfolge

> *Übertragen*
> *Speichern*
>   *Dateiname: a:mietpkw1.tab*

wird eine Kopie der aktiven Tabelle unter dem Namen MietPKW1.TAB auf die in Laufwerk A: einliegende Diskette gespeichert. Das Tabellenoriginal im RAM bleibt erhalten. Wird auf Diskette eine gleichnamige Tabelle gefunden, so kann diese überschrieben werden.

```
 #1         1           2           3         4         5         6         7

    1 MietPKW1
    2
    3
    4              Angebot 1?
    5
    6 DM fest?          100
    7 DM je km?         0,1
    8 km frei?          200
    9
   10 DM zahlen?        150
   11
   12 km?               700
   13
   14
   15
   16
   17
   18
   19
   20
 ÜBERTRAGEN SPEICHERN Dateiname: A:\MIETPKW1.TAB  geschützt: Ja(Nein)

 Bitte geben Sie einen Dateinamen ein!
 Z12S2      205                    100% frei      Multiplan: A:MIETPKW1.TAB
```


ÜBERTRAGEN-SPEICHERN-Befehl zum Sicherstellen der Tabelle MietPKW1 auf der Diskette in Laufwerk A:

3.1.6 Schritt 6: Tabelle testen und ausdrucken

Zum Testen der im RAM befindlichen Tabelle gibt man verschiedene Zahlenwerte ein. Dazu ist es hilfreich, sich die Tabelle mit dem DRUCK-Befehl in Normaldarstellung ausdrucken zu lassen:

Druck *Drucker*	Befehl DRUCK aktivieren Unterbefehl DRUCKER aktivieren

Befehlsfolge zum Ausdrucken in Formeldarstellung:

Druck
  Optionen
    Formeln: Ja
  Drucker
	Befehl Druck aktivieren
	Unterbefehl OPTIONEN aktivieren
	Im Befehlsfeld "Ja" einstellen
	Unterbefehl DRUCKER druckt

```
  19
  20
DRUCK: Drucker Platte/Diskette Randbegrenzung Optionen Kopf-/Fußzeile


Wählen Sie bitte eine Option oder geben Sie deren Anfangsbuchstaben ein!
Z12S2       205                      100% frei      Multiplan: A:MIETPKW1.TAB
```

DRUCK-Befehl mit sechs Unterbefehlen

Dokumentation: Zu Dokumentationszwecken ist es sinnvoll, die Tabelle in Formeldarstellung ausdrucken zu lassen. Dazu geht man wie folgt vor:

1. Mit dem DRUCK OPTIONEN-Befehl die Formeldarstellung wählen.
2. Insbesondere bei umfangreicheren Tabellen mit DRUCK RAND-BEGRENZUNG die Druckausgabe der Tabelle eingrenzen.
3. Mit DRUCK KOPF-/FUSSZEILE die Kopf- und Fußzeilen sowie die Seitennumerierung festlegen
4. Mit DRUCK DRUCKER das Ausdrucken der Tabelle starten.

```
  19
  20
DRUCK OPTIONEN Bereich: Z1:4095   Drucker: TEXT          Modell:
Anschluß: PRN  Entwurf: Ja(Nein)  Formeln: Ja(Nein)  Z/S-Nummern: Ja(Nein)
Geben Sie bitte die Position eines Felds oder eines Tabellenbereichs ein!
```

Aufruf des Befehls DRUCK OPTIONEN Formeln Ja

```
  18
  19
DRUCK RANDBEGRENZUNG oben:2,54 Cm  unten: 4,24 Cm  links: 1,27 Cm
rechts: 2,54 Cm  Einrücken: 1,02 Cm  Seitenlänge: 29,64 Cm
Seitenbreite: 21,59 Cm  Maßeinheit: Ze In(Cm)
Geben Sie bitte eine Maßeinheit ein!
```

Aufruf des Befehls DRUCK RANDBEGRENZUNG

```
  19
  20
DRUCK KOPF-/FUSSZEILE Kopfzeile: Z4S1          Fußzeile:
        Start Numerierung bei: 1    Numerierungsformat:(1)I i A a
Geben Sie bitte die Position eines Felds oder eines Tabellenbereichs ein!
```

Menü des Befehls DRUCK KOPF-/FUSSZeile

Befehl DRUCK PLATTE/DISKETTE: Mit diesem Befehl kann man die Ausgabe der Tabelle vom Drucker auf die Festplatte bzw. Diskette umleiten. Dies ist z.B. dann sinnvoll, wenn die Tabelle als Textdatei weiterverarbeitet oder in eine Illustration aufgenommen werden soll. Dazu folgendes Beispiel:

1. Tabelle MietPKW1.TAB als Textdatei namens MIETPKW1.DRU in Formeldarstellung auf Diskette in A: speichern.
2. Dateinamen MietPKW1.TAB und MietPKW1.DRU auf der Betriebssystemebene anzeigen lassen (Befehl DIR).
3. Tabelle MietPKW1.DRU auf der Betriebssystemebene ausdrucken.

```
19
20
DRUCK auf Platte/Diskette: a:mietpkw1.dru


Bitte geben Sie einen Dateinamen ein!
```

Tabelle unter dem Namen MietPKW1.DRU auf Diskette speichern

```
A:\>dir mietpkw1.*
Diskette/Platte, Laufwerk A:, hat keinen  Namen
Verzeichnis von A:\
MIETPKW1 TAB       792   24.09.88    2.05
MIETPKW1 DRU       725   24.09.88    2.17
        2 Datei(en)      188416 Byte frei


A: >type mietpkw1.dru
    "MietPKW1"



                    "Angebot 1?"


    "DM fest?"          100
    "DM je km?"         0,1
    "km frei?"          200


    "DM zahlen?"        Z6S2+(Z12S2-Z8S2)*Z
                        7


    "km?"               700
```

Dateinamen sowie Tabelle auf der MS-DOS-Ebene anzeigen lassen

Tabellen werden in einem Multiplan-eigenen Format gespeichert. Wie das folgende Beispiel zeigt, kann dieses Dateiformat über den TYPE-Befehl auf der MS-DOS-ebene nicht angezeigt werden. Grund: Die Steuerzeichen sind nicht lesbar, bzw. sie werden in Grafikzeichen übersetzt. Man ist also auf den DRUCK PLATTE/DISKETTE-Befehl angewiesen.

```
A:\>type mietpkw1.tab
 • ⊙     •  ◄ •   * •   k ‼ ⊙     • ◼@•ÑA⅟/ ⊙ &        α?'          ≡?(
 ≡?) Äπ8Äπ┐·?p
   , •◆≡

                   ≡ ▲ ♣ ◆Norm▲ ♣ ◆Norm▲ ◆ ♣0E+00▲ ♣ ◆0,00▲ ♣ ◆Norm▲ • ⊙0▲
```

Versuch der Ausgabe der formatierten Tabelle MietPKW1.TAB

3.1.7 Schritt 7: Multiplan verlassen

QUITT-Befehl zum Verlassen: Nach Eingabe des QUITT-Befehls wird die Kontrolle wieder an das Betriebssystem übergeben. Wurde die zuletzt bearbeitete Tabelle noch nicht gespeichert, fordert der QUITT-Befehl dazu zum Beispiel wie folgt auf:

```
    19
    20
 QUITT: _


 Geben Sie J ein wenn Sie speichern möchten N wenn nicht oder unterbrechen Sie!J
 Z12S2     205                  100% frei            Multiplan: A:MIETPKW1.TAB
```

QUITT-Befehl zum Verlassen von Multiplan

Aufgabe 3.1/1: Jahr1.TAB erstellen. **Aufgabe 3.1/2:** End1.TAB erstellen.

```
   -1       1         2         3            #1       1         2         3
     1 Jahr1.TAB                               1 End1.TAB
     2 Jahresproduktion im Überblick           2 Endbestand ermitteln
     3                                         3
     4 RÜCKBLICK:                              4 Anfangs-
     5          1. Quartal                     5 bestand?      1200
     6                                         6
     7 1085         7200                       7 + Zugang?        9
     8 1986         9320                       8
     9 1987        10109                       9 - Abgang?       210
    10 1988         8699                      10        ----------
    11                                        11 Endbestand      999
    12 Summe       35328                      12
```

3

Tabellenverarbeitung mit Multiplan

Mit "Formatieren" bezeichnet man alle Tätigkeiten, die dazu dienen, die Tabelle in eine übersichtliche bzw. gut lesbare Form zu bringen. Dazu gehören zum Beispiel das ausführliche Kommentieren der Zahlen (breite Textspalten), das Anbringen von Überschriften (Zeile mit mehreren zusammenhängenden Spalten) und das einheitliche Runden von Zahlenwerten (damit Dezimalkomma unter Dezimalkomma steht). Diese Möglichkeiten sollen nun an der Tabelle MietPKW2.TAB dargestellt werden.

Problemstellung zu Tabelle MietPKW2.TAB:
Die im vorhergehenden Abschnitt aufgebaute Tabelle MietPKW1.TAB soll wie folgt in fünf Schritten geändert werden:

1. Die Tabelle MietPKW1.TAB in den RAM laden.
2. Die Breite der Spalte 1 von 10 auf 20 Zeichen vergrößern, um längere Texte zu speichern.
3. Textzeile 2 in zusammenhängender Form formatieren und den zusammenhängenden Text "Was-wäre-wenn-Analyse bei Mietwagen" speichern.
4. Die Zahlen in Spalte 2 auf 2 Dezimalstellen runden.
5. Die Tabelle unter dem neuen Namen MietPKW2.TAB zusätzlich auf Diskette speichern.

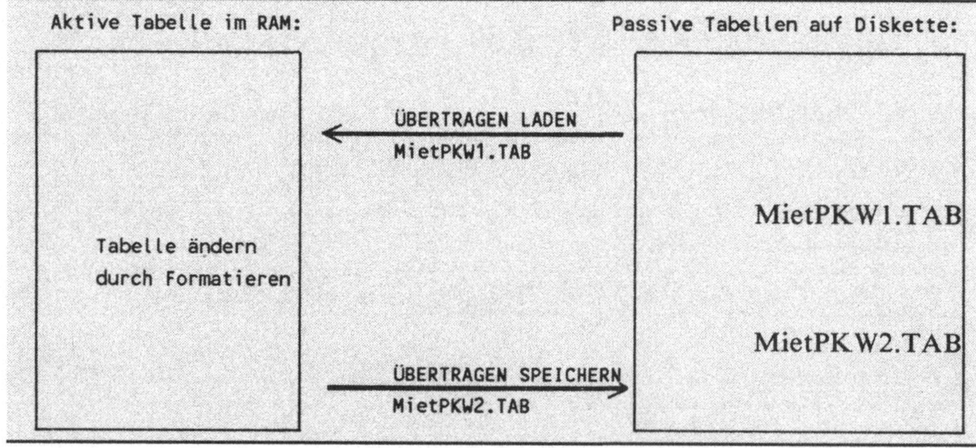

Tabelle MietPKW1.TAB laden und die geänderte Tabelle unter neuem Namen MietPKW2.TAB zusätzlich speichern

3.2.1 Tabelle von Diskette in den RAM laden

Durch den Befehl

<table>
<tr><td>

Übertragen
   Laden
      Dateiname: a:mietpkw1.tab

</td><td>

Laden als Gegenstück zum Speichern

</td></tr>
</table>

wird eine Kopie der Tabelle MietPKW1.TAB von der Diskette in Laufwerk A: in den RAM geladen und am Bildschirm angezeigt. Der Datei-
name TEMP (für temporäre Datei wird durch MietPKW1.TAB ersetzt.

```
    19
    20
ÜBERTRAGEN LADEN Dateiname: a:mietpkw1.tab    Nur Lesen: Ja(Nein)


Bitte geben Sie einen Dateinamen ein oder wählen Sie einen!
Z1S1                                100% frei    Multiplan: TEMP
```

Nach dem Aufruf des ÜBERTRAGEN LADEN-Befehls wird die Datei
TEMP durch MIETPKW1.TAB ersetzt

Sicherheitsprüfung durch den ÜBERTRAGEN-LADEN-Befehl: Mit dem
Laden einer Tabelle von Diskette in den RAM wird die bereits im RAM
befindliche Tabelle überschrieben bzw. gelöscht. Aus diesem Grunde
prüft der LADEN-Befehl, ob der Inhalt des RAM zuvor gesichert worden
ist. Der LADEN-Befehl gibt ggf. die folgende Meldung aus:

```
Geben Sie J ein wenn Sie speichern möchten N wenn nicht oder unterbrechen Sie!
```

Nach Eingabe von "J" wird die im RAM befindliche aktive Tabelle auf
Diskette gespeichert (ÜBERTRAGEN-SPEICHERN), um erst dann die
gewünschte Tabelle einzulesen (ÜBERTRAGEN-LADEN).

3.2.2 Breite einer Spalte vergrößern

Standardmäßig wird mit einer Spaltenbreite von 10 Stellen gearbeitet (s
für standard). Durch die Befehlsfolge

<table>
<tr><td>

Feldzeiger nach Z4S1
   Format
      Breite_der_Spalten: 20

</td><td>

Beliebige Zeile in Spalte 1 markieren
Befehl zu Formatieren aktivieren
Unterbefehl Breite_der_Spalten

</td></tr>
</table>

wird die Breite der Spalte 1 von s=10 auf 20 Stellen vergrößert.

1. FORMAT-Befehl mit sieben Unterbefehlen aktivieren:

```
    19
    20
FORMAT: Felder Standard Optionen Breite_der_Spalten Ersetzen  Zeichenformat
        Druckerschriftarten


Wählen Sie bitte eine Option oder geben Sie deren Anfangsbuchstaben ein!
```

2. BREITE_DER_SPALTEN-Unterbefehl aktivieren und 20 eingeben:

```
    19
    20
FORMAT BREITE_DER_SPALTEN in Zeichen oder S(tandard): 20
                          Spalte: 1               bis: 1
Bitte eine Zahl oder S für Standard eingeben! 20
```

Spalte 1 der aktiven Tabelle von s=10 auf 20 Stellen verbreitern

Nach dem Verbreitern der Spalte 1 werden die Hinweistexte über den TEXT-Befehl in ausführlicher Form eingegeben (Tabelle links):

```
Spalte 1 verbreitert:                Zeile 2 zusammenhängend und
                                     Spalte 2 mit Dezimalstellenrundung:


 -1           1           2           -1           1           2
  1 MietPKW2                           1 MietPKW2
  2                                    2 Was-wäre-wenn-Analyse bei Mietwagen
  3                                    3
  4                     Angebot 1      4                     Angebot 1
  5                                    5
  6 Eingabe: DM fest?       100        6 Eingabe: DM fest?       100,00
  7 Eingabe: DM je km?      0,1        7 Eingabe: DM je km?        0,10
  8 Eingabe: km frei?       200        8 Eingabe: km frei?       200,00
  9                                    9
 10 Ergebnis: DM zahlen:    100,5     10 Ergebnis: DM zahlen:    100,50
 11                                   11
 12 Entscheidung: km?       205       12 Entscheidung: km?       205,00
```

Tabelle MietPKW1 nach Spaltenverbreiterung (links)
und nach kompletter Formatierung (rechts)

Hinweis zu Multiplan 3.0: Im Gegensatz zu Multiplan 4.0 hat der FORMAT-Befehl bei Multiplan 3.0 nur die folgenden sechs Unterbefehle:

```
FORMAT: Felder Standard Optionen Breite_der_Spalten Währung Zeit_Datum
```

Mit der Wahl Menü_3.0 des ZUSÄTZE-Befehls kann dieses Menü auch unter Multiplan 4.0 erzeugt werden.

3.2.3 Textzeile in zusammenhängender Form

FORMAT-Befehlsfolge in Kurzform: Um in die Zeile 2 den zusammenhängenden Text "Was-wäre-wenn-Analyse bei Mietwagen" zu schreiben, müssen drei Spalten wie folgt als zusammenhängend festgelegt werden:

Feldzeiger nach Z2S1	Beliebige Spalte in Zeile 2 markieren
Format	
Felder: Z2S1:3	Dreispaltigen Bereich angeben
Formatcode: @[Zusammen]	Aus Formatcode-Liste wählen

FORMAT-Befehlsfolge in Makro-Schreibweise: Nach Eingabe des Feldbereichs Z2S1:3 wird mit der Tab-Taste zum Befehlsfeld FORMATCODE gegangen, mit einer Richtungstaste die Liste von Formatcodes auf den Bildschirm gebracht und der Formatcode @[Zusammen] ausgewählt. Anschließend wird der lange Text "Was-wäre-Analyse bei Mietwagen" in die Zeile 2 eingegeben. Die Tastenfolge in Makro-Schreibweise lautet ab Multiplan 4.0 wie folgt:

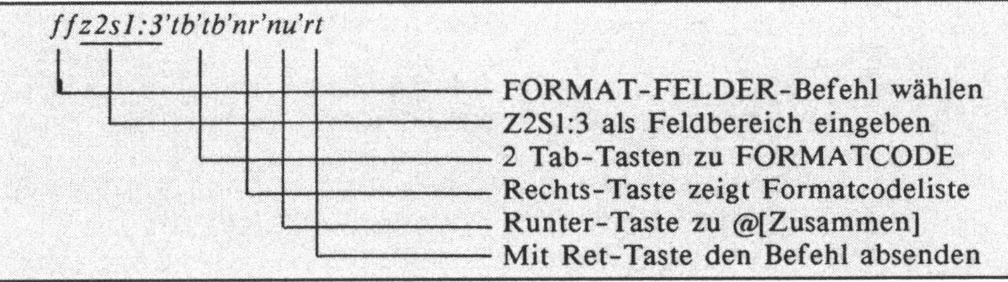

Exakte Tastenfolge zum Formatieren einer zusammenhängenden Zeile in Multiplan-Makroschreibweise

Hinweis zu Multiplan 3.0: Für Multiplan bis zur Version 3.0 ist anstelle der Tastenfolge
ffz2s1:3'tb'tb'nr'nu'rt die Tastenfolge ffz2s1:3'tb'tb'lt'rt einzugeben.

```
  19
  20
 FORMAT Felder: z2s1:3             Ausrichtung:(Stnd)Mitte Norm Links Rechts -
    Formatcode: a[Zusammen]
 Bitte geben Sie das Format ein oder wählen Sie von der Liste!
```

Bildschirmausgabe zum FORMAT FELDER-Befehl

3.2.3.1 Unterscheidung von Einzelfeld und Feldbereich

Durch den Bereichs-Operator ":" können Einzelfelder zu waagrecht und/-
oder senkrecht angeordneten Bereichen zusammengefaßt werden. Die beiden Schreibweisen a) Z2S1:Z2S3 und b) Z2S1:3 sind dabei identisch. Ein
in der Form a) angegebener Bereich kann vom Multiplan-System in die
Form b) geändert werden.

```
  1
  2   [ Z2S1        Z2S2         Z2S3 ]      Bereich Z2S1:Z2S3 (lies: von Z2S1 bis Z2S3)
  3                                          Bereich Z2S1:3 (lies: Z2 von S1 bis S3)
  4              Z4S2                         Feld Z4S2
  5
  6
  7   [ Z7S1 ]                               Bereich Z7S1:Z10S1
  8   [ Z8S1 ]                               Bereich Z7:Z10S1 (lies: Z7 bis Z10 in S1)
  9   [ Z9S1 ]  [ Z9S2         Z9S3 ]
  10  [ Z10S1]  [ Z10S2        Z10S3 ]       Bereich Z9:11S2:3 (Z9 bis Z11, S2 bis S3)
  11            [ Z11S2        Z11S3 ]       Bereich Z9S2:Z11S3 (Z9S2 bis Z11S3)
```

Drei Bereiche bzw. Feldbereiche als Beispiele:
Waagrechter, senkrechter und zweidimensionaler Bereich

Markieren von Bereichen durch Anfangs- und Endfeld: Ein Feldbereich
wird stets durch das Anfangs- und das Endfeld abgegrenzt:

- *Einzeiliger Bereich* wie z.B. Z2S1:Z2S3: Markieren durch das
  Anfangsfeld links (Z2S1) und das Endfeld rechts (Z2S3).

- *Einspaltiger Bereich* wie z.B. Z7S1:Z10S1: Markieren durch das Anfangsfeld oben (Z7S1) und das Endfeld unten (Z10S1).
- *Tabellenförmiger Bereich* wie z.B. Z9S2:Z11S3: Markieren durch das Anfangsfeld links oben (Z9S2) und das Endfeld rechts unten (Z11S3).

3.2.3.2 Auswahl eines Tabellenbereichs

Auswahl eines Bereichs nach dem Befehlsaufruf: Um den Bereich Z2S1:3 in das Befehlsfeld FELDER des FORMAT-Befehls einzugeben, hat man zwei Möglichkeiten:
- *Bereich eintippen:* man tippt Z2S1:3 selbst ein.
- *Bereich markieren und übernehmen lassen:*
  - Im Befehlsfeld FELDER steht Z2S1.
  - Eintippen des Bereichs-Operators ":".
  - Mit der Rechts-Taste bis zum Endfeld Z2S3 gehen.
  - Den von Multiplan ins Befehlsfeld FELDER übernommenen Bereich Z2S1:Z2S3 durch Drücken der Tab-Taste übernehmen.

Auswahl eines Bereichs vor dem Befehlsaufruf: Ein Bereich der Tabelle läßt sich auch bereits *vor* dem Wählen eines Befehls markieren. Beispiel:

1. Feldzeiger auf ZsS1 positionieren. ZsS1 ist das Anfangsfeld des zu markierenden Bereichs.
2. ":"-Operator eintippen. Anstelle der ":"-Taste kann auch die F6-Taste (für Erweiterung) gedrückt werden.
3. Mit der entsprechenden Richtungstaste bis zum Endfeld gehen; hier also mit der Rechts-Taste bis zum Feld Z2S3. F6-Taste (falls verwendet) erneut drücken. Der markierte Bereich erscheint nun hell unterlegt am Bildschirm. Die Markierung kann man auch mit der Maus vornehmen.
4. Den entsprechenden Befehl aktivieren; der markierte Bereich erscheint nun im entsprechenden Befehlsfeld. Beispiel: Nach Aktivieren des FORMAT FELDER-Befehls erscheint nun der Bereich Z2S1:Z2S3 bzw. Z2S1:3 im FELDER-Befehlsfeld. Die helle Markierung des Bereichs erlischt.

Hinweis zu Multiplan 3.0: Hier ist die Vorauswahl eines Bereichs nicht möglich; Ein Feldbereich kann somit erst nach erfolgtem Aufruf eines Befehls angegeben werden.

3.2.4 Auf zwei Dezimalstellen runden

Die Beträge der Spalte 2 von Tabelle MietPKW2.TAB sollen auf zwei Dezimalstellen formatiert bzw. gerundet werden. Dazu wählt man aus der Formatliste den vordefinierten Formatcode 0,00 wie folgt aus.

<table>
<tr><td>

Feldzeiger beliebig
  Format
    Felder: Z6:12S2
      Formatcode: 0,00

</td><td>

Unterbefehl FELDER aktivieren
FORMATCODE mit Option 0,00

</td></tr>
</table>

In Makro-Schreibweise gibt man dazu *ffz6:12s2'tb'tb'nr'nu'nu'nu'rt* für die Tastenfolge des FORMAT FELDER-Befehls ein.

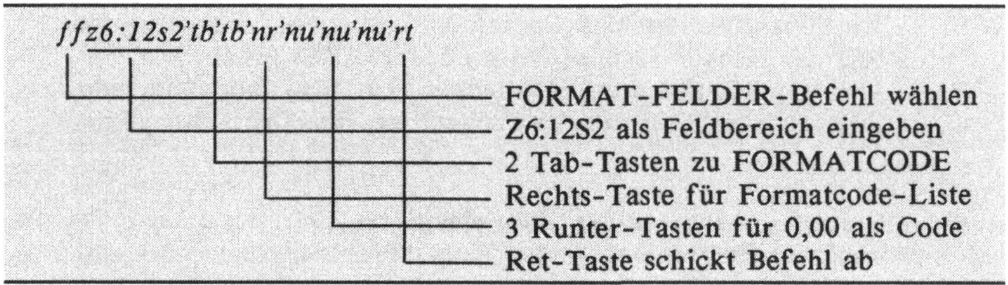

Exakte Tastenfolge zum Formatieren auf 2 Dezimalstellen gemäß Formatvorgabe 0,00 in Multiplan-Makro-Schreibweise

Hinweis zu Multiplan 3.0: Hier ist *ffz6:12s2'tb'tb'lt''lt'lt'tb2'rt* als Tastenfolge einzugeben (Grund: es wird keine Liste von Formatcodes bereitgestellt).

Aufgabe 3.2/1: Erstellen Sie die folgende Kalkulationstabelle Kalk1.TAB:

```
-1             1            2        3        4

 1 Kalk1.TAB
 2 Kalkulation von den Selbstkosten zum Verkaufspreis
 3
 4                        %-Sätze   Beträge
 5                        --------- ---------       vH = Prozentrechnung
 6 Selbstkosten                     6000,00               vom Hundert
 7 + Gewinnzuschlag (vH)  20,000    1200,00
 8 = Barverkaufspreis               7200,00         iH = Prozentrechnung
 9                                                        im Hundert
10 + Kundenskonto (iH)    2,000
11 + Vertreterprovision (iH)  8,125
12            gesamt      10,125     811,13         Eingabefelder:
13 = Zielverkaufspreis              8011,13         Z6S3 sowie Z7S2,
14                                                  Z10S2, Z11S2, Z15S2
15 + Kundenrabatt (iH)    20,000    2002,78
16 = Verkaufspreis                  10013,91
17                                  =========
```

Aufgabe 3.2/2: Erstellen Sie die Tabelle DMFranc1.TAB (DM in Fanzö-
sische Francs):

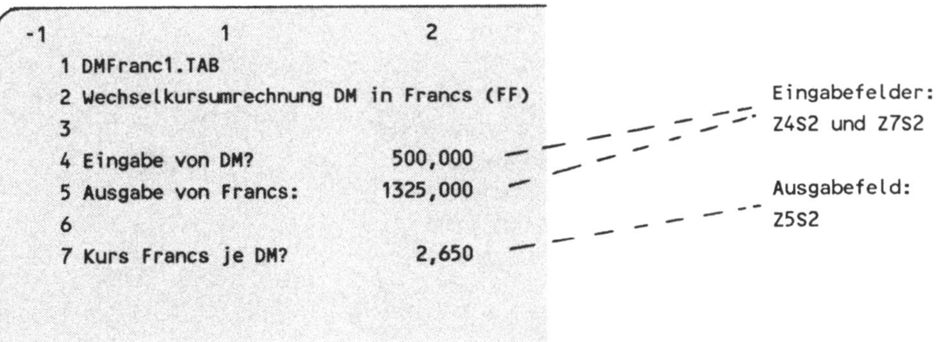

Aufgabe 3.2/3: Über die Tabelle Termin1.TAB soll eine Terminliste geführt werden. Geben Sie die Tabelle ein und testen Sie sie.
a) Aus welchem Grunde stellt Multiplan Datum und Zeit intern wohl als Zahlen dar (siehe Formeldarstellung)? Hinweis: In Abschnitt 3.5.4 wird auf den Multiplan-Kalender eingegangen.
b) Sortieren Sie die Terminliste nach dem Datum und speichern Sie die Tabelle unter dem Namen Termin1a.TAB ab. Hinweis: Verwenden Sie den ORDNEN ZEILEN-Befehl (vgl. Abschnitt 3.6.1).

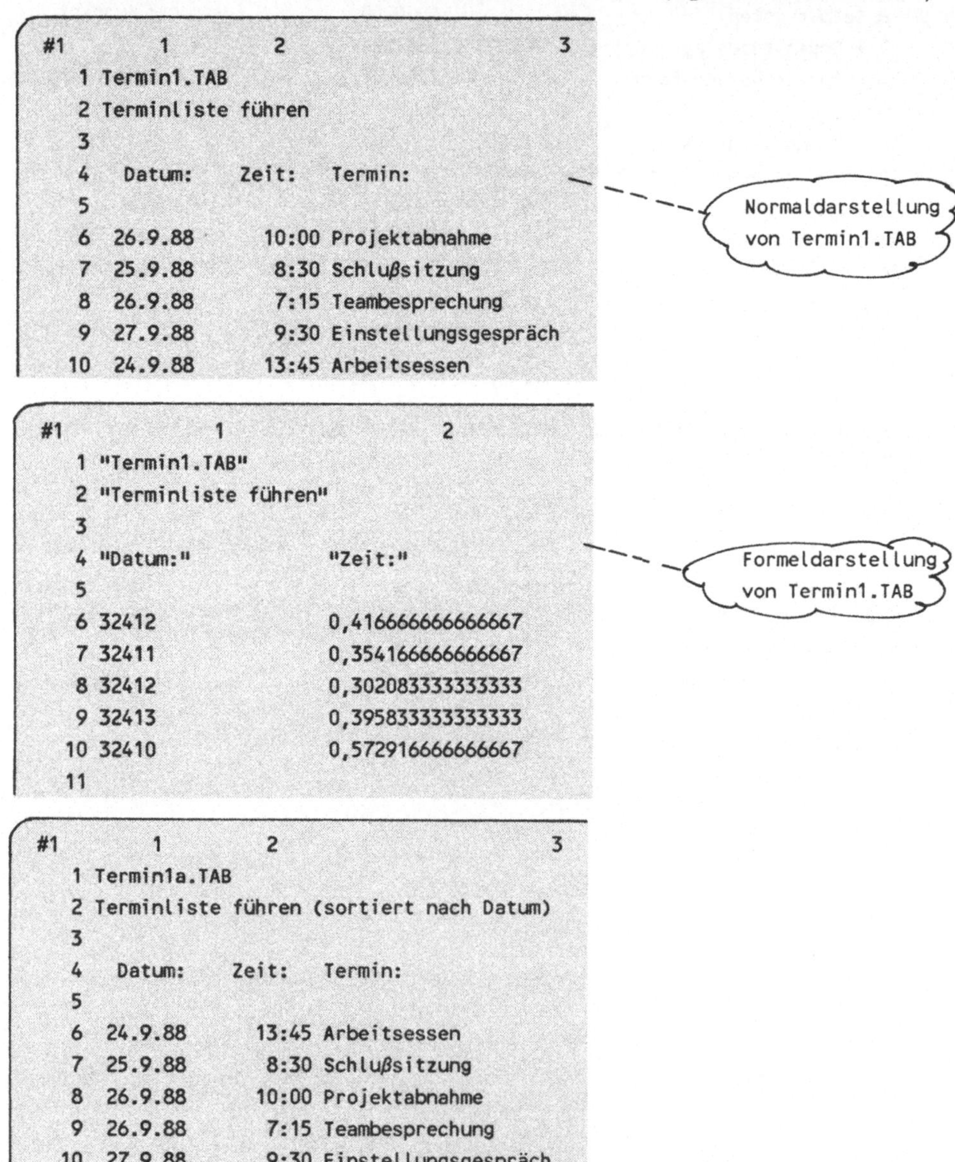

```
#1        1         2                    3
 1 Termin1.TAB
 2 Terminliste führen
 3
 4  Datum:    Zeit:    Termin:
 5
 6  26.9.88          10:00 Projektabnahme
 7  25.9.88           8:30 Schlußsitzung
 8  26.9.88           7:15 Teambesprechung
 9  27.9.88           9:30 Einstellungsgespräch
10  24.9.88          13:45 Arbeitsessen
```



```
#1            1                  2
 1 "Termin1.TAB"
 2 "Terminliste führen"
 3
 4 "Datum:"              "Zeit:"
 5
 6 32412                0,416666666666667
 7 32411                0,354166666666667
 8 32412                0,302083333333333
 9 32413                0,395833333333333
10 32410                0,572916666666667
11
```



```
#1        1         2                    3
 1 Termin1a.TAB
 2 Terminliste führen (sortiert nach Datum)
 3
 4  Datum:    Zeit:    Termin:
 5
 6  24.9.88          13:45 Arbeitsessen
 7  25.9.88           8:30 Schlußsitzung
 8  26.9.88          10:00 Projektabnahme
 9  26.9.88           7:15 Teambesprechung
10  27.9.88           9:30 Einstellungsgespräch
```

3 Tabellenverarbeitung mit Multiplan

3.3.1 Gegenüberstellung der Adressierungsarten

3.3.1.1 Absolute Adressierung mit ZnSm

Bislang wurden Adressen bzw. Positionen von Feldern durch die exakte Angabe der Zeilen- und Spaltennummer angegeben. Man spricht von *absoluter Adressierung.*
  - Vorteil: Adreßangabe klar lesbar.
  - Nachteil: Formeln müssen nach dem Kopieren an die jeweilige Position von Zeile bzw. Spalte angepaßt werden.

Adresse:	*Zweck:*	*Beispiel:*
ZnSm	Ein einzelnes Feld;	Z12S1
Zn	Eine einzelne Zeile;	Z4 für die 4. Zeile
Sn	Eine einzelne Spalte;	S2 für die 3. Spalte
Zn:m	Mehrere Zeilen	Z6:8 mit 3 Zeilen
Sn:m	Mehrere Spalten	S1:4 mit 4 Spalten
Zn:nS	Mehrere Zeilen	... in der aktiven Spalte S
ZSn:m	Mehrere Spalten	... in der aktiven Zeile Z

Möglichkeiten für absolute Adreßangaben

3.3.1.2 Relative Adressierung mit Z[+-n]S[+-m]

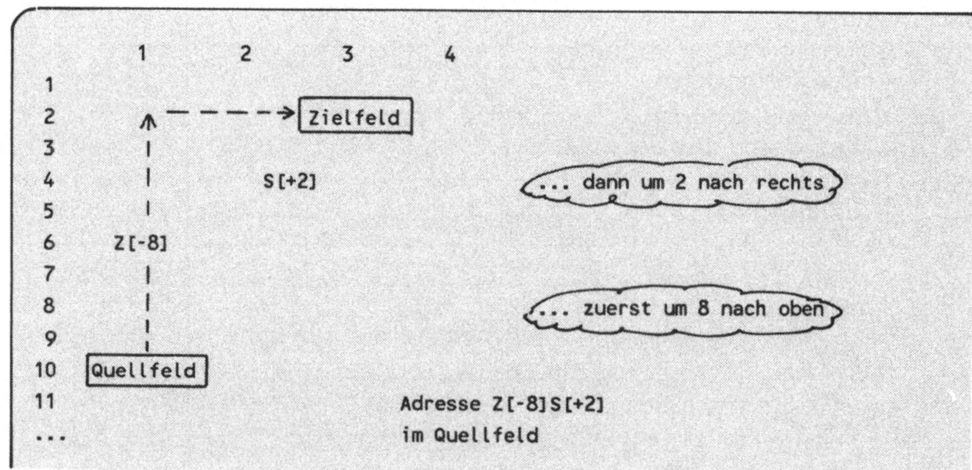

*Beispiel für die relative Adressierung des Zielfeldes Z6S3
vom Quellfeld Z10S1 aus*

Bei der relativen Adressierung bezieht sich die Adreßangabe eines Feldes auf die eines anderen Feldes. Anstelle der absoluten Angabe Z2S3 gibt man zum Beispiel Z[-8]S[+2] an; man liest: "Vom aktiven Feld ausgehend um 8 Zeilen nach oben (Z[-8]) gehen und dann um zwei Spalten nach rechts gehen (S[+2])". In den Angaben -8 und +2 drückt sich die relative Adressierung aus, d.h. die Beziehung zu einem Quellfeld.

Die relative Adresse Z[-8]S[+2] kann man auf zwei Arten in das Quellfeld eingeben:
1. Feldzeiger ins Quellfeld Z10S1 setzen und dann Z[-8]S[+2] selbst eintippen.
2. Feldzeiger ins Quellfeld Z10S1 setzen. Mit den Pfeiltasten um 8 Zeilen nach oben und dann um zwei Spalten nach rechts fahren; nach der Eingabe der Return-Taste wird die Adresse Z[-8]S[+2] automatisch übernommen.

Adresse:	Vom aktiven Feld ...:	Beispiel:
Z[-n]S	Um n Zeilen nach oben	Z[-4]S
Z[+n]S	Um n Zeilen nach unten	Z[+2]S
ZS[-n]	Um n Spalten nach links	ZS[-1]
ZS[+n]	Um m Spalten nach rechts	ZS[+12]

Möglichkeiten für relative Adreßangaben

Die relative Adressierung ist immer dann angebracht, wenn Formeln spalten- bzw. zeilenunabhängig zu kopieren sind.

Absolute Adressierung über ZnSm:
- Zeilennummer n und Spaltennummer m direkt nennen
- Nicht unbedingt kopierfähige Adresse

Relative Adressierung über Z[+-n]S[+-m]
- mit Richtungsangaben + und - sowie Entfernungsangaben n und m
- Richtung + für "Zeile nach unten" bzw. "Spalte nach rechts"
- Richtung - für "Zeile nach oben" bzw. "Spalte nach links"
- Kopierfähige Adresse

Adressierung zum Festlegen der Position absolut oder relativ

3.3.1.3 Formel mit relativer und absoluter Adressierung

Oftmals ist es erforderlich, beide Adressierungsarten in einer Formel vorzusehen. Die Tabelle MietPKW3.TAB zeigt dies an einem Beispiel.

Problemstellung zu Tabelle MietPKW3.TAB:
Die Tabelle MietPKW2.TAB (Abschnitt 3.2) soll so zu einer Tabelle namens MietPKW3.TAB geändert werden, daß drei Mietwagenangebote in drei Spalten gegenübergestellt und analysiert werden können. Die einspaltige Tabelle MietPKW2.TAB ist also zu einer dreispaltigen Tabelle MietPKW3.TAB zu erweitern:

```
 1 MietPKW2.TAB
 2 Was-wäre-wenn-Analyse bei ...
 3
 4                         Angebot 1
 5
 6 Eingabe: DM fest?        100,00
 7 Eingabe: DM je km?         0,10
 8 Eingabe: km frei?        200,00
 9
10 Ergebnis: DM zahlen:100,50
11
12 Entscheidung: km?       205,00
13
```

```
 1 MietPKW3.TAB
 2 Was-wäre-wenn-Analyse bei Mietwagen
 3
 4                    Ang 1    Ang 2    Ang 3
 5
 6 Eingabe: DM fest?  100,00   108,00    89,00
 7 Eingabe: DM je km?   0,10     0,08     0,13
 8 Eingabe: km frei?  200,00   100,00   300,00
 9
10 Ergebnis: DM zahlen: 180,00  180,00  180,00
11
12 Entscheidung: km?  1000,00
13
```

Einspaltige Tabelle MietPKW2.TAB (links) und drei dreispaltige Tabelle MietPKW3.TAB (rechts)

Zur Lösung des Problems wird wie folgt in vier Schritten vorgegangen:

1. Tabelle MietPKW2.TAB laden (ÜBERTRAGEN-LADEN-Befehl)
2. Formel in Z10S2 mit relativer Adressierung versehen (WERT-Befehl)
3. Spalte 2 zweimal nach rechts kopieren (KOPIE-RECHTS-Befehl)
4. Tabelle MietPKW3.TAB speichern (ÜBERTRAGEN-SPEICHERN-Befehl)

Formel in Z10S2 mit zwei Adressierungsarten: Die Formel in Z10S2 soll später nach Z11S2 und Z12S2 kopiert werden. Dazu muß die Formel wie folgt kopierfähig gemacht werden:

- *Absolute Adressierung:* Die Entscheidung "km?" muß sich stets auf Z12S2 beziehen; die Eingabe ist somit *fest (absolut)* auf die Spalte 2 bezogen. Man wählt die *absolute Adresse Z12S2.*

- *Relative Adressierung:* Die Eingaben "DM fest?", "DM je km?" und "km frei?" beziehen sich - je nach dem analysierten Angebot - auf die Spalten 2, 3 und 4. Es liegen also *Bezugsadressen* vor. Man wählt die *relativen Adressen Z[-4]S, Z[-3]S und Z[-2]S.*

- Die relative Adreßangabe Z[-4]S liest man als "aktive Zeile um 4 nach oben, aktive Spalte)".

- Die Adresse Z[-4]S erreicht man über Cursortasten wie folgt:

Cursor nach Z10S2	Quellfeld Z10S2
Wert	Befehl aktivieren
Cursor-hoch-Taste 4 mal	Zielfeld Z6S2
Return-Taste	

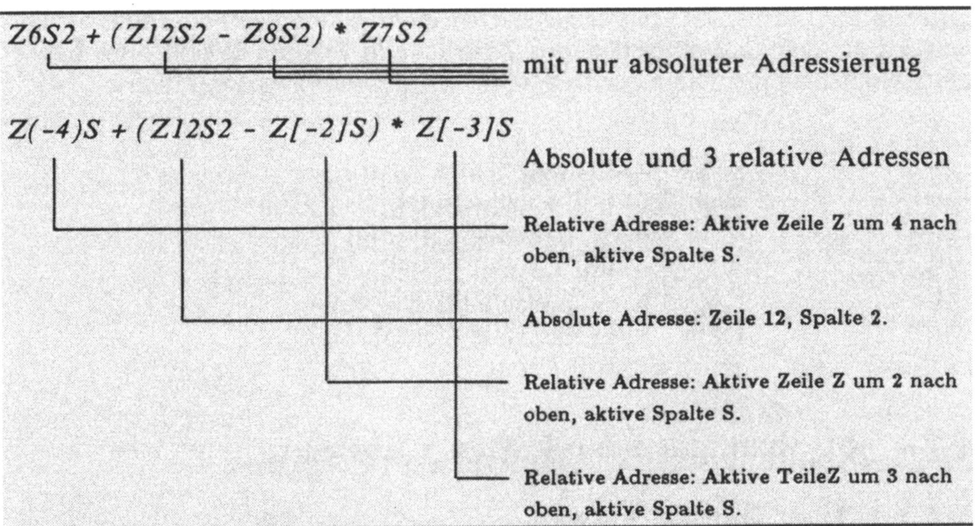

Formel in Z10S2 mit drei relativen und einer absoluten Adresse

Mit dem WERT-Befehl wird eine Formel eingegeben, die absolute und relative Adressen verknüpft.

Formel nach Z10S2 in gemischter Adressierung eingeben

3.3.1.4 Gemischte Adressierung absolut/relativ

Mit der Adresse

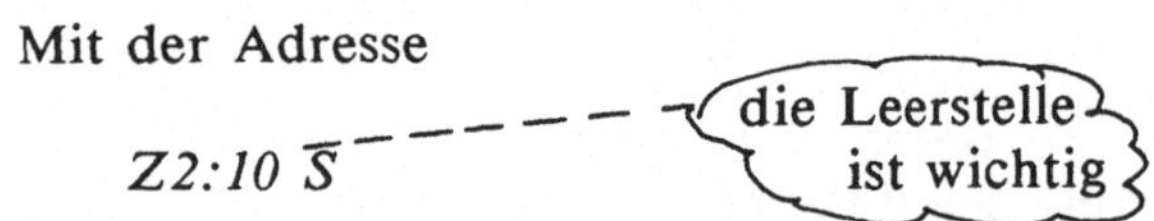

wird ein Bereich genannt, der die *neun Zeilen 2 bis 10 der aktiven Spalte*
umfaßt. Die Zeilen werden absolut und die Spalte (da ohne Nummernan-
gabe) relativ adressiert. Bei einer solchen gemischten Adressierung ist da-
rauf zu achten, daß zwischen der Zeilen- und Spaltenadresse eine Leerstelle (Blank) steht. Die Leerstelle wirkt als *Schnittmengenoperator*.

Sechs Beispiele:

Z2 S	Zeile absolut und Spalte relativ.
Z2:10 S	Wie oben mit Zeilenbereich.
Z S6	Zeile relativ und Spalte absolut.
Z S6:9	Wie oben mit Spaltenbereich.
ZS	Kein " ", da ausschließlich relativ.
Z1S2	Kein " ", da ausschließlich absolut

3.3.2   Spaltenkopie bei relativer Adressierung

3.3.2.1 Dreispaltige Tabelle

Von der einspaltigen zur dreispaltigen Tabelle: In der einspaltigen Tabelle
MietPKW2.TAB ist die Formel in Feld Z10S2 in der Form

$$Z[-4]S + (Z12S2-Z[-2]S) * Z[-3]S$$

gespeichert. Nun sind die Zahlenfelder des Angebots 1 einschließlich der
Zahlenwerte und Formeln von der Spalte 2 in die Spalten 3 und 4 wie
folgt zu kopieren:

```
Kopie
  Rechts
    Anzahl Kopien: 2
      Beginn bei: z4s2:z10s2
```
KOPIE-Befehl aktivieren
Unterbefehl RECHTS aktivieren
Zwei Kopien fertigen
Feldbereich kopieren

Es wird also nicht die gesamte Spalte 2 kopiert, sondern nur der Spalten-
bereich Z4S2:Z10S2. Grund: Das Feld Z12S2 gilt nur für die Spalte 2 und
darf nicht kopiert werden.

```
     19
     20
  MietPKW3.TAB
  KOPIE RECHTS Anzahl Kopien: 2      Beginn bei: z4s2:z10s2
```

KOPIE RECHTS-Befehl, um den Bereich Z4S2:Z10S2 zweimal nach
rechts zu kopieren

Nach der Änderung des Dateinamens und nach der Eingabe der Konditionen für die Angebote 2 und 3 kann die Tabelle MietPKW2.TAB unter
dem neuen Namen MietPKW3.TAB zusätzlich gespeichert werden.

```
 1 MietPKW3.TAB
 2 Was-wäre-wenn-Analyse bei Mietwagen
 3
 4                  Ang 1    Ang 2    Ang 2      Ang 1    Ang 2    Ang 3
 5
 6 Eingabe: DM fest?   100,00   108,00   89,00   100,00   108,00    89,00
 7 Eingabe: DM je km?    0,10     0,08    0,13     0,10     0,08     0,13
 8 Eingabe: km frei?   200,00   100,00  300,00   200,00   100,00   300,00
 9
10 Ergebnis: DM zahlen:150,00   156,00  141,00   210,00   204,00   219,00
11
12 Entscheidung: km?   700,00                   1300,00
13
```

Zwei Analysebeispiele mit der Tabelle MietPKW3.TAB

3.3.2.2 Formeln und Bezüge eines Feldes kontrollieren

PFAD KONTROLLE FORMELN: Mit diesem Befehl kann man sich alle
Felder anzeigen lassen, die in einer Formel enthalten sind. Über

Feldzeiger nach Z10S2	Feld mit Formel aktivieren
Pfad	PFAD-Befehl aufrufen
Kontrolle	Unterbefehl aufrufen
Formeln	Unterbefehl aufrufen
Feld: Z10S2 [Return]	Adreßangebot akzeptieren

erhält man zwei Bildschirmfenster:
- Im oberen Fenster erscheinen Angaben über das Feld bzw. die
  Formel, die nachzuprüfen ist. Der Cursor markiert zunächst die
  Adresse Z[-4]S als 1. Adresse der Formel.
- Im unteren Fenster wird das Feld analysiert, dessen Adresse im
  oberen Fenster gerade markiert ist (zunächst also Feld Z6S2). Be-
  wegt man den Cursor im oberen Fenster auf die nächste Adresse,
  dann wird diese im unteren Fenster analysiert.

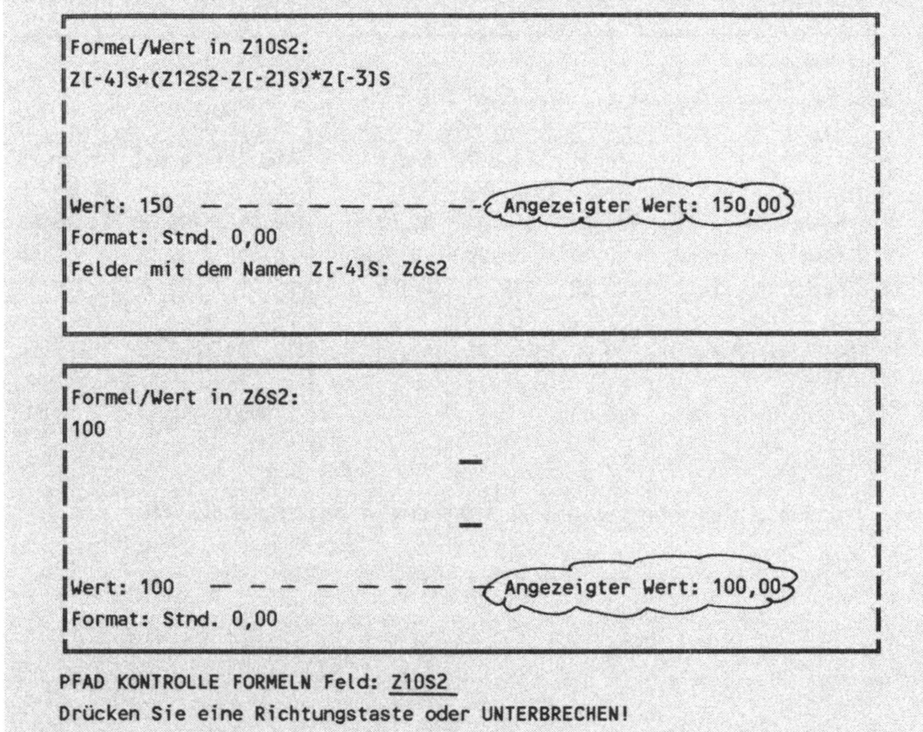

*Formel in Z10S2 über den PFAD KONTROLLE FORMELN-Befehl
analysieren lassen*

Befehl PFAD KONTROLLE BEZÜGE: Mit diesem Befehl kann man Felder untersuchen, die sich auf andere Felder beziehen. Beispiel: Es sollen alle Felder untersucht werden, die sich auf das Feld Z12S2 von Tabelle MietPKW2.TAB beziehen. Nach Eingabe von

Feldzeiger nach Z12S2	**Feld mit Bezug aktivieren**
Pfad	**PFAD-Befehl aufrufen**
Kontrolle	**Unterbefehl aufrufen**
Bezüge	**Unterbefehl aufrufen**
Feld: Z12S2 [Return]	**Adreßangebot akzeptieren**

erscheinen wiederum zwei Fenster.
- Im oberen Fenster werden die drei Felder Z10S2, Z10S3 und Z10S3 angegeben, da sich ihre Formeln auf das Feld Z12S2 beziehen.
- Im unteren Fenster wird das Feld analysiert, dessen Adresse im oberen Fenster gerade markiert ist (im wiedergegebenen Beispiel ist es das 1. Feld Z10S2).

```
|Felder mit der Verwendung Z12S2:                          |
|Z10S2        Z10S3        Z10S4                            |
|                                                          |
|                                                          |
|                                                          |
|                                                          |
|                                                          |
|Wert: 700                        Angezeigter Wert: 700,00 |
|Format: Stnd. 0,00                                        |


|Formel/Wert in Z10S2:                                     |
|Z[-4]S+(Z12S2-Z[-2]S)*Z[-3]S                              |
|                                                          |
|                                                          |
|Wert: 150                        Angezeigter Wert: 150,00 |
|Format: Stnd. 0,00                                        |

PFAD KONTROLLE BEZÜGE Feld: Z12S2
Drücken Sie eine Richtungstaste oder UNTERBRECHEN!
```

Bezüge zu Z12S2 über den PFAD KONTROLLE BEZÜGE-Befehl analysieren lassen

3.3.3   Adressierung mit Namen

3.3.3.1 Ein Feld benennen

Das Feld Z12S2 mit dem NAME-Befehl benennen: Für jede absolute Adresse (Einzelfeld oder Feldbereich) kann man einen Namen vergeben. Ein Beispiel: Durch die Befehlsfolge

Feldzeiger nach Z12S2	Feld aktivieren
Name	Befehlsaufruf
Name eingeben: Entscheidung	Feldname festlegen

wird das Eingabefeld Z12S2 mit dem Namen Entscheidung benannt. Benannte Felder bieten drei große Vorteile:

1.   Gute Lesbarkeit und Übersichtlichkeit der Dokumentation.
2.   Tabellen können über benannte Felder verbunden werden (siehe Abschnitt 3.4).
3.   Ein benanntes Feld kann eine Befehlsfolge (Makro) aufnehmen (siehe Abschnitt 3.7).

Mit der Vergabe eines Namens wird ein Feld absolut adressiert. Für das Entscheidungsfeld Z12S2 von Tabelle MietPKW3.TAB sind z.B. folgende Adreßangaben denkbar:

```
Z6S2 + (Z12S2 - Z8S2)*Z7S2              Absolute Adressierung
Z(-4)S + (Z12S2)-Z(-2)S)*(Z(-3)S        Relative/absolute Adressierung
Z6S2 + (Entscheidung-Z8S2)*Z7S2         Nur ein benanntes Feld
Fest + (Entscheidung-Frei)*km_Satz      Alle Felder sind benannt
```

Möglichkeiten für Formeln in Feld Z12S2 der Tabelle MietPKW3.TAB

3.3.3.2 Einen Namen löschen

Name von Feld Z12S2 wieder löschen: Der Name eines Feldes wird gelöscht, indem man über den NAME-Befehl den zugeordneten Eintrag im BEREICH-Feld mit der Entf-Taste (Del-Taste) löscht. In der zugehörigen Formel muß der entsprechende Name natürlich ebenfalls entfernt werden (wenn nicht, so erscheint die Fehlermeldung "Name?").

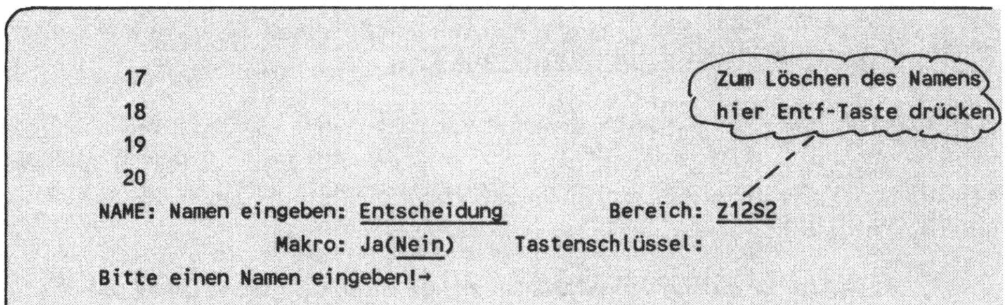

NAME-Befehl zum Setzen und Löschen von Namen wie z.B. des Namens Entscheidung in Feld Z12S2

3.3.3.3 Namen der Tabelle anzeigen lassen

Tippt man im Befehlsfeld "Namen eingeben:" eine Pfeil- bzw. Richtungstaste, erscheint am Bildschirm eine Liste mit sämtlichen derzeit vergebenen Feldnamen. Mit den Pfeiltasten kann man einen beliebigen Namen markieren, worauf im Befehlsfeld "Bereich" die zugehörige Adresse erscheint.

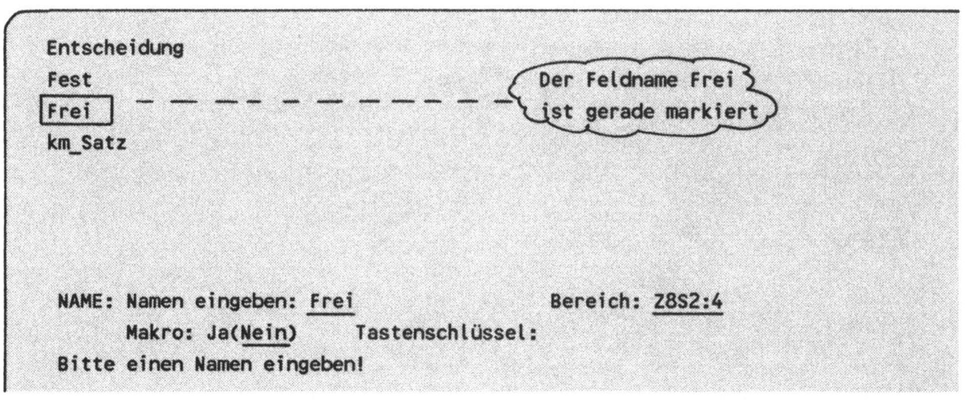

Namensliste der Tabelle MietPKWn.TAB anzeigen lassen: Im Befehlsfeld "Namen eingeben:" eine Pfeiltaste drücken

3.3.3.4 Namen für Feldbereiche

Ein Feldname wirkt wie eine absolute Adressierung. Damit ergeben sich Probleme beim Kopieren. Diese Probleme können jedoch umgangen werden, wenn man nicht das Einzelfeld, sondern Bereiche mit Namen belegt. Dazu als Beispiel die Tabelle MietPKWn.TAB.

Problemstellung zu Tabelle MietPKWn.TAB: Die dreispaltige Tabelle MietPKW3.TAB von Abschnitt 3.3.2 soll so zu einer Tabelle namens MietPKWn.TAB geändert werden, daß die Formeln in Zeile 10 nur noch Namen enthalten:

- Formeln in Z10S2, Z10S3 und Z10S4 von Tabelle MietPKW3.TAB:
  U[-4]S + (Z12S2 - Z[-2]S) * Z[-3]S

- Formeln in Z10S2, Z10S3 und Z10S4 von Tabelle MietPKWn.TAB:
  Fest + (Entscheidung - Frei) * km_Satz

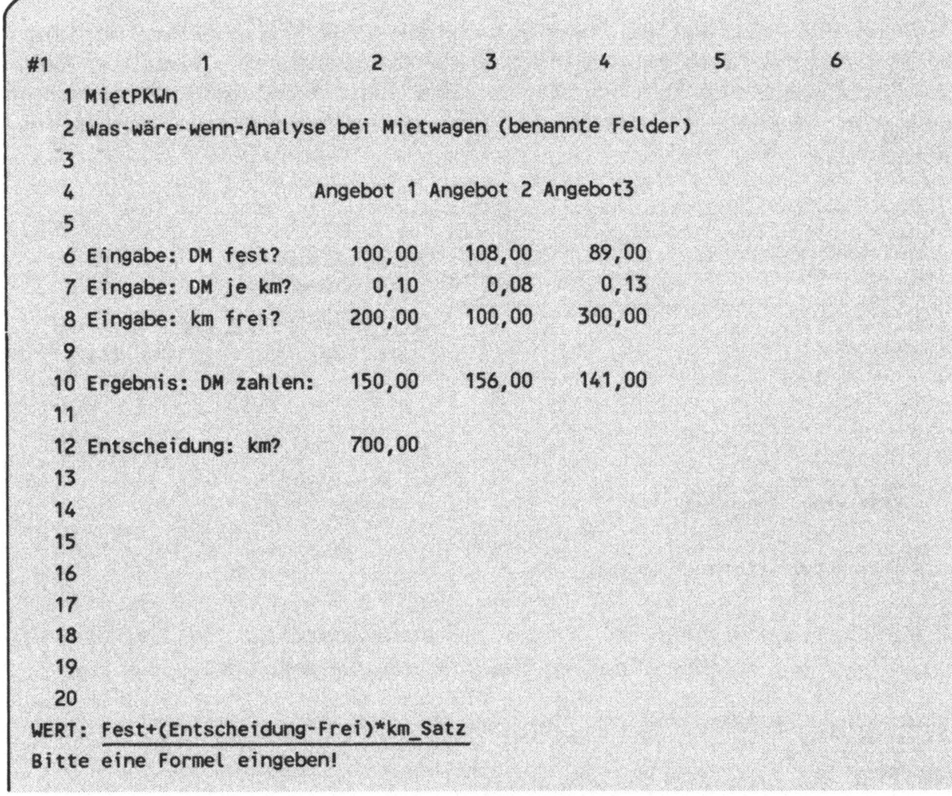

Über den WERT-Befehl wird in Z10S2 die Formel eingegeben

Zur Lösung des Problems benennt man drei Bereiche und ein Einzelfeld wie folgt:

- Fest	Z6S2:4 bzw. Z6S2:Z6S4
- Entscheidung	Z12S2
- Frei	Z8S2:4 bzw. Z8S2:Z8S4
- km_Satz	Z7S2:4 bzw. Z7S2:Z7S4

Vorgehensweise:
1. Tabelle MietPKW3.TAB laden (ÜBERTRAGEN LADEN-Befehl).
2. Feldbereiche *Fest*, *Frei* und *km_Satz* sowie Einzelfeld *Entscheidung* benennen (NAME-Befehl).
3. Formel *Fest+(Entscheidung-Frei)*km_Satz* in Z10S2 neu eingeben (WERT-Befehl).
4. Bereich Z6:10S2 zwei Mal nach rechts kopieren (KOPIE-Befehl).
5. Tabelle namens MietPKWn.TAB neu speichern (ÜBERTRAGEN SPEICHERN-Befehl).

Die Namensliste kann man sich jederzeit über den NAME-Befehl anzeigen lassen (vgl. den Bildschirm in Abschnitt 3.3.3.3).

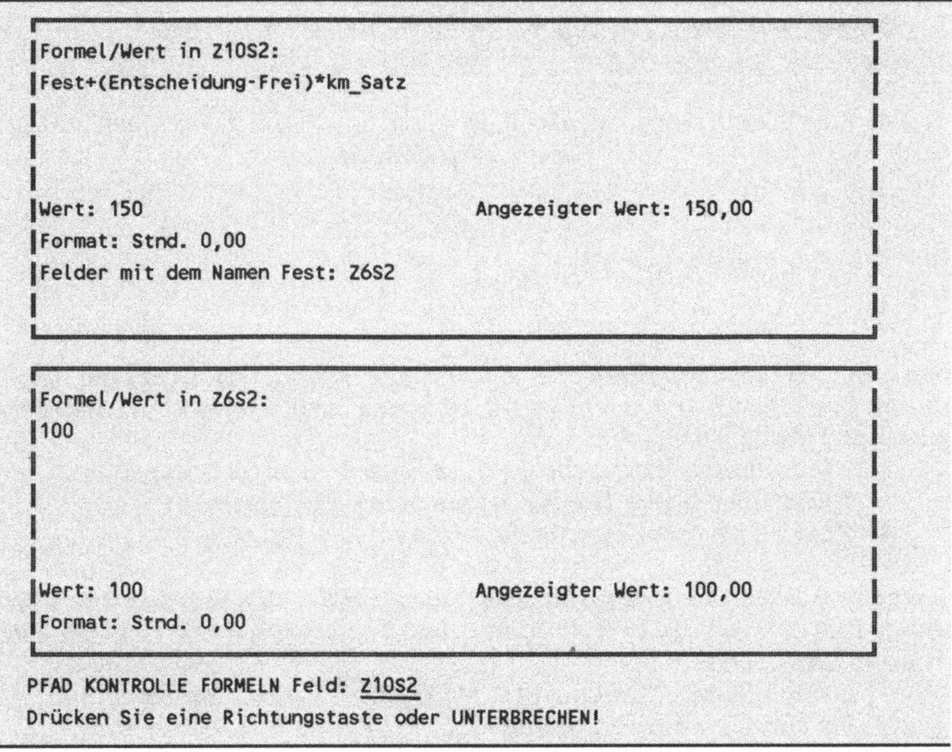

```
Formel/Wert in Z10S2:
Fest+(Entscheidung-Frei)*km_Satz



Wert: 150                        Angezeigter Wert: 150,00
Format: Stnd. 0,00
Felder mit dem Namen Fest: Z6S2



Formel/Wert in Z6S2:
100




Wert: 100                        Angezeigter Wert: 100,00
Format: Stnd. 0,00

PFAD KONTROLLE FORMELN Feld: Z10S2
Drücken Sie eine Richtungstaste oder UNTERBRECHEN!
```

Befehl PFAD KONTROLLE FORMELN zeigt in Z10S2 eine Formel mit Namen

```
|Felder mit der Verwendung Z12S2:
|Z10S2        Z10S3        Z10S4
|
|
|
|
|
|
|Wert: 700                          Angezeigter Wert: 700,00
|Format: Stnd. 0,00
```

```
|Formel/Wert in Z10S2:
|Fest+(Entscheidung-Frei)*km_Satz
|
|
|
|
|
|Wert: 150                          Angezeigter Wert: 150,00
|Format: Stnd. 0,00
```

PFAD KONTROLLE BEZÜGE Feld: Z12S2
Drücken Sie eine Richtungstaste oder UNTERBRECHEN!

Befehl PFAD KONTROLLE BEZÜGE zeigt in Z10S2, Z10S3 und Z10S4
Formeln mit Namen

Aufgabe 3.3/1:   Erweitern Sie die Tabelle Jahr1.TAB (Aufgabe 3.1/1)
durch Einführung von relativer Adressierung und Spaltenkopie wie folgt
zu einer Tabelle Jahr2.TAB:
  - Vier Quartalsspalten für 1., 2., 3. und 4. Quartal (in Spalten 2 - 5).
  - Zusätzliche Spalte für die Jahressummen (in Spalte 6).
  - Zusätzliche Zeile für die Quartalssummen (in Zeile 12)

Aufgabe 3.3/2:   Erweitern Sie die Tabelle Kalk1.TAB (Aufgabe 3.2/1)
durch Einführung von Bereichsnamen und Spaltenkopie wie folgt zu einer
Tabelle Kalk2.TAB:
  - Namen Selbst, Gewinn, Bar, Vertr, Ziel, Rabatt für Bereich "S3:5".
  - Namen GewinnProz, SkontoProz, ProvProz, RabattProz für "S2".

```
 -1                 1            2         3         4         5

  1 Kalk2.TAB
  2 Kalkulation von den Selbstkosten zum Verkaufspreis (mehrspaltig)
  3
  4                           %-Sätze  Produkt 1 Produkt 2 Produkt 3
  5                           -------- --------- --------- ---------
  6 Selbstkosten                        6000,00   7000,00    500,00
  7 + Gewinnzuschlag (iH)      20,000   1200,00   1400,00    100,00
  8 = Barverkaufspreis                  7200,00   8400,00    600,00
  9
 10 + Kundenskonto (iH)         2,000
 11 + Vertreterprovision (iH)   8,125
 12               zusammen     10,125    811,13    946,31     67,59
 13 = Zielverkaufspreis                 8011,13   9346,31    667,59
 14
 15 + Kundenrabatt (iH)        20,000   2002,78   2336,58    166,90
 16 = Verkaufspreis                    10013,91  11682,89    834,49
 17                                    ========= ========= =========
```

Aufgabe 3.3/3: Erstellen Sie eine Tabelle namens Planung1.TAB:

```
 -1       1        2        3        4        5        6

  1 Planung1.TAB
  2 Soll-/Ist-Vergleich von Planungs- und Statistikdaten
  3
  4 Monat     Planung   Statistik Abweichung
  5
  6 Januar      7000      7050       50
  7 Februar     7100      7070      -30
  8 März        7200      7250       50
  9 April       8500      8200     -300
 10 Mai         8500      8500        0
 11 Juni        6900      7031      131
 12 Juli        5010      5009       -1
 13 August      5900      6423      523
 14 September   6800      6898       98
 15 Oktober     7900      8059      159
 16 November    8240      8132     -108
 17 Dezember    8000      7905      -95
```

Aufgabe 3.3/4: Entwickeln Sie die folgende Tabelle Kasse1.TAB:

```
#1      1       2              3              4       5       6
  1 Kasse1.TAB
  2 Ein Kassenbuch mit Ein-/Ausgaben führen
  3
  4 Datum:   Beleg:    Posten:                   Einnahme: Ausgabe: Bestand:
  5
  6 10.10.88           Anfangsbestand                               620,00
  7 10.10.88           Verkauf Pflanzen 10.10.   235,00             855,00
  8 11.10.88    105    Lieferung Schnittblumen            170,00    685,00
  9 11.10.88    106    Lieferung Bindedraht               125,35    559,65
 10 11.10.88           Verkauf Pflanzen 11.10.   310,00             869,65
 11 11.10.88    108    Wartung des Pkw                    215,50    654,15
 12 12.10.88    109    Lieferung Schnittblumen            140,00    514,15
 13 12.10.88    110    Lieferung Topfblumen                95,00    419,15
 14 12.10.88           Verkauf Pflanzen 12.10.   475,25             894,40
 15
```

Aufgabe 3.3/5: Die Tabelle Beute1.TAB zeigt eine Simulation nach dem Räuber-Beute-Modell in elementarer Form. In einem begrenzten Raum existieren Füchse als Räuber und Hasen als Beute.

a) Wie lauten die Formeln in Multiplan-Schreibweise?
b) Erstellen und testen Sie die Simulationstabelle.

```
#1      1       2       3       4       5       6       7
  1 Beute1
  2 Räuber-Beute-Modell als elementare Simulation
  3
  4 Periode:  Hase    Fuchs:
  5    1      200      100    Eingabe der Parameter:
  6    2      190       90    -----------------------------------------------
  7    3      184       80    Fuchs-Vermehrungswahrscheinl.?        0,001
  8    4      182       71    Fuchs-Aussterbekonstante?             0,7
  9    5      184       63    Hase-Gefressenwahrscheinl.?           0,002
 10    6      189       55    Hase-Geburtskonstante?                1,15
 11    7      196       49
 12    8      206       44    Hase-Anfangsbestand?                  200
 13    9      219       40    Fuchs-Anfangsbestand?                 100
 14   10      234       37    -----------------------------------------------
 15   11      252       34
 16   12      273       33
 17   13      296       32
```

3 Tabellenverarbeitung mit Multiplan

Multiplan-Tabellen kann man so miteinander verbinden, daß beim Arbeiten mit Feldern der einen Tabelle automatisch auf bestimmte Felder der anderen Tabelle zugegriffen wird.

- *Übernahme von Feldinhalten :* Bei Veränderungen in Feldern der Quelltabelle werden bestimmte Werte automatisch in Felder der Zieltabelle übernommen. Beispiel in Abschnitt 3.4.1.

- *Konsolidierung von Tabellen:* Aus mehreren Quelltabellen wird zusammenfassend eine Zieltabelle gebildet. Beispiel in Abschnitt 3.4.2.

3.4.1 Übernahme von Feldinhalten

Problemstellung "Was-wäre-wenn-Analyse einer Mietwagenfirma": In einer Tabelle MietAdr1.TAB sind die Adressen und die Konditionen von drei Mietwagenfirmen wie folgt gespeichert.

```
Adressen:

              InterCar GmbH        Auto-Miet           Selbstfahrer KG
              6900 Heidelberg      6800 Mannheim       7500 Karlsruhe
              Kühler Grund 7       Neckarufer 55a      Freiburgerstr. 8
              06221/272727         0621/92944          0721/111911
Konditionen:
    DM fest   :     100,00             108,00              89,00
    DM je km:         0,10               0,09               0,13
    km frei:        200,00             100,00             300,00
```

Tabelle MietAdr1.TAB mit Tabelle MietPKWv.TAB verbinden: MietAdr1.TAB soll für eine Zieltabelle namens MietPKWv.TAB ("v" für "Verbindung") wie folgt als Quelltabelle dienen:
- Die Konditionen sind von der Quelltabelle MietAdr1.TAB automatisch in die Zieltabelle MietPKWv.TAB zu übernehmen.
- Bei jeder Änderung von Konditionen in der Quelltabelle wird die Zieltabelle aktualisiert.
- In der Zieltabelle können die Konditionen nicht geändert werden; man kann nur lesend auf die Konditionen zugreifen.
- Die Verbindung geschieht über einen gemeinsamen benannten Feldbereich. Im vorliegenden Beispiel ist es der Bereich namens *Konditionen.*

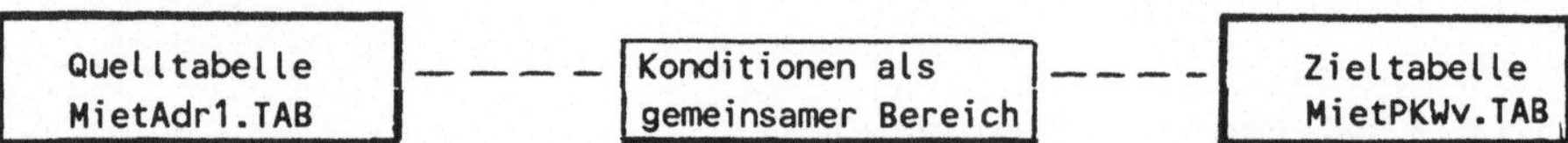

Quelltabelle MietAdr1.TAB als unterstützende Tabelle

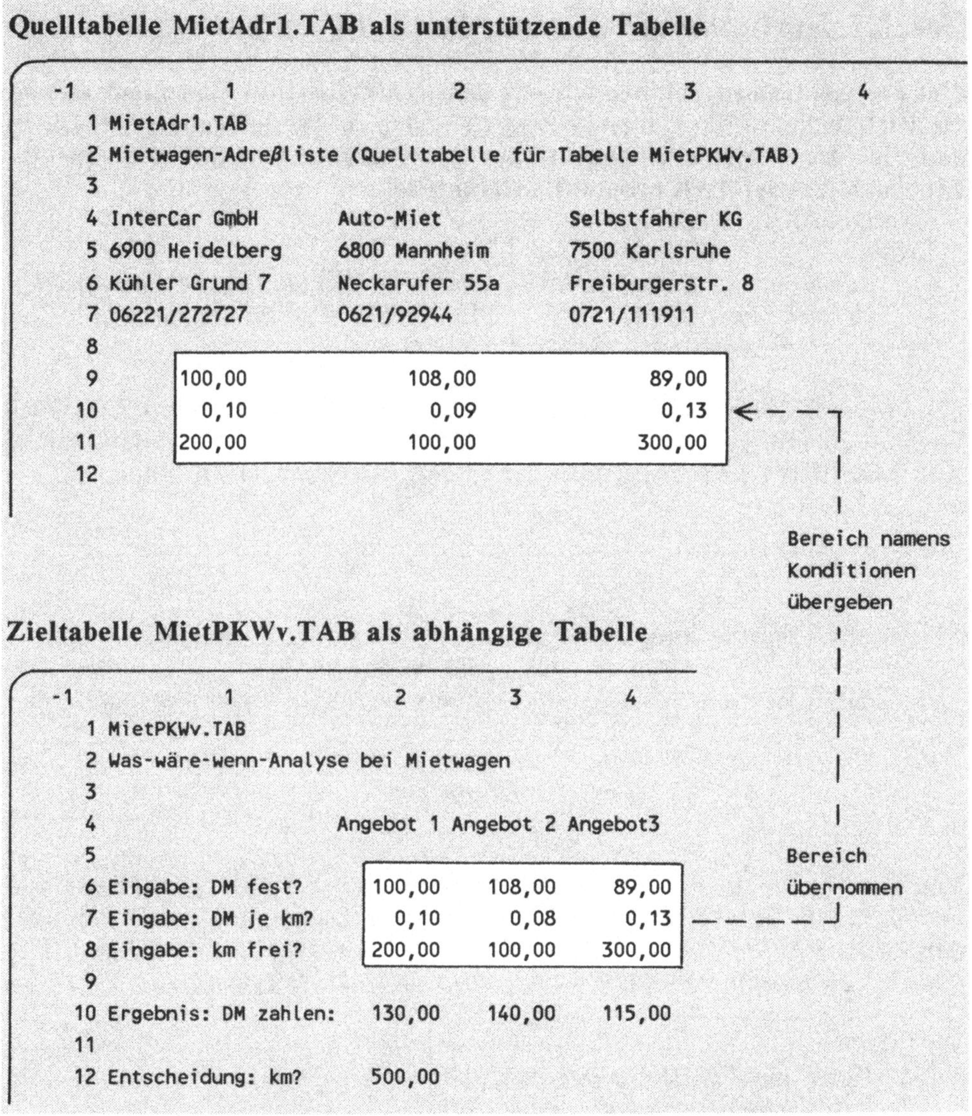

Zieltabelle MietPKWv.TAB als abhängige Tabelle

Quell- und Zieltabelle über den Bereich Konditionen verbinden

In Meldungen von Multiplan werden folgende Bezeichnungen verwendet:
- Die Quelltabelle wird als *unterstützende Tabelle* bzw. als *sendende Tabelle* bezeichnet.
- Die Zieltabelle wird auch *abhängige Tabelle* genannt. Grund: Der gemeinsame Feldbereich kann in der Zieltabelle nicht geändert werden; man ist vom Änderungsdienst der Quelltabelle abhängig.

3.4.1.1 Verbindung zwischen den Tabellen aufbauen

Einen gemeinsamen Feldbereich mit dem NAME-Befehl benennen: Das an die Zieltabelle zu übergebende Feld bzw. der zu übergebende Feldbereich muß in der Zieltabelle und in der Quelltabelle benannt sein. In der Tabelle MietAdr1.TAB ordnet die Befehlsfolge

<table>
<tr><td>

Name
  Namen eingeben: Konditionen
  Bereich: z9s1:z11s3
</td><td>

Name in beiden Tabellen identisch
In MietPKWv.TAB Z6S2:Z8S4
</td></tr>
</table>

dem Bereich Z9S1:Z11S3 den Namen *Konditionen* zu. In MietPKWv.TAB benennt *Konditionen* den Bereich Z6S2:Z8S4. Hinweis: Bis auf den Namen sind MietPKW3.TAB (Abschnitt 3.3.1) und MietPKWv.TAB identisch.

```
    19
    20
NAME: Namen eingeben: Konditionen           Bereich: Z9S1:Z11S3
                Makro: Ja(Nein)    Tastenschlüssel:
     Geben Sie bitte die Position eines Felds oder Tabellenbereichs ein!
```

Bildschirm zum Benennen des gemeinsamen Bereichs Konditionen mit dem NAME-Befehl

Von der Quell- in die Zieltabelle kopieren mit XTERN-KOPIE-Befehl: Der XTERN-Befehl macht der Zieldatei die Daten der Quelldatei über den benannten Feldbereich (hier: *Konditionen*) zugänglich. Nach dem Laden der Zieltabelle MietPKWv.TAB wird über die Befehlsfolge

```
Xtern
  Kopie von Tabelle: a:mietadr1.tab
  Bereichsname: konditionen
  Nach: z6s2 [Return]
```

die Verbindung zwischen der Quelltabelle MietAdr1.TAB und der aktiven Zieltabelle MietPKWv.TAB hergestellt. Nach dem Drücken der Return-Taste werden die Inhalte des Bereiches *Konditionen* übergeben. Voraussetzung dazu ist, daß der Bereich Z6S2:Z8S4 in der Zieltabelle leer ist. Bei Ausgabe der Meldung

```
Das Kopieren ist nur in leere Felder möglich!
```

muß zuerst der Bereich Z6S2:Z8S3 mit dem RADIEREN-Befehl in der Zieltabelle MietPKWv.TAB geleert werden.

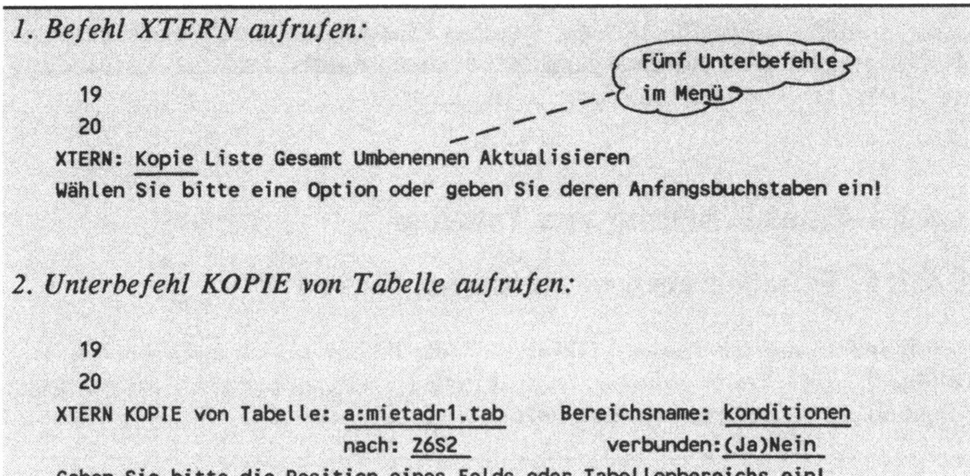

XTERN-Befehl in zwei Schritten aufrufen

Mit den verbundenen Tabellen arbeiten: Bei jedem Laden der Zieltabelle
MietPKW3.TAB erscheint diese Meldung:

```
Kopieren: A:Mietadr1.TAB [Konditionen]
```

Damit wird angezeigt, daß die aktuellen Werte des Bereichs *Konditionen*
von der Quelltabelle MietAdr1.TAB in die aktive Tabelle übernommen
werden. Der Versuch, diese Werte in der Zieltabelle zu ändern, wird z.B.
mit folgender Meldung abgelehnt:

```
Geschützte Felder dürfen nicht geändert werden: Z7S3
```

Beide Tabellen sind somit dauerhaft verbunden: MietAdr1.TAB dient als
unterstützende und MietPKWv.TAB als abhängige Tabelle.

3.4.1.2 Verbindung zwischen Tabellen lösen

Zur Lösung der Verbindung verwendet man wiederum den Befehl
XTERN-KOPIE. Beim Befehlsaufruf

```
XTERN
  KOPIE von Tabelle: a:mietadr1.tab
    Bereichsname: konditionen
        Nach:
```
Hier die Entf-Taste drücken

wird im Befehlsfeld "Nach:" die Löschen-Taste (Del, Entf) gedrückt. Die Konditionsdaten im Bereich Z6S2:Z8S4 verschwinden und die Verbindung zur MietAdr1.TAB als Quelltabelle ist gelöst.

3.4.2 Konsolidierung von Tabellen

3.4.2.1 Tabellen einzeln zusammenführen

Problemstellung zur Tabelle Gesamt1.TAB: In den gleich aufgebauten Tabellen Filiale1.TAB, Filiale2.TAB, Filiale3.TAB und Zentrale.TAB sind folgende Absatzmengen gespeichert:

Zeile:	Filiale1:		Filiale2:		Filiale3:		Zentrale:	
5	Montag	10	Montag	7	Montag	118	Montag	200
6	Dienstag	30	Dienstag	11	Dienstag	120	Dienstag	250
7	Mittwoch	20	Mittwoch	6	Mittwoch	90	Mittwoch	220
8	Donnerstag	40	Donnerstag	15	Donnerstag	75	Donnerstag	260
9	Freitag	15	Freitag	9	Freitag	100	Freitag	219
10	Samstag	53	Samstag	19	Samstag	106	Samstag	310

Diese vier Tabellen sollen nun nacheinander so in eine leere Tabelle namens Gesamt1.TAB zusammengeführt werden, daß darin die Absatzmengen wie folgt tageweise addiert erscheinen:

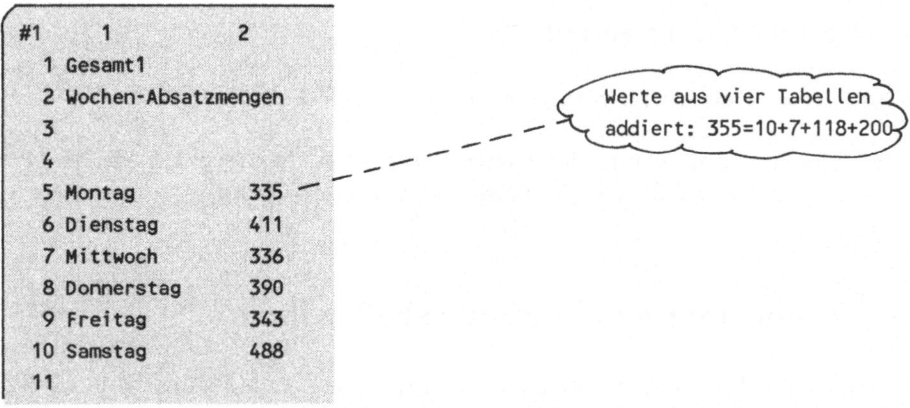

XTERN-GESAMT-Befehl: Zum Zusammenführen der einzelnen Tabellen wird der XTERN GESAMT-Befehl verwendet. "Zusammenführen" bedeutet, daß die Inhalte von Zahlenfeldern aus der externen Tabelle zu den Zahlenfeldern der aktiven Tabelle hinzuaddiert (Voraussetzung: "+" als Operation eingestellt), nicht aber einfach überschrieben werden.

Problemlösung in Schritten:
1. Eine leere Tabelle erzeugen und darin die Tagesnamen in Spalte 1 und "Gesamt1" als Namen speichern (TEXT).
2. Tabelle Filiale1 zusammenführen (XTERN GESAMT).
3. Tabelle Filiale2 zusammenführen (XTERN GESAMT).
4. Tabelle Filiale3 zusammenführen (XTERN GESAMT).
5. Tabelle Zentrale zusammenführen (XTERN GESAMT).
6. Aktive Tabelle unter dem Namen Gesamt1.TAB sichern (ÜBER-TRAGEN SPEICHERN).

Quelltabellen wiederholt an dieselbe Adresse der Zieltabelle einlesen: Der folgende Bildschirm zeigt, wie nach dem Zusammenführen der Tabelle Filiale1 gerade die Tabelle Filiale2 eingelesen wird. Nach Drucken der Return-Taste zeigt die Quelltabelle Gesamt1.TAB die rechts versetzt wiedergegebenen Mengen.

```
#1      1          2        3        4        5        6

 1 Gesamt1
 2 Wochen-Absatzmengen
 3
 4                              #1      1         2        3
 5 Montag      10
 6 Dienstag    30                1 Gesamt1
 7 Mittwoch    20                2 Wochen-Absatzmengen
 8 Donnerstag  40                3
 9 Freitag     15                4
10 Samstag     53                5 Montag      17
11                               6 Dienstag    41
12                               7 Mittwoch    26
13                               8 Donnerstag  55
15                               9 Freitag     24
16                              10 Samstag     72
17                              11
18
19
20
XTERN GESAMT von Tabelle: b:filiale2.tab
  Bereichsname: z5:10s2        Beginn bei: Z5S2        Operation:(+)- * /
  Geben Sie bitte einen Namen der externen Tabelle ein!
```

Zusammenführung von Filiale2.TAB in Gesamt1.TAB

Es wird jeweils der Bereich Z5:10S2 zusammengeführt, und zwar an die gleiche Beginnadresse Z5S2. Operation ist auf "+" eingestellt, damit die Mengen jeweils hinzuaddiert werden.

Problemstellung zur Tabelle Gesamt2.TAB: Die Tabellen Filiale1.TAB, Filiale2.TAB, Filiale3.TAB und Zentrale.TAB sollen nebeneinander in die anfangs leere Tabelle Gesamt2.TAB eingelesen werden.

Problemlösung in Schritten:
1. Eine leere Datei Gesamt2.TAB erzeugen (ÜBERTRAGEN BILD-SCHIRMLÖSCHEN GESAMT).
2. Viermaliges Zusammenführen der gesamten Zieltabelle an unterschiediche Beginnadressen in der Zieltabelle (XTERN GESAMT).
3. Zieltabelle Gesamt2.TAB sichern (ÜBERTRAGEN SPEICHERN).

```
#1       1          2          3          4          5          6          7
  1 Filiale1              Filiale2              Filiale3
  2 Wochen-Absatzmengen Wochen-Absatzmengen Absatzmengen der Woche
  3
  4
  5 Montag         10 Montag          7 Montag          118
  6 Dienstag       30 Dienstag       11 Dienstag       120
  7 Mittwoch       20 Mittwoch        6 Mittwoch         90
  8 Donnerstag     40 Donnerstag     15 Donnerstag       75
  9 Freitag        15 Freitag         9 Freitag         100
 10 Samstag        53 Samstag        19 Samstag         106
 11
 12                                  Zentrale
 13                                  .....
 14                                  Montag            200
 15                                  Dienstag          250
 16                                  Mittwoch          220
 17                                  Donnerstag        260
 18                                  Freitag           219
 19                                  Samstag           310
 20
XTERN GESAMT von Tabelle: b:zentrale.tab        Bereichsname: Z1:4095
           Beginn bei: Z1S7                      Operation:(+)- * /
Geben Sie bitte einen Dateinamen ein!
```

Nach den Tabellen Filiale1.TAB-Filiale3.TAB wird gerade die Tabelle Zentrale.TAB in die Tabelle Gesamt2.TAB eingelesen

Zum obigen Aufruf des Befehls XTERN GESAMT:
- Mit dem Bereich Z1:4095 die gesamte Tieltabelle zusammenführen.
- Beginnadresse jeweils verschieden: Oben Z1S7 für Zentrale.TAB.
- Operation "+" zwecks Hinzuaddieren eingestellt.
- Fehlermeldungen des XTERN-Befehls sind zu ignorieren.

3.4.2.2 Eine Liste von Tabellen zusammenführen

Problemstellung zur Tabelle Gesamt3.TAB: In eine leere Tabelle namens Gesamt3.TAB sollen die vier Dateien Filiale1.TAB, Filiale2.TAB, Filiale3.TAB und Zentrale.TAB durch *einen* Kopiervorgang übertragen werden.

Problemlösung in Schritten: Über den XTERN GESAMT-Befehl können mehrere Tabellen gleichzeitig zusammengeführt werden. Dazu gibt man im Befehlsfeld "von Tabelle:" die Dateinamen durch ";" aufgelistet an. Der Befehl XTERN GESAMT lädt dann nacheinander die aufgelisteten Tabellen an die angegebene Anfangsadresse hinzu.

1. Datei leer erzeugen (ÜBERTRAGEN BILDSCHIRM GESAMT).
2. Vier Dateien gleichzeitig zusammenführen (XTERN GESAMT mit der Liste von Tabellennamen).
3. Datei Gesamt3.TAB sichern (ÜBERTRAGEN SPEICHERN).

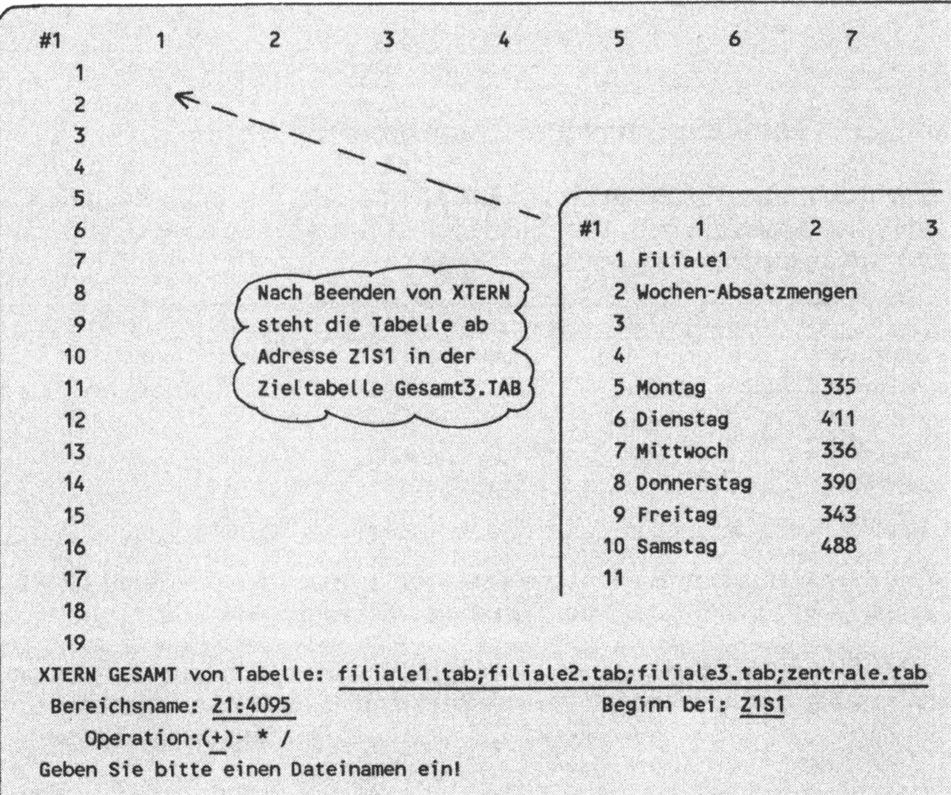

Vier Tabellen gleichzeitig zusammenführen durch XTERN GESAMT

Vier Regeln zum Zusammenführen von Feldern über XTERN GESAMT:
Aus welchem Grunde steht in Z1S1 der Name "Filiale1", obwohl die Tabelle Zentrale.TAB als letzte Datei zusammengeführt worden ist? Grund: Multiplan befolgt bestimmte Regeln zum Zusammenführen von Feldern. Nach der 4. Regeln wird keine Übertragung von Daten vorgenommen, wenn externer Text auf ein internes Textfeld trifft; und nach dem Zusammenführen von "Filiale1" durch Filiale1.TAB ist das interne Textfeld Z1S2 beschrieben.

	Inhalt des externen Feldes:	Inhalt des internen Feldes:	Inhalt des internen Feldes nach Ausführung von XTERN GESAMT:
1.	Wert	Wert oder Leerfeld	Wert wird je nach Einstellung im Befehlsfeld "Operation:" hinzukopiert.
2.	Wert	Text oder Formel	Wie oben.
3.	Text	Leerfeld	Text wird eingefügt.
4.	Text	Text, Wert oder Formel	Text wird ignoriert (also keine Übertragung).

Regeln zum Zusammenführen von Feldern beim XTERN GESAMT-Befehl

3.4.2.3 Tabellen dauerhaft zusammenführen

Problemstellung zu Tabelle Gesamt4.TAB: In der Tabelle Gesamt4.TAB sollen die Absatzmengen der Filialen und der Zentrale wie folgt als Übersicht gespeichert werden:

	Filiale1	Filiale2	Filiale3	Zentrale	Summe:
Montag	10	7	118	200	335
Dienstag	30	11	120	250	411
Mittwoch	20	6	90	220	336
Donnerstag	40	15	75	260	390
Freitag	15	9	100	219	343
Samstag	53	19	106	310	488

Die Mengenangaben werden aus den verbundenen Dateien Filiale1.TAB, Filiale2.TAB, Filiale3.TAB und Zentrale.TAB zusammengeführt.

Problemlösung in Schritten: Mit dem XTERN KOPIE-Befehl werden die Dateien über den Feldbereich *Mengen* verbunden. In den Quelldateien benennt *Mengen* jeweils den Bereich Z5:10S2. In der Zieltabelle Gesamt4.TAB hingegen benennt *Mengen* den Bereich Z5:10S2:5.
1. Tabelle Gesamt4.TAB leer erzeugen (ÜBERTRAGEN BILDSCHIRMLÖSCHEN-Befehl).
2. Texthinweise in Z1, Z2, Z4 und Z5S1:10 (TEXT-Befehl).

3. Bereich Z5:10S2 mit *Mengen* benennen (NAME) **und dreimal nach rechts kopieren (KOPIE RECHTS-Befehl).**
4. **Die Quelltabellen Filiale1.TAB, Filiale2.TAB, Filiale3.TAB und Zentrale.TAB der Reihe nach über den Feldbereich** *Mengen* **mit der abhängigen Tabelle Gesamt4.TAB verbinden. Dabei im Befehlsfeld "nach:" der Reihe nach die Adressen Z5S2, Z5S3, Z5S4 und Z5S5 (hierzu ist der Bildschirm wiedergegeben) angeben (XTERN KOPIE-Befehl).**

Ab jetzt wird jede Mengenänderung einer unterstützenden Tabelle automatisch in die abhängige Tabelle Gesamt4.TAB übernommen.

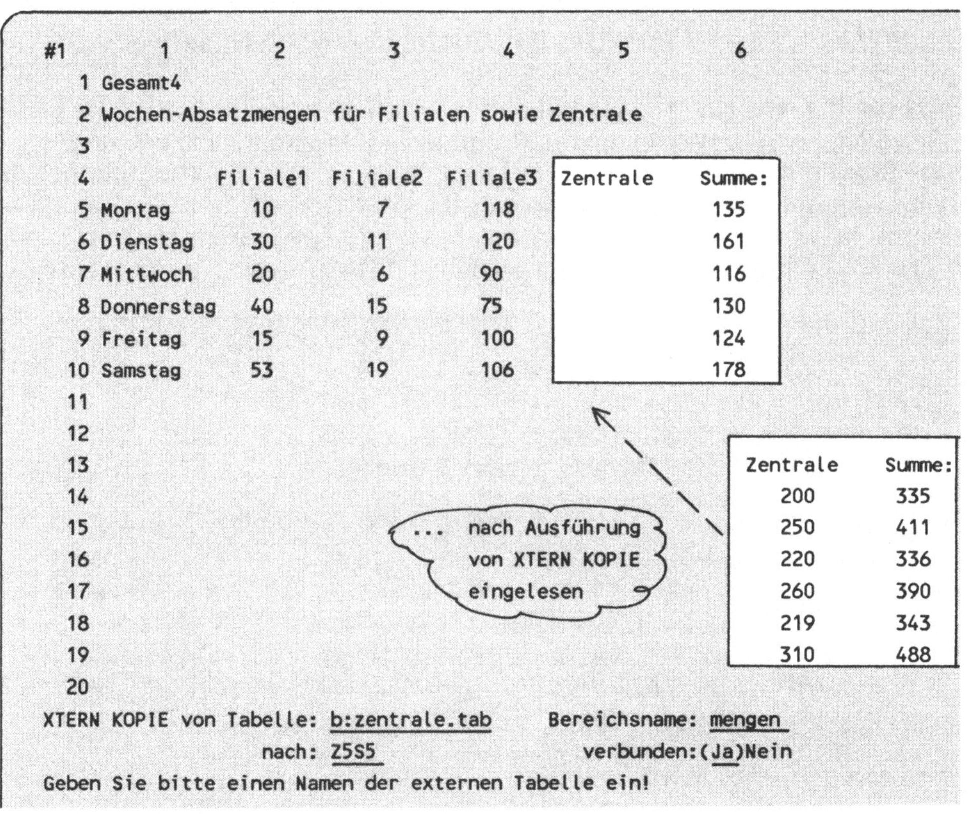

Zentrale.TAB als 4. Tabelle mit Gesamt4.TAB verbinden

3.4.2.4 Quell- und Zieltabellen auflisten

Befehl XTERN LISTE: Die Quelltabellen werden als unterstützende bzw. sendende Tabellen bezeichnet; die Zieltabellen nennt man auch abhängige Tabellen. Der Befehl XTERN LISTE listet sämtliche sendenden und abhängigen Tabellen auf, die mit der aktiven Tabelle in Verbindung stehen.

```
Folgende Tabellen senden Werte anB:\GESAMT4.TAB


b:filiale1.tab
b:filiale2.tab
b:filiale3.tab
b:zentrale.tab


Keine Tabellen sind abhängig von B:\GESAMT4.TAB



Zur Fortsetzung der Arbeit drücken Sie bitte eine beliebige Taste!
```

Befehl XTERN LISTE für die Tabelle Gesamt4.TAB aufrufen

Aufgabe 3.4/1: Die Tabelle MietPKW3.TAB (Abschnitt 3.3.2) soll geladen und nach der "Verschönerung" durch vier Trennlinien unter dem Namen MietPKWz.TAB zusätzlich abgelegt werden. Um die Graphikzeichen
nicht mühsam eintippen zu müssen (z.B. Alt-177 für " "), sollen die Zeichen in einer Hilfstabelle namens Zeichen1.TAB gespeichert und über den
XTERN-GESAMT-Befehl in die jeweilige Tabelle übernommen werden.

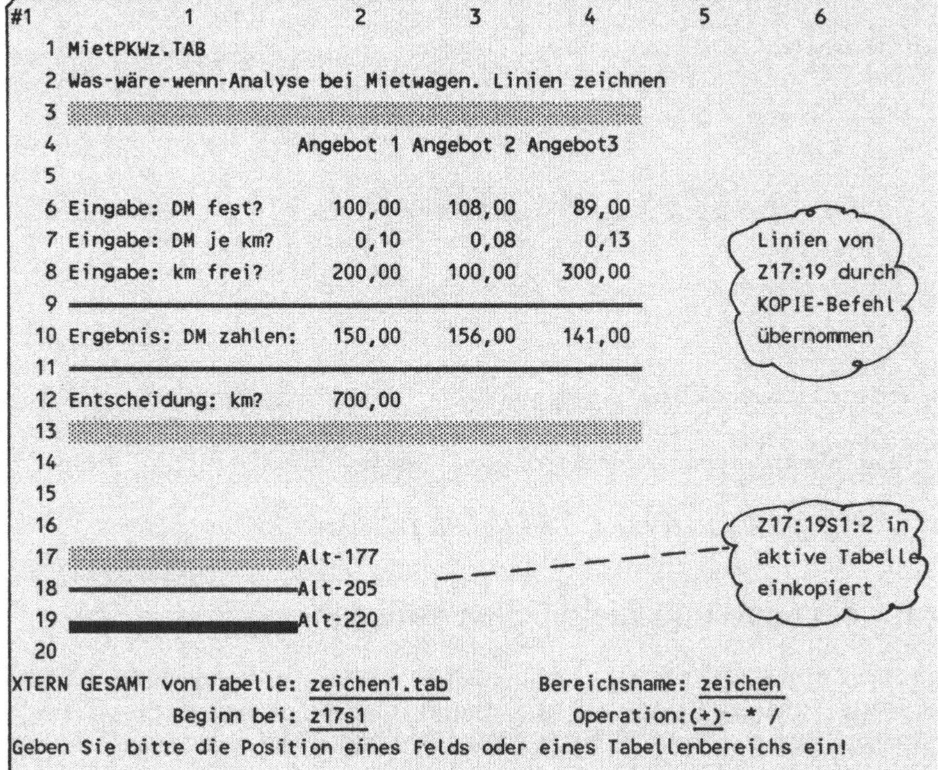


```
#1              1         2         3         4         5         6

 1 MietPKWz.TAB
 2 Was-wäre-wenn-Analyse bei Mietwagen. Linien zeichnen
 3
 4                      Angebot 1 Angebot 2 Angebot3
 5
 6 Eingabe: DM fest?      100,00    108,00     89,00
 7 Eingabe: DM je km?       0,10      0,08      0,13
 8 Eingabe: km frei?      200,00    100,00    300,00
 9 ─────────────────────────────────────────────────
10 Ergebnis: DM zahlen:   150,00    156,00    141,00
11 ─────────────────────────────────────────────────
12 Entscheidung: km?      700,00
13
14
15
16
17                        Alt-177
18 ───────────────────────Alt-205
19 ━━━━━━━━━━━━━━━━━━━━━━━━Alt-220
20
XTERN GESAMT von Tabelle: zeichen1.tab        Bereichsname: zeichen
              Beginn bei: z17s1               Operation:(+)- * /
Geben Sie bitte die Position eines Felds oder eines Tabellenbereichs ein!
```

Funktionen werden mit dem WERT-Befehl in Formeln angegeben. Die allgemeine Form zum Aufruf einer Funktion lautet:

> *Funktionsname(Argument)*

Funktionen ohne Argument: Bei diesen Funktionen ist die Klammer leer. Beispiel: Die Funktion NV() liefert den Fehlerwert NV!.

Funktionen je nach Ergebnistyp: Nach dem Datentyp des zurückgegebenen Ergebnisses unterscheidet man folgende Funktionen:
- *Mathematische Funktionen* wie z.B. die Funktion RUNDEN(N;Z).
  Siehe Abschnitt 3.5.1.
- *Textfunktionen* wie z.B. die Funktion GROSS(Text).
  Siehe Abschnitt 3.5.2.
- *Logische Funktionen* wie z.B. die Funktion ODER(Liste).
  Siehe Abschnitt 3.8.

Funktionen je nach Anwendungsgebiet:
- *Datenbankfunktionen* zum Zugriff auf einen Tabellenbereich als Datenbank bzw. Datei.
  Siehe Abschnitt 3.10.
- *Datums- und Zeitfunktionen* zur Lösungen des Zeitproblems.
  Siehe Abschnitt 3.5.4.
- *Finanzmathematische Funktionen.*
  Siehe Abschnitt 3.5.5.
- *Statistische Funktionen* wie z.B. die Funktion SUMME(Liste).
  Siehe Abschnitt 3.5.1.
- *Sonderfunktionen* wie z.B. Funktion VERWEIS.
  Siehe Abschnitt 3.5.3.

3.5.1 Mathematische und statistische Funktionen

ABS(N)	Absolutwert von N
EXP(N)	e hoch N
FAKULTÄT	Fakultät von N
GANZZAHL(N)	Ganzzahligen Wert von N
KÜRZEN(N)	Ganzzahligen Teil von N
LN(N)	Natürlicher Logarithmus von N
LOG(N;Basis)	Logarithmus von N zur Basis
LOG10(N)	Zehnerlogarithmus von N
PI( )	Pi auf 14 Stellen genau
PRODUKT(Liste)	Produkt der Zahlen in Liste
REST(N;M)	Rest der Division N/M
RUNDEN(N;S)	N auf S Dezimalstellen gerundet
VORZEICHEN(N)	Zahl für das Vorzeichen von N
WURZEL(N)	Quadratzahl von N
ZUFALLSZAHL( )	Zufallszahl zwischen 0 und 1

Mathematische Funktionen von Multiplan

ANZAHL(Liste)	Anzahl der aufgelisteten Zahlen
ANZAHL2(Liste)	Anzahl der nicht leeren Felder
MAX(Liste)	Größten Wert der Liste
MIN(Liste)	Kleinsten Wert der Liste
MITTELW(Liste)	Mittelwert der gelisteten Zahlen
STABW(Liste)	Standardabweichung schätzen
STABWN(Liste)	Standardabweichung berechnen
SUMME(Liste)	Summe der aufgelisteten zahlen
VARIANZ(Liste)	Varianz schätzen
VARIANZEN(Liste)	Varianz berechnen.

Statistische Funktionen von Multiplan

Funktionsaufruf am Beispiel der Funktion SUMME: Mit dieser Funktion lassen sich beliebige Felder addieren. Beim Aufruf

SUMME(Liste)

kann man über *Liste* einen Bereich angeben oder Felder aufzählen.

Summieren durch Bereichsangabe:
- SUMME(Z6:15S3)   addiert 10 Zahlen des Bereichs.
- SUMME(Z[-11]S:Z[-1]S)   verwendet die relative Adressierung.
- SUMME(Umsaetze)   verwendet einen benannten Bereich.

Summieren durch Aufzählung:
- SUMME(Z1S1;Z7S7;Z4S3)   addiert die aufgezählten drei Felder.

Zwei Möglichkeiten von Liste in SUMME(Liste)

Tabelle Kunden1.TAB als Beispiel mit Funktionen SUMME und MAX: In dieser Tabelle wird eine Kundendatei mit drei Feldern je Datensatz dargestellt:
- 1. Datenfeld: Nummer, numerisch, maximal 9999 ganzzahlig.
- 2. Datenfeld: Name, Zeichen (String), maximal 20 Zeichen lang.
- 3. Datenfeld: Umsatz, numerisch, maximal 999999.99, Dezimalzahl.

Tabelle Kunden1.TAB erstellen und speichern: Jeder Datensatz wird in einer Tabellenzeile gespeichert und besteht aus den Datenfeldern *Nummer*, *Name* und *Umsatz*. Vorgehensweise in Schritten:

1. Zeilen 1 und 2 in zusammenhängender Form formatieren.
    Spalte 1 zentriert formatieren.
    Spalte 2 auf eine Breite von 20 Stellen formatieren.
    Spalte 3 auf zwei Dezimalstellen formatieren.
2. Textfelder eingeben.
3. Zahlen in die Datenfelder eingeben.
4. Formel SUMME(Z[-11]S:Z[-2]) in Ergebnisfeld Z17S3 eingeben.
    Formel MAX(Z[-14]S:Z[-5]S) in Ergebnisfeld Z20S3 eingeben.
5. Tabelle testen.
6. Tabelle unter dem Namen Kunden1.TAB speichern.

```
#1        1              2            3        4       5       6

  1 Kunden1.TAB
  2 Kundendatei in Tabellenform
  3
  4  Nummer:  Name:                 Umsatz:
  5
  6    101    Frei                 6500,00
  7    104    Maucher               295,60
  8    109    Hildebrandt          4990,05
  9    110    Amann                1018,75
 10    107    Schulte-Tillmann   109000,00
 11    113    Rohrbach            86900,25
 12    115    Schultheiß           4009,80
 13    103    Freiburger          10000,80
 14    111    Klaus-Schulte      130600,40
 15    117    Schulz-Heidelberger 45080,50
 16                              ----------
 17                              398396,15
 18
 19         Mittlerer Umsatz:     39839,62
 20         Größter Umsatz:
WERT: max(Z[-14]S:Z[-5]S)

Bitte eine Formel eingeben!
```


*Tabelle Kunden1.TAB mit 10 Datensätzen (es wird
gerade die Formel mit der MAX-Funktion in das Feld Z20S3 eingegeben)*

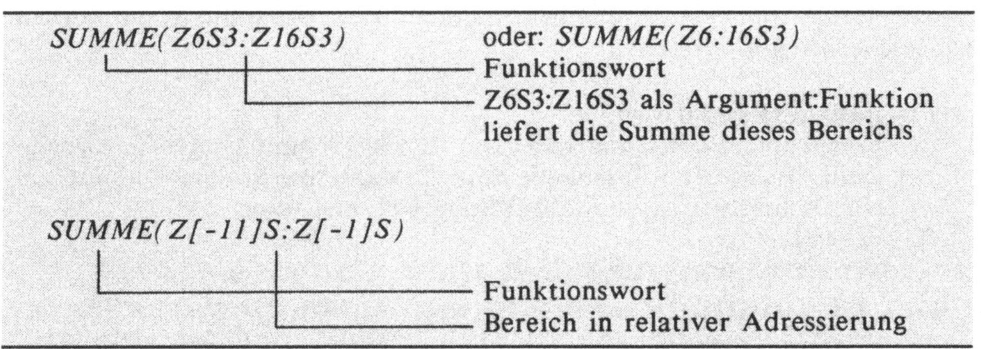

*Funktionsaufruf bei absoluter oder relativer Adressierung
in Tabelle Kunden1.TAB*

3.5.2 Textfunktionen

ANFANG(Z)	Den ersten Buchstabe groß schreiben
CODE(Z)	ASCII-Code des 1. Zeichens in Z
ERSETZEN(TextAlt;Beginn;Anzahl;TextNeu)	
	Anzahl Zeichen ab Beginn ersetzen
FEST(N;S)	N in Text mit einen Text mit S Nachkommastellen umwandeln
FINDEN(Suchtext;Text;Beginn)	Nach Suchtext in Text suchen
GLÄTTEN(Z)	Alle Leerstellen aus Z entfernen
KLEIN(Z)	Groß- in Kleinbuchstaben
LÄNGE(Z)	Anzahl der Zeichen von Z
LINKS(Z;n)	n Zeichen am Anfang liefern
NAME( )	Pfad und Dateiname der Tabelle
RECHTS(Z;n)	n Zeichen am Ende von Z
SUCHEN	Siehe VERWEIS in Multiplan 4.0
TEIL(Z;Beginn;Länge)	Teilstring liefern
WÄHRUNG(N;S)	N in Text mit S Kommastellen
WECHSELN(Text;TextAlt;TextNeu;Anzahl)	
	TextAlt gegen TextNeu auswechseln
WERT(Z)	Zeichen Z als Zahl liefern
WIEDERHOLEN(Z;Anzahl)	Z Anzahl mal angeben
ZEICHEN(N)	Zeichen für ASCII-Codezahl N

Textfunktionen von Multiplan

Problemstellung zu Tabelle Tage1: Die Differenz zwischen zwei Datumseingaben soll in Tagen angegeben werden. Die Datumseingaben werden als Zeichen eingetippt.

Problemlösung in Schritten:
1. Eingaben in Z4S2 und Z5S2 mit ":" als Trennungszeichen vornehmen. Grund: Bei Trennung mit "." wählt das System automatisch ein Datumsformat und läßt führende Nullen weg.
2. Formel

```
WERT(TEIL(d2;1;2)) + WERT(TEIL(d2;4;2))*30 + WERT(TEIL(d2;7;2))*360
 -WERT(TEIL(d1;1;2)) - WERT(TEIL(d1;4;2))*30 - WERT(TEIL(d1;7;2))*360
```

in Z7S2 eingeben. Mit der TEIL-Funktion wird der jeweilige 2 Zeichen lange Teilstring entnommen, um mit der WERT-Funktion in eine Zahl umgewandelt zu werden.

```
#1                1              2              3

   1 Tage1
   2 Tage zwischen Datumsangaben
   3
   4 Anfangsdatum?   25:12:88
   5 Enddatum?       03:01:89
   6
   7 Tage:                          8
   8
   9
```

Tabelle Tage1.TAB in Normaldarstellung

```
#1                                            2

   1
   2
   3
   4 "25:12:88"
   5 "03:01:89"
   6
   7 WERT(TEIL(d2;1;2))+WERT(TEIL(d2;4;2))*30+WERT(TEIL(d2;7;2))*360
     -WERT(TEIL(d1;1;2))-WERT(TEIL(d1;4;2))*30-WERT(TEIL(d1;7;2))*360
   8
   9
```

Tabelle Tage1.DAT in Formeldarstellung

3.5.3 Sonderfunktionen

BUCHSTABE(Bereich)	Inhalt des Eckfeldes links oben von Bereich, falls dieser Text ist
DELTA( )	Größte Wertänderung der Iteration
INDEX(Bereich;Position)	Den Wert des durch Position im Bereich gegebenen Feldes
NV( )	Fehlerwert NV! liefern
SPALTE( )	Spaltennummer des Feldes
VERSION( )	Versionsnummer von Multiplan
VERWEIS(N;Bereich)	N im angegebenen Bereich liefern (in Multiplan 3.0: SUCHEN)
WAHL(Index;Liste)	Über den Index einen Wert aus der Liste auswählen
ZAHL(Bereich)	Zahl des linken oberen Eckfeldes von Bereich
ZÄHLER( )	Anzahl der Iterationsdurchläufe
ZEILE( )	Zeilennummer des Feldes

Sonderfunktionen von Multiplan

3.5.3.1 Senkrechte Verweistabelle

Verweistabellen benutzen über die VERWEIS-Funktion: Eine Verweistabelle ist ein Feldbereich, in dem Abtastfelder (z.B. Gewichtsangaben von Briefen) auf bestimmte Daten (z.B. zugehörige Briefportogebühren) verweisen. Die Briefgebühren stellen eine Verweistabelle dar:

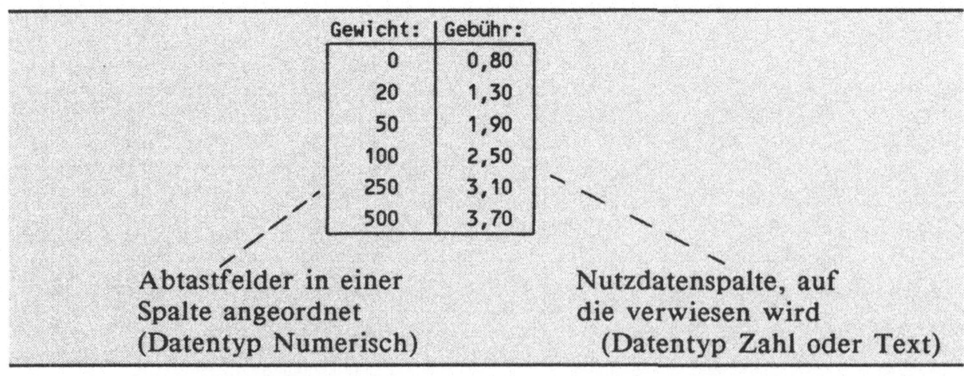

Beispiel einer senkrechten Verweistabelle

Funktion VERWEIS(N;Bereich): Diese Funktion tastet die Felder der Abtastspalte nach N ab, bis das Feld mit der größten Zahl gefunden wird, die kleiner oder gleich N ist. Dann wird der Inhalt des am weitesten rechts liegenden Nutzdatenfeldes zurückgegeben.

- Die Abtastfelder müssen Zahlen sein, die aufsteigend sortiert vorliegen.
- Ausgabe des Nutzdatenfeldes in der letzten Zeile der Verweistabelle, falls N größer ist als alle Zahlen der Abtastspalte.
- Ausgabe von des Fehlerwertes NV! (Nicht Verfügbar), falls N das Minimum aller Abtastzahlen ist.

Problemstellung zu Tabelle Brief1.TAB: Die Briefportogebühren sollen in Form einer Verweistabelle gespeichert werden, um für ein eingegebenes Gewicht den zugehörigen DM-Betrag zu ermitteln.

Problemlösung zu Tabelle Brief1.TAB in Schritten:
1. Den Bereich Z5S5:Z10S6 als Verweistabelle mit *Brief_Inland* benennen (NAME-Befehl).

```
NAME: Namen eingeben: Brief_Inland        Bereich: Z5:10S5:6
             Makro: Ja(Nein)     Tastenschlüssel:
Bitte einen Namen eingeben!
```

2. Im Ergebnisfeld Z5S2 die Formel VERWEIS(Z[-1]S;Brief_Inland) eingeben.

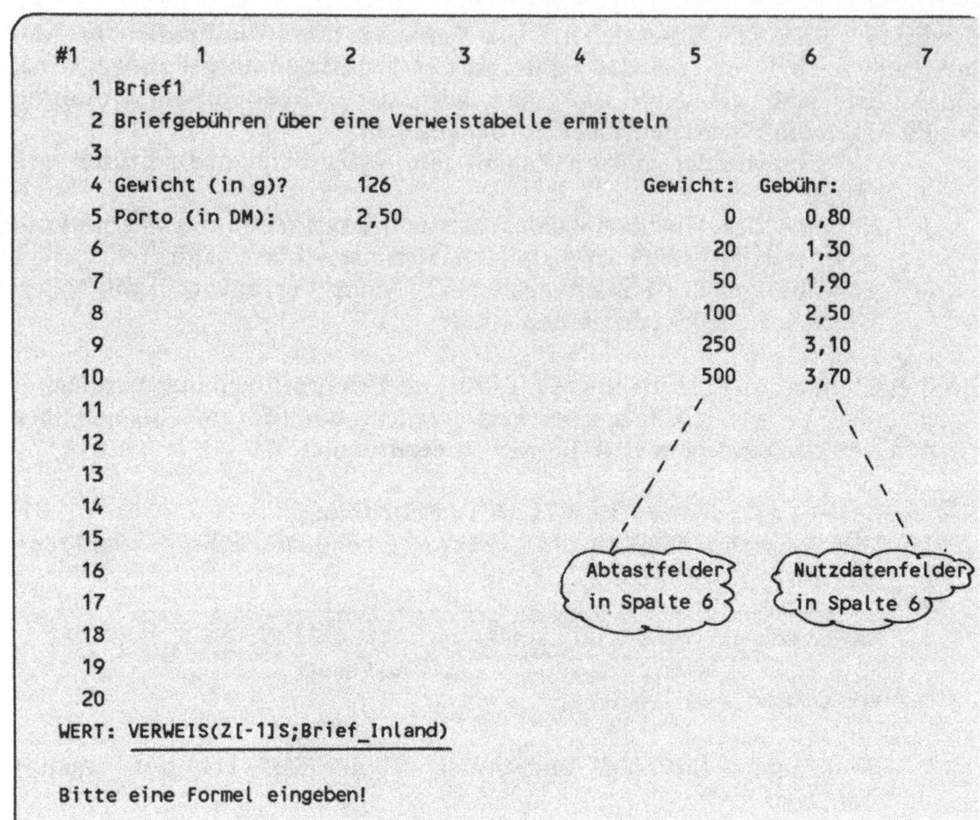

Senkrechte Verweistabelle von Brief1.TAB

Senkrechte Verweistabelle mit zwei Nutzdatenspalten in Brief2.TAB:

- Abtastfelder in Spalte 5: Z5:10S5.
- Name *Brief_Inland* für den Bereich Z5:10S5:6.
- Name *Brief_Berlin* für den Bereich Z5:10S5:7. Die Spalte 6 wird für *Brief_Berlin* nicht benötigt; gleichwohl muß auch diese Spalte mit einbezogen werden, da sie zwischen den Abtastfeldern und der zugehörigen Nutzdatenspalte 7 liegt.

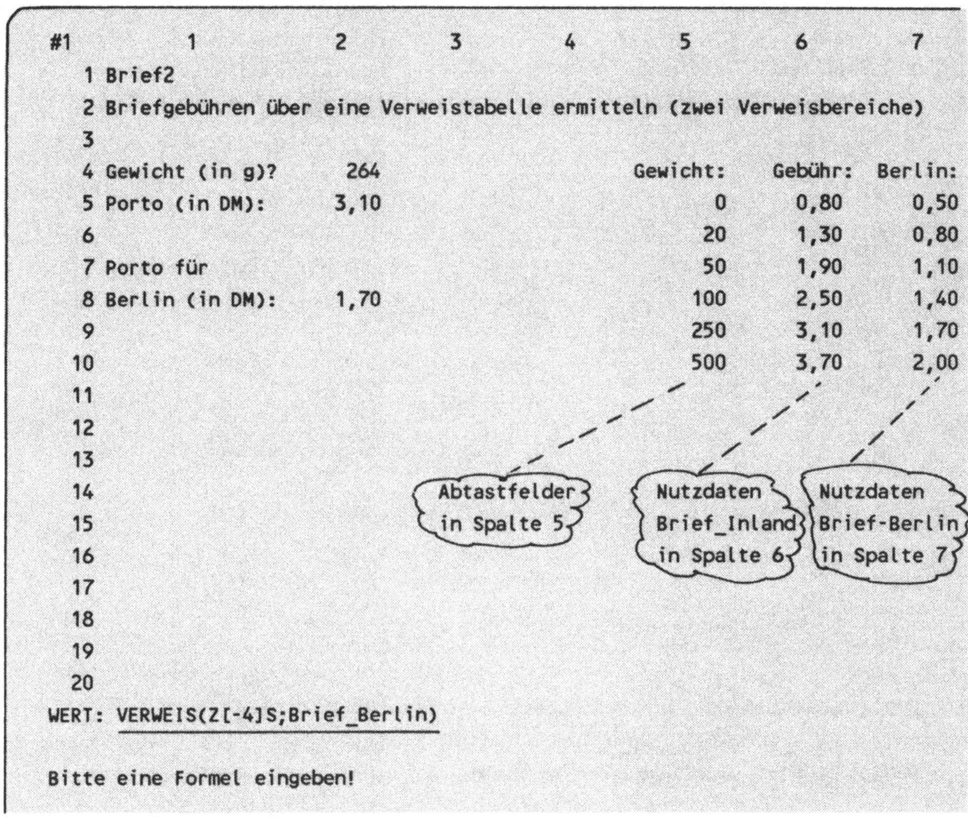

Formel in Z8S2 der Tabelle Brief2.TAB eingeben

3.5.3.2 Waagrechte Verweistabelle

Senkrechte und waagrechte Verweistabellen:
- In Brief1.TAB und Brief2.TAB von Abschnitt 3.5.3.1 liegen senkrechte Verweistabellen vor (Anzahl der Zeilen größer oder gleich der Anzahl der Spalten). Die VERWEIS-Funktion gibt einen Wert der ganz rechts liegenden Nutzdatenspalte zurück.
- In Brief1a.TAB ist eine waagrechte Verweistabelle vorhanden, da die Anzahl der Zeilen kleiner als die Anzahl der Spalten ist. Nun gibt die VERWEIS-Funktion einen Wert der ganz unten liegenden Zeile zurück.

Beispieltabelle Brief1a.TAB:
- Der Bereichsname Brief_Inland bezieht sich auf Z4S2:Z5S7.
- Die Formel VERWEIS(Z[-1]S;Brief_Inland) in Z9S2 gibt nun einen Wert der Nutzdatenzeile 5 zurück.

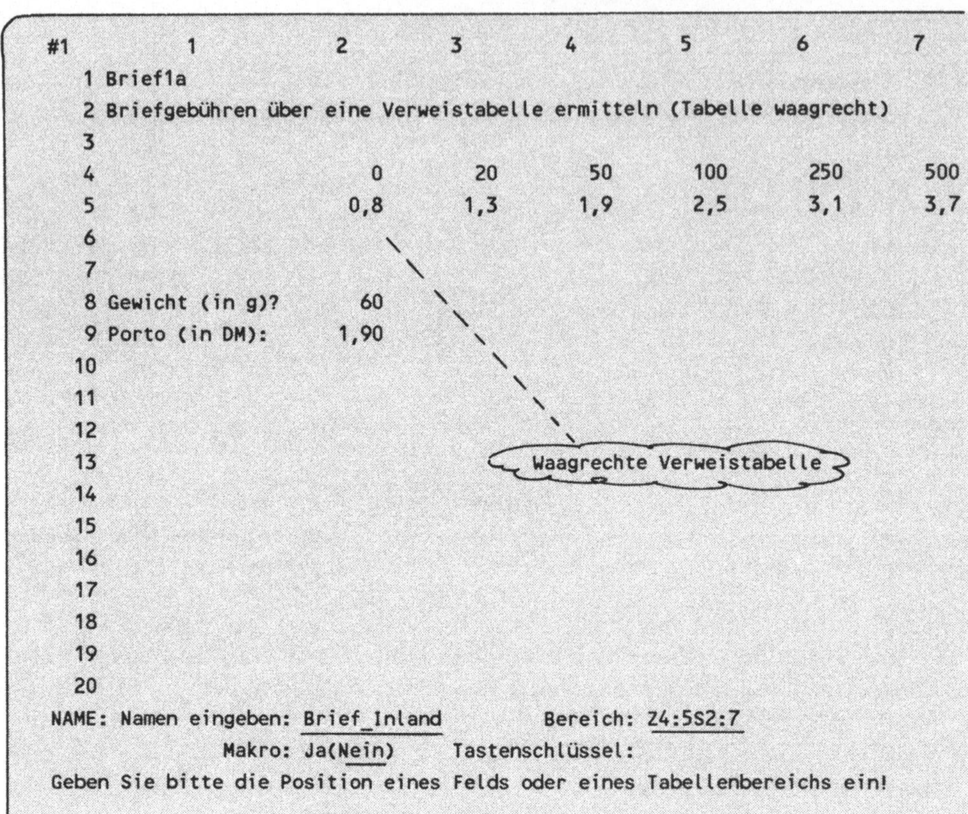

Brief1a.TAB mit waagrechter Verweistabelle

3.5.4 Datums- und Zeitfunktionen

DATUM(Jahr;Monat;Tag)	Datum in serielle Zahl umwandeln
DATWERT(Z)	Z in serielle Zahl umwandeln
JAHR(N)	Serielle Zahl N in Jahresangabe
JETZT()	Datum und Zeit in serielle Zahl
MINUTE(N)	N in Minutenangabe 0–59
MONAT(N)	N in Monatsangabe 1–12
SEKUNDE(N)	N in Sekundenangabe 0–59
STUNDE(N)	N in Stundenangabe 0–23
TAG(N)	N in Tagesangabe 1–31
WOCHENTAG(N)	N in Wochentagsangabe 1–7
ZEIT(Stunde;Minute;Sekunde)	Zeit in serielle Zahl umwandeln
ZEITWERT(Z)	Z in eine serielle Zahl umwandeln

Datums- und Zeitfunktionen von Multiplan

Demonstration der Datums- und Zeitformate über Tabelle DatZeit: Die voreingestellten Formate erreicht man über den FORMAT FELDER-Befehl, wenn man im Befehlsfeld "Formatcode:" eine Pfeiltaste tippt. In der Tabelle DatZeit wird die im Feld Z10S1 vorgenommene Eingabe in den verschiedenen Formaten in Spalte 2 ausgegeben. Zur Erklärung sind die Formate (wie sie in der Formatcode-Liste erscheinen) rechts daneben eingefügt.

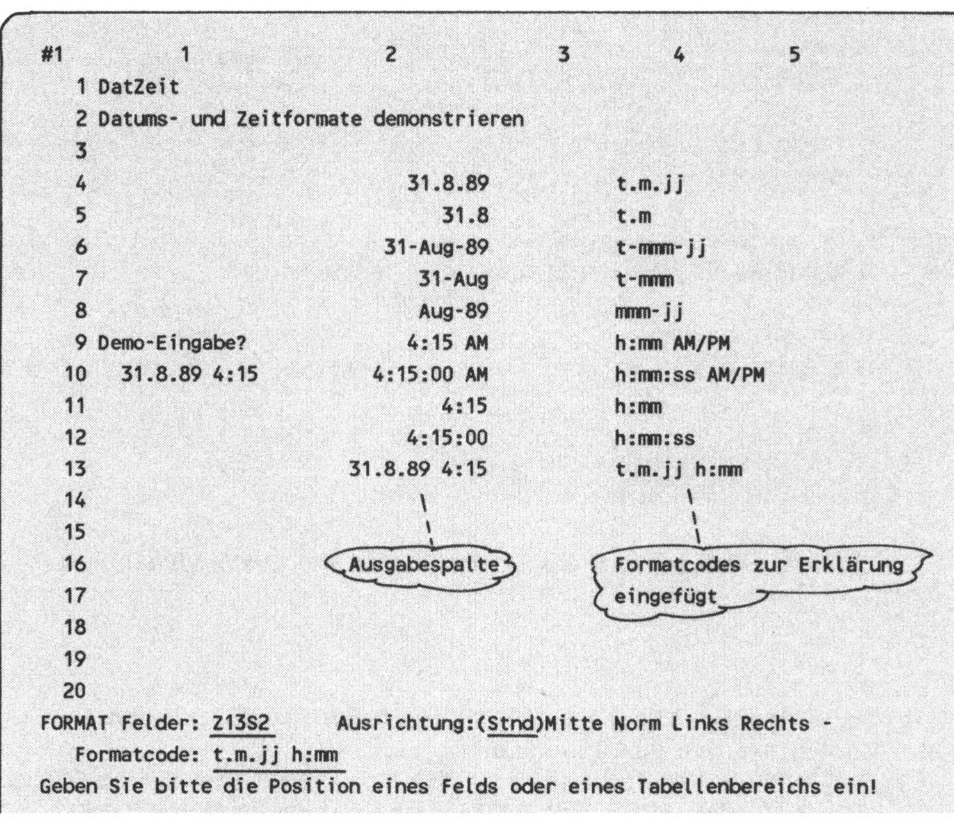


```
#1            1                  2                3          4          5
     1 DatZeit
     2 Datums- und Zeitformate demonstrieren
     3
     4                             31.8.89            t.m.jj
     5                               31.8             t.m
     6                           31-Aug-89            t-mmm-jj
     7                             31-Aug             t-mmm
     8                             Aug-89             mmm-jj
     9 Demo-Eingabe?              4:15 AM             h:mm AM/PM
    10    31.8.89 4:15          4:15:00 AM            h:mm:ss AM/PM
    11                             4:15               h:mm
    12                           4:15:00              h:mm:ss
    13                        31.8.89 4:15            t.m.jj h:mm
    14
    15
    16
    17
    18
    19
    20
FORMAT Felder: Z13S2      Ausrichtung:(Stnd)Mitte Norm Links Rechts -
    Formatcode: t.m.jj h:mm
Geben Sie bitte die Position eines Felds oder eines Tabellenbereichs ein!
```

Tabelle DatZeit.TAB zur Demonstration

Demonstration der Datums- und Zeitfunktionen über Tabelle DatFunk:
In Spalte 1 ist der jeweils in Spalte 2 vorgenommene Funktionsaufruf wiedergegeben. JETZT() stellt in Z4S2 die aktuelle Datums- und Zeitangabe als serielle Zahl 32418,029 zur Verfügung. Dieses Feld ist mit N benannt. Die weiteren Funktionen beziehen sich auf N bzw. auf Feld Z4S2. JAHR(N) bzw. JAHR(32418,029) ergibt also das Jahr 1988.

```
#1                          1                    2          3
   1 DatFunk
   2 Demonstration zu den Datums- und Zeitfunktionen
   3
   4 JETZT() in Feld N                     32418,029
   5
   6 JAHR(N)                                    1988
   7 MINUTE(N)                                    42
   8 MONAT(N)                                     10
   9 SEKUNDE(N)                                    3
  10 STUNDE(N)                                     0
  11 TAG(N)                                        2
  12 WOCHENTAG(N)                                  1
  13
  14 DATUM(JAHR(N);MONAT(N);TAG(N))            32418
  15 ZEIT(STUNDE(N);MINUTE(N);SEKUNDE(N))  0,0292014
  16
  17 DATWERT(02.10.88)                         32418
  18 ZEITWERT(14:15)                         0,59375
  19
  20
WERT: DATUM(JAHR(N);MONAT(N);TAG(N))
Bitte eine Formel eingeben!
```

Tabelle DatFunk.TAB zur Demonstration der Datumsfunktionen

Multiplan-Kalender: Alle Tage (Vorkommastellen) und Sekunden (Nach-kommastellen) werden durchnumeriert.

- 1.1.1900 als Tag 1, 2.1.1900 als Tag 2, .., 31.12.2099 als Tag 73050.
- Der 2.10.1988 ist der Tag 32418 (siehe Tabelle DatFunk.TAB).
- Kommastelle für die Sekunde: 32418.000 für 2.10.1988 Mitternacht 32418,500 für 2.10.1988 um 12 Uhr mittags und 32418,59375 für 2.10.1988 um 14.15 Uhr (siehe DatFunk.TAB oben).
- JAHR(32418) ergibt 1988.
- DATUM(88;10;2) wie auch DATWERT(2.10.88) ergeben 32418.
- SEKUNDE(ZEIT(14;15;40)) ergibt 40, MINUTE(ZEIT(14;15;40)) ergibt 15 und STUNDE(ZEIT(14;15;40)) ergibt 14.
- Über die JETZT-Funktion wird die aktuelle Uhrzeit aus der Be-triebssystem-Ebene· übernommen.
- Mit der Taste *F4* (Neuberechnung) wird die Zeit aktualisiert.

3.5.5 Finanzmathematische Funktionen

BARWERT(Zins;Liste)	Barwert von Liste ermitteln
DIA(Kosten;Rest;Dauer;Zr)	Digitale Abschreibung
GDA(Kosten;Rest;Dauer;Zr)	Geometrisch degressive Abschreibung
GW(zins;zzr;rmz;zw;f)	Gegenwartswert einer Investition. Vorgabewert zw=0 und f=0.
IKV(Liste;Schätzwert)	Internen Kapitalverzinssungssatz
KAPZ(zins;Zr;zzr;gw;zw;f)	Zahlungsbetrag auf das Kapital
LIA(Kosten;Rest;Dauer)	Lineare Abschreibung
QIKV(Liste;Investitionssatz;Reinvestitionssatz)	Interner Kapitalverzinsungssatz
RMZ(zins;zzr;gw;zw;f)	Regelmäßige Investitionszahlungen. Vorgabewert zw=0 und f=0.
ZINSZ(zzr;rmz;gw;zw;f;Schätzwert)	Investitionszinssatz pro Zeitraum
ZW(zins;zzr;rmz;gw;f)	Zukünftiger Wert einer Investition. Vorgabewert gw=0 und f=0.
ZZR(zins;rmz;gw;zw;f)	Zahl der Zeitperioden bei Investition. Vorgabewert zw=0 und f=0.

Finanzmathematische Funktionen

Für die Argumente der Funktionen werden folgende Abkürzungen verwendet:

f	Fälligkeit am Ende (f=0) oder am Anfang eines Zeitraums (f=1). Vorgabewert stets f=0.
gw	Gegenwartswert. Regel: Positive bzw. negative Cash-Flows werden durch positive bzw. negative Werte von gw, zw und rmz dargestellt.
rmz	Regelmäßige Zahlungen
Schätzwert	Ausgangswert einer Iteration bei der Zinsberechnung mit ZINSZ. Vorgabewert Schätzwert=0. Ausgangswert zwischen 0 und 1 wählen.
zins	Zinssatz je Zeitraum
Zr	Zeitraum, der zwischen 1 und zzr liegen muß.
zw	Zukünftiger Wert
zzr	Zahl der Zeiträume

Argumente des Cash-Flow-Rechnung

Problemstellung zu Tabelle Barwert1: Eine Investition von z.B. 240000 DM soll 10 Jahre genutzt werden. Im ersten Jahr wird ein Einnahmerückfluß in Höhe von 20000 DM erwartet, der in jedem Jahr um 18 % zuneh-

men soll. In der Tabelle Barwert1 sollen die Einnahmen für 10 Jahre aufgelistet werden. Abschließend soll der Barwert genannt werden; das ist
der heutige Wert (Gegenwartswert), den man durch Abzinsen bzw. Dis-
kontieren für einen anzunehmenden durchschnittlichen Zinssatz erhält.

Problemlösung in Schritten:
  1. Eingabe der Texte und Zahlenwerte.
  2. Formel JETZT()-7 in Z8S1 eingeben und dann 9 mal nach unten
     kopieren (KOPIE-Befehl). Nun erscheinen 1,2,3,...,10.
  3. Formel Z5S2 in Feld Z8S2 übernehmen.
  4. Formel Z[-1]S*Z6S2/100+Z[-1]S in Z9S2 eingeben und 8 mal nach
     unten kopieren.
  5. Bereich Z8S2:Z17S2 mit Einnahme benennen (NAME-Befehl).
  6. Formel BARWERT(Z4S2%;Einnahme) in Z19S2 eingeben. Die
     Funktion BARWERT ermitteln nun für die im Bereich Einnahme
     abgelegten Cash-Flows und den in Z4S2 abgelegten Zinssatz den
     Barwert durch Abzinsen.
  6. Differenzformel in Z29S2 eingeben.

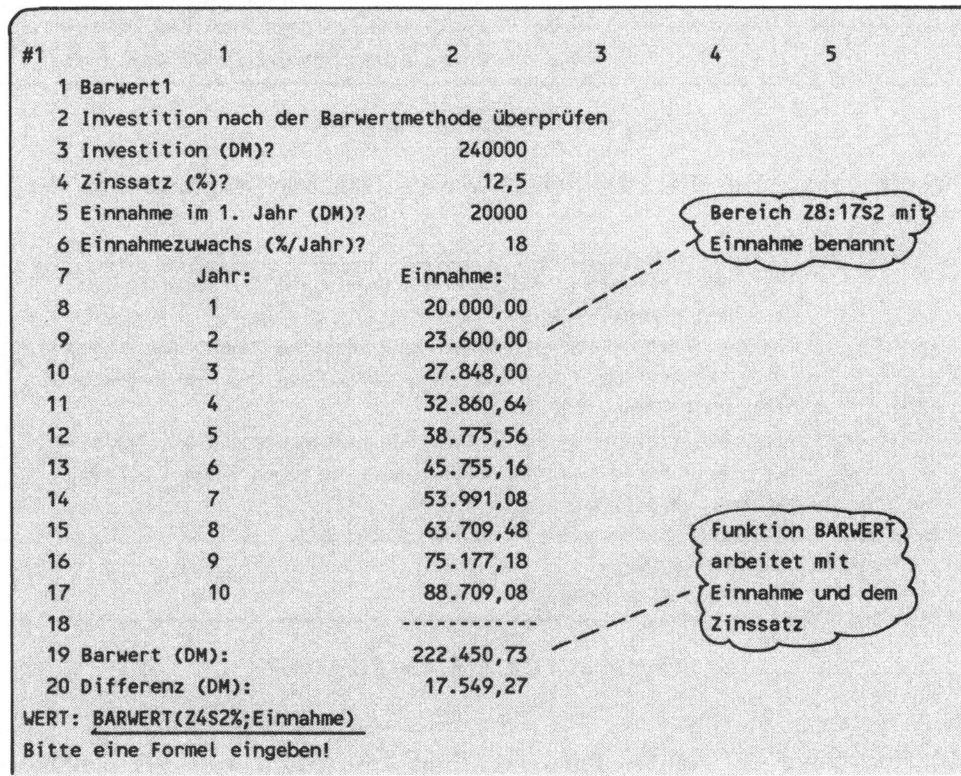

Tabelle Barwert1.TAB in Normaldarstellung

```
#1                    1                          2

   1 "Barwert1"
   2 "Investition nach der Barwertmetho
   3 "Investition (DM)?"              240000
   4 "Zinssatz (%)?"                  12,5
   5 "Einnahme im 1. Jahr (DM)?"      20000
   6 "Einnahmezuwachs (%/Jahr)?"      18
   7 "Jahr:"                          "Einnahme:"
   8 ZEILE()-7                        Z[-3]S
   9 ZEILE()-7                        Z[-1]S*Z6S2/100+Z[-1]S
  10 ZEILE()-7                        Z[-1]S*Z6S2/100+Z[-1]S
  11 ZEILE()-7                        Z[-1]S*Z6S2/100+Z[-1]S
  12 ZEILE()-7                        Z[-1]S*Z6S2/100+Z[-1]S
  13 ZEILE()-7                        Z[-1]S*Z6S2/100+Z[-1]S
  14 ZEILE()-7                        Z[-1]S*Z6S2/100+Z[-1]S
  15 ZEILE()-7                        Z[-1]S*Z6S2/100+Z[-1]S
  16 ZEILE()-7                        Z[-1]S*Z6S2/100+Z[-1]S
  17 ZEILE()-7                        Z[-1]S*Z6S2/100+Z[-1]S
  18                                  "   ---------------"
  19 "Barwert (DM):"                  BARWERT(Z4S2%;Einnahme)
  20 "Differenz (DM):"                Z[-17]S-Z[-1]S
```

Tabelle Barwert1.TAB in Formeldarstellung

Aufgabe 3.5/1: In der Tabelle WirtPKW1.TAB wird eine Wirtschaftlichkeitsrechnung für Personenkraftwagen durchgeführt. Dabei sollen bei relativer Adressierung folgende Funktionen aufgerufen werden:
- Zeile 14: RUNDEN auf 2 Dezimalstellen.
- Zeile 17: RUNDEN auf 3 Dezimalstellen.
- Zeile 16: SUMME

a) Wie lautet die Spalte 2 in Formeldarstellung?
b) Geben Sie zunächst die Spalten 1 und 2 ein und kopieren Sie dann die Spalte 2 dreimal nach rechts. Wie lautet der Befehl dazu?

```
#1               1              2        3        4        5

 1 WirtPKW1.TAB
 2 Wirtschaftlichkeit eines PKW
 3
 4 Gesamtkaufpreis?           18000    18000    18000    18000
 5 Nutzungsdauer (Jahre)?         6        6        6        6
 6 Wiederverkaufswert (DM)?   10000    10000    10000     8500
 7 Benzinverbrauch (l/100 km)?  6,5      6,5      6,5      6,5
 8 Benzinpreis (DM/l)?          0,8     0,85     0,85     0,85
 9 Jahresleistung (km)?       20000    20000    25000    25000
10 Reparaturkosten (DM/Jahr)?   800      800      800      800
11 Versicherung (DM/Jahr)?      450      450      450      450
12 Steuern (DM/Jahr)?           300      300      300      300
13
14 Benzinkosten (DM/Jahr):   1040,00  1105,00  1381,25  1381,25
15 Abnutzungskosten (DM/Jahr):1333,33  1333,33  1333,33  1583,33
16 Jahreskosten (DM/Jahr):   3923,33  3988,33  4264,58  4514,58
17 Kilometerkosten (DM/km):     0,196    0,199    0,171    0,181
18
19
20
BEFEHL:Text Ausschnitt Bewegen Druck Einfügen Format Gehezu Hilfe Kopie Löschen
 Name Ordnen Pfad Quitt Radieren Schutz Übertragen Verändern Wert Xtern Zusätze
Eingabe von Text in die Tabelle!
```

Aufgabe 3.5/2: Testen Sie die folgende Tabelle Runden1. Wird korrekt gerundet? Vereinfachen Sie die Formel in Z7S2 durch Verwendung der Funktion RUNDEN.

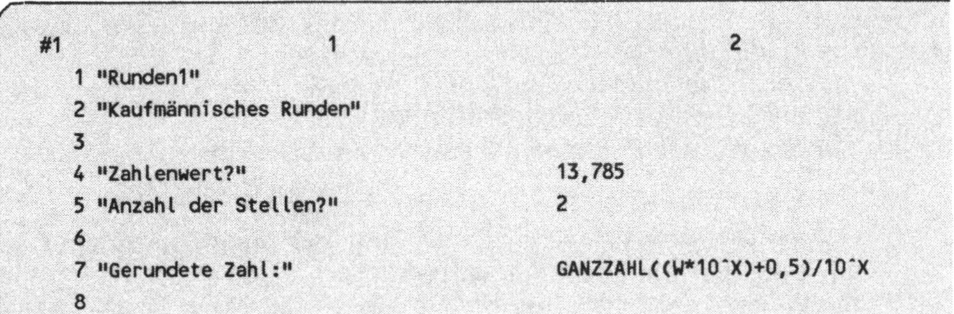

```
#1                      1                                    2

  1 "Runden1"

  2 "Kaufmännisches Runden"

  3

  4 "Zahlenwert?"                                13,785

  5 "Anzahl der Stellen?"                        2

  6

  7 "Gerundete Zahl:"                            GANZZAHL((W*10^X)+0,5)/10^X

  8
```

Aufgabe 3.5/3: Erweitern Sie die einspaltige Tabelle Barwert1.TAB von Abschnitt 3.5.5 zu einer dreispaltigen Tabelle. Führen Sie dazu die Namen zusätzlichen Zinssatz und Zuwachs ein.

```
#1               1                2           3           4           5

  1 Barwert2
  2 Investition nach der Barwertmethode überprüfen
  3 Investition (DM)?        240000      240000      240000      240000
  4 Zinssatz (%)?              12,5          12          11          10
  5 Einnahme im 1. Jahr (DM)?  20000       20000       20000       20000
  6 Einnahmezuwachs (%/Jahr)?     18          18          18          18
  7          Jahr:        Einnahme:   Einnahme:   Einnahme:   Einnahme:
  8             1         20.000,00   20.000,00   20.000,00   20.000,00
  9             2         23.600,00   23.600,00   23.600,00   23.600,00
 10             3         27.848,00   27.848,00   27.848,00   27.848,00
 11             4         32.860,64   32.860,64   32.860,64   32.860,64
 12             5         38.775,56   38.775,56   38.775,56   38.775,56
 13             6         45.755,16   45.755,16   45.755,16   45.755,16
 14             7         53.991,08   53.991,08   53.991,08   53.991,08
 15             8         63.709,48   63.709,48   63.709,48   63.709,48
 16             9         75.177,18   75.177,18   75.177,18   75.177,18
 17            10         88.709,08   88.709,08   88.709,08   88.709,08
 18                       ----------  --------    --------    --------
 19 Barwert (DM):         222.450,73  228.384,99  240.935,90  254.467,54
 20 Differenz (DM):        17.549,27   11.615,01     -935,90  -14.467,54
```

Aufgabe 3.5/4: Erstellen Sie eine Tabelle namens Messung1.TAB, das ein Meßwertblatt ausgibt.
- Maximal fünf Messungen (Spalten 2 bis 6).
- Mittelwert mit der Funktion MITTELW.
- Varianz mit der Funktion VARIANZ als Quozient:

$$\frac{(\text{Mittelwert-Einzelwert})2}{\text{Anzahl der Werte - 1}}$$

- Standardabweichung in Spalte 10 mit der Funktion STABW als Streuung der Meßwerte um den Mittelwert.
- Funktionen ANZAHL, MITTELW, MIN und MAX in den Zeilen 17 bis 20.

```
 1 Messung1
 2 Meßwerte auswerten
 3
 4 Datum?     Mess1 Mess2 Mess3 Mess4 Mess5 Mittel     Varianz     StandAbw.
 5
 6  2-Nov-88  8,30  8,10  7,90  8,00         8,075      0,029       0,171
 7  2-Nov-88  6,00  6,40  7,00  6,50         6,475      0,169       0,411
 8  3-Nov-88  6,10  5,90  5,60  6,00         5,900      0,047       0,216
 9  3-Nov-88  8,30  8,10  7,90  8,10         8,100      0,027       0,163
10  3-Nov-88  5,10  5,30  5,60  5,50         5,375      0,049       0,222
11  6-Nov-88  5,90  6,20  5,70  6,10         5,975      0,049       0,222
12  6-Nov-88  9,00  8,90  8,40  8,80         8,775      0,069       0,263
13  8-Nov-88  4,90  5,00  5,10  5,20         5,050      0,017       0,129
14  8-Nov-88  8,00  8,00        8,10         8,033      0,003       0,058
15  9-Nov-88  7,50              7,40         7,450      0,005       0,071
16
17 Anzahl:   10,00  9,00  8,00 10,00  0,00  10,000     10,000      10,000
18 Mittel:    6,91  6,88  6,65  6,97 DIV/0!  6,921      0,046       0,193
19 Minimum:   4,90  5,00  5,10  5,20  0,00   5,050      0,003       0,058
20 Maximum:   9,00  8,90  8,40  8,80  0,00   8,775      0,169       0,411
VERÄNDERN: ANZAHL(Z[-11]S:Z[-2]S)

Bitte eine Formel eingeben!
```

Aufgabe 3.5/5: Entwickeln Sie eine Tabelle namens Klima1.TAB, mit der die monatlichen Niederschlagsmengen ausgewertet werden können. Die Niederschlagsmengen in Z5:16S2 seien als *Regen* benannt. Verwenden Sie die Funktionen MITTELW, MIN, MAX und den Balken-Formatcode.
- a) In welchen Schritten gehen Sie vor?
- b) Wie sieht die Tabelle in Formeldarstellung aus?

```
#1          1           2                   3                       4
       1 Klima1
       2 Klimawerte als Diagramm
       3               Regen        Balken Standard          Balken links
       4
       5 Januar?        90          ********************* *************
       6 Februar?      140          ********************************* *********************
       7 März          120          ****************************** ******************
       8 April?         87          ************************** ************
       9 Mai?           90          ************************** *************
      10 Juni?          33          ******* *****
      11 Juli?          40          ********* ******
      12 August?        54          ************ ********
      13 September?     93          *************************** *************
      14 Oktober?      112          ****************************** ******************
      15 November?     131          ********************************* *********************
      16 Dezember?     120          ****************************** *****************
      17
      18 Mittelwert  92,500         *************************** *************
      19 Minimum        33          ******* *****
      20 Maximum       140          ********************************* **********************
      21
FORMAT Felder: Z5S3:Z20S4        Ausrichtung:(Stnd)Mitte Norm Links Rechts -
         Formatcode: Balken;(Balken)
```

Aufgabe 3.5/6: Rechnungsschreibung über eine Tabelle.
  a) Entwickeln Sie eine Tabelle Faktur1.TAB zur Rechnungsschreibung bzw. Fakturierung). Verwenden Sie die relative Adressierung.
  b) Speichern Sie zusätzlich eine Tabelle Faktur11.TAB ab, die das leere Rechnungsformular enthält. Wie läßt sich Anzahl der Rechnungspositionen (hier 3) variieren?

Aufgabe 3.5/7: Erweitern Sie Jahr2.TAB (Aufgabe 3.3/1) zur Tabelle Jahr3.TAB. Verwenden Sie die SUMME-Funktion und die Bereichsnamen Quart1 - Quart 4 sowie JahrSum.

Aufgabe 3.5/8: Erweitern Sie die Tabelle Planung1.TAB (Aufgabe 3.3/3) zur Tabelle Planung2.TAB wie folgt:
  - Feldbereichsname ABWEICH für die Spalte 4.
  - Zusätzliche Spalte 5 mit den prozentualen Abweichungen.
  - Zusätzliche Zeile 19 mit den Summen (Funktion SUMME).

Aufgabe 3.5/9: Entwickeln Sie eine Tabelle Sinus1.TAB, in der eine Wertetabelle der Sinus- und der Cosinus-Funktion von 0 bis 20 Grad erstellt wird. Hinweis: SIN(X) und COS(X) erwarten Winkel im Bogenmaß.

```
#1            1             2         3         4              5

 1 Bio GmbH, Kühler Grund 2, 7800 Freiburg, Tel 0761/22222

 2

 3 Hildebrandt KG                           Rechnungsdatum:        10.10.88

 4 Export/Import

 5 Roter Buckel 13

 6

 7 7800 Freiburg

 8

 9 Rechnungs-Nr:              106        Auftrags-Nr:             9999

10 Kunden-Nr:               2222        Auftrags-Datum:        8.10.88

11

12 Bezeichnung:         Artikel-Nr      Menge  Stückpreis    Gesamtpreis

13 ---------------------------------------------------------------------

14 Hirse                   218            1     1,75           1,75 DM

15 Sonnenblumen            209            3     1,60           4,80 DM

16 Sesam                   214           12     2,30          27,60 DM

17

18                                   Warenwert netto:         29,35 DM

19                                   + 14% Mehrwertsteuer:     4,11 DM

20                                   = Warenwert brutto:      33,46 DM

VERÄNDERN: SUMME(Z[-4]S;Z[-2]S)
```

```
-1         1        2        3        4        5        6

 1 Jahr3.TAB

 2 Jahresproduktionen in Rückblick und Prognose

 3

 4 RÜCKBLICK:

 5            1.Quartal 2.Quartal 3.Quartal 4.Quartal Jahrsumme

 6

 7 1985          2200     11000      9090      9800     37090

 8 1986          2900     10100      9892     10298     39610

 9 1987          3100     12987      8911      9967     41974

10 1988          2700     11600      9591     10000     39890

11

12 Summe        10900     45687     37484     40065    158564

13 Indexzahl  0,068742 0,2881297 0,2363967 0,252674 0,8459423

14

15 PROGNOSE:

16 1989 - 1       687      2881      2364      2527     10000

17 1989 - 2      1031      4322      3546      3790     15000

18 1989 - 3      1375      5763      4728      5053     20000
```

3
Tabellenverarbeitung mit Multiplan

3.6.1   Tabelle nach Zeilen sortieren

Sortierproblem: Die Tabelle Kunden1.TAB soll nach der Artikelbezeich-
nung aufsteigend sortiert und unter dem Namen Kunden2.TAB zusätzlich
gespeichert werden.

Ordnen-Befehl zum Sortieren: Nach Eingabe der Befehlsfolge

Feldzeiger nach Z6S2	Spalte 2, Zeile 6-15 beliebig
Ordnen	ORDNEN-Befehl aktivieren
Zeilen	ZEILEN-Unterbefehl aktivieren

wird die Tabelle nach Kundennamen (Spalte 2, Zeilen 6 bis 15) aufsteigend (Sortierfolge ">") sortiert.

```
#1          1            2              3          4         5         6

   1 Kunden2.TAB

   2 Kundendatei in Tabellenform, sortiert

   3

   4  Nummer:   Name:                 Umsatz:

   5

   6    110     Amann                1018,75

   7    101     Frei                 6500,00

   8    103     Freiburger          10000,80

   9    109     Hildebrandt          4990,05

  10    111     Klaus-Schulte      130600,40

  11    104     Maucher              295,60

  12    113     Rohrbach            86900,25

  13    107     Schulte-Tillmann   109000,00

  14    115     Schultheiß           4009,80

  15    117     Schulz-Heidelberger 45080,50

  16                               ----------

  17                                398396,15

  18

  19

  20

ORDNEN ZEILEN nach Spalten: 2        von Zeile: 6        bis: 15
            Sortierfolge:(>)<
Geben Sie bitte die Spaltennummer(n) ein!
```

Tabelle Kunden2.TAB nach der Bezeichnung sortiert

```
   19
   20
ORDNEN ZEILEN nach Spalten: 2  von Zeile: 6      bis: 15
                 Sortierfolge: (>)<

Bitte eine Zahl eingeben!
```

Aufruf des ORDNEN ZEILEN-Befehls zum Sortieren der Kundendatei

Die sortierte Datei wird unter dem Namen Kunden2.TAB auf der Diskette gespeichert.

3.6.2 Tabelle verlängern und sortieren

Kundendatei verlängern: Die Anzahl der Datensätze einer Datei ist variabel. Ein neuer Datensatz kann z.B. wie folgt angefügt werden:
1. Unsortierte Datei Kunden2.TAB laden.
2. Vor Zeile 16 eine Leerzeile einfügen (EINFÜGEN-Befehl).
3. Neuen Datensatz in Zeile 16 eingeben (TEXT/WERT-Befehl).
4. Datei neu sortieren (ORDNEN-Befehl).
5. Datei unter dem Namen Kunden3.DAT speichern.

EINFÜGEN-Befehl: Durch die Befehlsfolge

Feldzeiger nach Z16S1	Irgend eine Spalte in Z16
Einfügen	EINFÜGEN-Befehl aktivieren
Zeile	Zeile vor Z16 einfügen

werden die bisherigen Zeilen 16 und 17 um 1 verschoben bzw. erhalten die Zeilennummern 17 und 18. Die Formel *SUMME(Z[-11]S:Z[-1]S)* wird vom Multiplan-System zu *SUMME(Z[-12]S:Z[-1]S)* angepaßt und bleibt somit gültig.
Hinweis: Wäre die Formel in der Form *SUMME(Z(-11)S:Z(-2)S)* in der Tabelle Kunden2.TAB gespeichert worden, würde die Formel nach dem EINFÜGEN-Befehl unverändert bleiben und somit falsch sein.

```
     19
     20
     EINFÜGEN ZEILE Zeilenanzahl: 1          vor Zeile: 16
                    von Spalte: 1          bis Spalte: 255
     Bitte eine Zahl eingeben!
```

EINFÜGEN-Befehl zum Verlängern der Kundendatei

Kunde eingeben und sortieren: Der neue Kunde "Kai vom Giersbergweg"
wird in Zeile 16 eingegeben und erscheint nach dem Sortieren und Speichern in Zeile 10 der Tabelle Kunden3.TAB.

```
#1       1              2            3  | 1          2                  3
1 Kunden3.TAB
2 Kundendatei in Tabellenform, sortiert
3
4  Nummer:  Name:              Umsatz: | Nummer:  Name:              Umsatz:
5
6   110     Amann             1018,75  | 110      Amann             1018,75
7   101     Frei              6500,00  | 101      Frei              6500,00
8   103     Freiburger       10000,80  | 103      Freiburger       10000,80
9   109     Hildebrandt       4990,05  | 109      Hildebrandt       4990,05
10  111     Klaus-Schulte   130600,40  | 102      Kai vom Giersbergweg 10000,80
11  104     Maucher            295,60  | 111      Klaus-Schulte   130600,40
12  113     Rohrbach         86900,25  | 104      Maucher            295,60
13  107     Schulte-Tillmann 109000,00 | 113      Rohrbach         86900,25
14  115     Schultheiß        4009,80  | 107      Schulte-Tillmann 109000,00
15  117     Schulz-Heidelberger 45080,50 | 115    Schultheiß        4009,80
16  102     Kai vom Giersbergweg 10000,80 | 117  Schulz-Heidelberger 45080,50
17                          ---------  |                          ---------
18                          408396,95  |                           32510,40
```

Tabelle Kunden3.TAB nach Einfügen von "Kai vom Giersbergweg" (links)
und nach erneutem Sortieren (rechts)

3.6.3 Zwei Sortierbegriffe

Problemstellung zu Tabelle Kunden4.TAB: Die Tabelle Kunden3.TAB soll
geladen und nach Umsätzen sortiert unter dem Namen Kunden4.TAB zusätzlich gespeichert werden. Bei gleichen Umsatzhöhen sollen die Datensätze nach Nummern geordnet abgelegt werden.

Sortieren mit einem Sortierschlüssel:
Nach der Anwendung des ORDNEN ZEILEN-Befehls auf die Spalte 4
erscheinen die Datensätze nach Umsätzen geordnet. "Freiburger" und "Kai
vom Giersbergweg" weisen mit DM 10000,80 den gleichen Umsatz auf.
Da nur der Umsatz in Spalte 4 als Sortierschlüssel angegeben wurde,
kommt 103 vor 102.

Sortieren mit zwei Sortierschlüsseln:
Über die Befehlsfolge

Feldzeiger nach Z6S3	Spalte 3, Zeile beliebig
Ordnen	ORDNEN-Befehl aktivieren
Zeilen	ZEILEN-Unterbefehl aktivieren
nach Spalten: 3;4	Kombinierter Sortierschlüssel

werden im Befehlsfeld "nach Spalten:" mit 3;4 zwei Sortierschlüssel
kombiniert: Es ist nach der Spalte 3 zu sortieren und – bei gleichen
Werten des Umsatzes – nach der Spalte 4.

```
 #1        1              2              3    1              2              3

 1 Kunden4.TAB
 2 Kundendatei in Tabellenform, sortiert
 3
 4  Nummer:  Name:                  Umsatz:   Nummer:  Name:                  Umsatz:
 5
 6   104     Maucher                 295,60   104     Maucher                 295,60
 7   110     Amann                  1018,75   110     Amann                  1018,75
 8   115     Schultheiß             4009,80   115     Schultheiß             4009,80
 9   109     Hildebrandt            4990,05   109     Hildebrandt            4990,05
10   101     Frei                   6500,00   101     Frei                   6500,00
11   103     Freiburger            10000,80   102     Kai vom Giersbergweg  10000,80
12   102     Kai vom Giersbergweg  10000,80   103     Freiburger            10000,80
13   117     Schulz-Heidelberger   45080,50   117     Schulz-Heidelberger   45080,50
14   113     Rohrbach              86900,25   113     Rohrbach              86900,25
15   107     Schulte-Tillmann     109000,00   107     Schulte-Tillmann     109000,00
16   111     Klaus-Schulte        130600,40   111     Klaus-Schulte        130600,40
17                               ----------                              ----------
18                                36520,20                               408396,95
19
20
ORDNEN ZEILEN nach Spalten: 3;4        von Zeile: 6        bis: 16
                Sortierfolge:(>)<
Geben Sie bitte die Spaltennummer(n) ein!
```

Datei Kunden4.TAB nach der Spalte 4 sortiert (links)
bzw. nach den Spalten 4;1 sortiert (rechts)

Aufgabe 3.6/1: Erstellen Sie eine Tabelle Frieren1.TAB, in der das Verbrauchsdatum für Tiefkühlkost ermittelt bzw. überwacht wird.
   a) Welche Datumsformatierungen sind vorzunehmen?
   b) Wie gehen Sie bei der Erstellung der Tabelle vor?
   b) Sortieren Sie die Tabelle nach dem Verbrauchsdatum.

```
#1           1           2        3        4

  1 Frieren1

  2 Zeit-Überwachung von Tiefkühlkost

  3

  4 Lagergut        Gefrier-  Lagerzeit Verbrauchs-
  5                 datum     (Monate)  datum
  6 Erdbeeren        15.5.88      5      12-Okt-88
  7 Schattenmorellen 20.7.88      5,5     1-Jan-89
  8 Opas Birnen       5.8.88      5       2-Jan-89
  9 Damenschenkel     4.10.88     6       2-Apr-89
 10 Waldhimbeeren    20.8.88      4      18-Dez-88
 11 Blaubeeren       15.11.88     4      15-Mär-89
 12 Mirabellen       10.9.88      4       8-Jan-89
 13 Pfirsiche        20.9.88      3,5     3-Jan-89
 14 Stachelbeeren     5.8.88      5,5    17-Jan-89
 15 Johannisbeeren    5.8.88      4,5    18-Dez-88

 16
```

Aufgabe 3.6/2: Ungehemmtes Wachstum kann man durch die Exponentialfunktion $y = a*e^{bx}$ darstellen. Die Tabelle Wachsen1 soll für die Eingabewerte in Z4S4, Z4S6, Z5S4 und Z5S6 zuerst die Parameter a (Z7S2) und b (Z8S4) und sodann die Wachstumswerte in Spalte 2 ermitteln.

```
#1    1           2                3          4         5           6

  1 Wachsen1

  2 Bevölkerungswachstum gemäß Funktion y = a * exp(b*x)

  3

  4 Jahr:     Menschen:        Jahr1?     1985     Menschen?   65.000.000.000
  5                            Jahr2?     2000     Menschen?   80.000.000.000
  6 1985      65.000.000.000
  7 1990      69.658.197.679   Wert a:    0,07577733
  8 1995      74.650.223.136   Wert b:    0,01384262
  9 2000      80.000.000.000
 10 2005      85.733.166.374
 11 2010      91.877.197.706
 12 2015      98.461.538.462                17 2040    139.174.926.703
 13 2020     105.517.743.229                18 2045    149.148.839.326
 14 2025     113.079.627.946                19 2050    159.837.528.206
 15 2030     121.183.431.953                20 2055    171.292.217.481
 16 2035     129.867.991.667             VERÄNDERN: A*EXP(B*ZS[-1])
```

3 Tabellenverarbeitung mit Multiplan

Makro als Befehlsfolge: Wiederholt einzugebende Befehlsfolgen lassen sich als Makro in ein Textfeld speichern und dann über einen definierten Tastenschlüssel beliebig oft aufrufen. Dazu geht man wie folgt vor:

1. Makro in ein Textfeld eingeben (TEXT-Befehl).
2. Makro mit einem Namen und einem Tastenschlüssel versehen (NAME-Befehl).
3. Makro wiederholt aufrufen (Alt-Tastenschlüssel).

Makro-Kurzschreibweise: Zur Angabe der Befehle bedient man sich einer Kurzschreibweise. Diese wird auch zu Dokumentationszwecken verwendet. In Abschnitt 3.2.3 wurde z.B. die Tastenfolge

ffz2s1:3'tb'tb'nr'nu'rt

zum FORMAT FELDER-Befehl angegeben. Die Abkürzungen bzw. Makrocodes sind in Abschnitt 2.1.3.4 zusammengefaßt.

Hinweis zu Multiplan 3.0: Da sich die Menüs ab Multiplan 4.0 teilweise recht einschneidend geändert haben, sind die unter Multiplan 3.0 eingegebenen Tastenfolgen ab Multiplan 4.0 nicht mehr gültig. Durch "ZUSÄTZE MENÜ_3.0 Ja" kann man jedoch auch ab Multiplan 4.0 die Menüs und damit die Tastenfolgen von Multiplan 3.0 erzeugen.

3.7.1 Makro eingeben

Makro zum Sortieren der Datei nach Kundennamen: Die Tabelle Kunden3.TAB (Abschnitt 3.6.2) muß nach jeder Veränderung von Kundennamen neu sortiert werden. Dazu ist jeweils die Zeichen- bzw. Befehlsfolge *oz2'tb6'rt* (ab Multiplan 4.0) bzw. *o2'tb6'rt* (bis Multiplan 3.0) neu einzugeben:

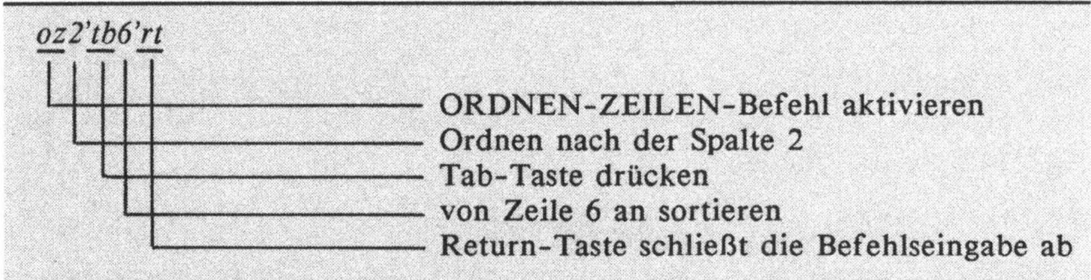

Befehlsfolge zum Sortieren als Makro-Kurzschreibweise

Diese Befehlsfolge wird über den TEXT-Befehl in irgendein freies Feld gespeichert, z.B. in das Feld Z20S1:

<table>
<tr><td>

Feldzeiger nach Z20S1
Text
oz2'tb6'rt

</td><td>

man könnte auch **Z200S1** wählen
TEXT-Befehl aktivieren
zu speichernde Zeichenfolge

</td></tr>
</table>

Tasten im Makro angeben: Tasten müssen mit einem Apostroph, gefolgt von zwei Buchstaben, im Makro angegeben werden.

Schlüssel bis Multiplan 4.0:

'lt	Leertaste	'un	Unterbrechen	'aa	Ausschnittanfang
'rt	Return	'zr	Zeichen rechts	'nl	Nach links
'tb	Tab	'na	Nächster Ausschnitt	'nf	Nächstes ungeschütztes Feld
'wl	Wort links	'nu	Nach unten	'vf	Vorheriges ungeschütztes Feld
'wr	Wort rechts	'lö	Löschen	'su	Seite nach unten
'zl	Zeichen links	'lf	Letztes Feld	'rc	Rück-Tab
'sl	Seite links	'sr	Seite rechts	'so	Seite nach oben
'nb	Neuberechnen	'az	Anführungszeichen	'la	Letzter Ausschnitt
'ad	Adressierung	'nr	Nach rechts	'rü	Rücktaste
'no	Nach oben	'hi	Hilfe	'ef	Erstes Feld

Schlüssel ab Multiplan 4.0:

'am	Menü aus	'ab	Bildschirm aus	'he	zum Befehlsfeld-Anfang
'em	Menü ein	'eb	Bildschirm ein	'en	zum Befehlsfeld-Ende

Schreibweise von Tastenschlüsseln in Makros

Makro-Befehlsworte: Neben Tastenschlüsseln können auch Befehlsworte in Makros geschrieben werden. Die folgenden Befehlsworte ermöglichen eine einfache Programmierung mit Makros (auf die Makro-Programmierung wird in diesem Buch auch in Abschnitt 3.8.3 eingegangen).

'er Erläuterungstext'	Erläuterung
'we Bedingung'	Bedingung überprüfen
'gz Positionsangabe'	Positionsangabe eines Feldes
'ma Positionsangabe'	Makroaufruf
'me	Makroende nach 'ma
'qu	Makro beenden, zurück zum Hauptmenü
'te Meldung 'Positionsangabe'	Aufforderung zur interaktiven Texteingabe
'wt Meldung 'Feldposition'	Aufforderung zur Eingabe von Werten
'is Systemmeldung'	Wie Befehl ? beim interaktiven Makro
'ew Positionsangabe 'Wert'	Befehl Wert aktivieren

'nb Positionsangabe'	Neuberechnung
'mü Positionsangabe'	Selbsterstellte Menüs anzeigen
'mf Positionsangabe'	Wie 'mü
'?	Warten und Tastatureingabe entgegennehmen

Befehlsworte zum Programmieren in Makros

3.7.2 Makro benennen

Die Befehlsfolge zum Sortieren ist in Z20S1 der Tabelle Kunden3.TAB
gespeichert, aber noch nicht benannt. Durch den Befehl

Feldzeiger nach Z20S1
Name
Namen eingeben: Sort1
Bereich: Z20S1
Makro: Ja
Tastenschlüssel: so

Hier wird das Makro gespeichert

Im Z20S1 ist ein Makro abgelegt
Durch Alt-SO später aufrufbar

wird für das im Feld Z20S1 gespeicherte Makro der Name Sort1 und der
Tastenschlüssel So vereinbart. Die so geänderte Tabelle soll unter dem
Namen Kunden3a.TAB zusätzlich auf Diskette zu speichern.

```
   19
   20 oz2'tb6'rt
NAME: Namen eingeben: Sort1                    Bereich: Z20S1
              Makro: (Ja)Nein       Tastenschlüssel: so
   Geben Sie bitte einen Tastenschlüssel ein!
Z20S1        "oz2'tb6'rt"                100% frei     Multiplan: A:Kunden3.TAB
```

Das Makro in Z20S1 mit dem Namen SORT1 und dem Tastenschlüssel SO
benennen

3.7.3 Makro wiederholt aufrufen

Makrobefehl über den Tastenschlüssel SO aufrufen: Durch Eingabe von
Alt-SO kann der unter dem Namen Sort1 in Feld Z20S1 gespeicherte Makrobefehl jederzeit ausgeführt werden. Der über den NAME-Befehl ver-
einbarte Tastenschlüssel *SO* dient somit zum Direktaufruf eines Ma-

krobefehls: Die durch die Tastenfolge im Makro gestapelten Befehle werden Schritt für Schritt ausgeführt. Beispiel:

- Neuen Datensatz in Tabelle Kunden3a.TAB erfassen.
- Datei durch Eingeben von *Alt-SO* (bei gedrückter *Alt*-Taste *SO* eintippen) neu sortieren.
- Sortierte Datei Kunden3a.TAB speichern.

Makrobefehl löschen: Ein Makro wird aus der Tabelle gelöscht, in dem man über den NAME-Befehl im BEREICH-Befehlsfeld die dortige Eintragung durch die *Entf*-Taste (*Del*-Taste) entfernt.

3.7.4 Interaktive Makros

Nicht-interaktives Makro: Das Makro *oz2'tb6'rt* (Abschnitt 3.7.1) kann man auch als *oz2'tb6'tb'tb>'rt* schreiben; das Zeichen > bewirkt, daß immer aufsteigend sortiert wird.

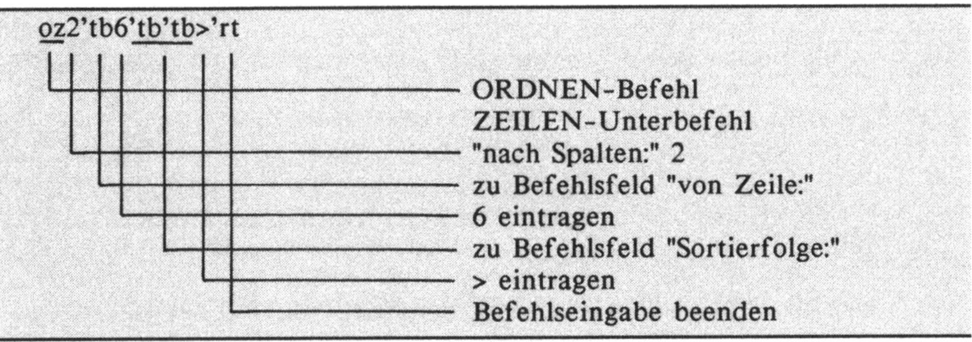

Nicht-interaktives Makro zum aufsteigenden Sortieren

Interaktives Makro: Ersetzt man > durch '?, wird der Benutzer zur Ausführungszeit des Makros aufgefordert, entweder > oder < für die gewünschte Sortierfolge einzutippen:

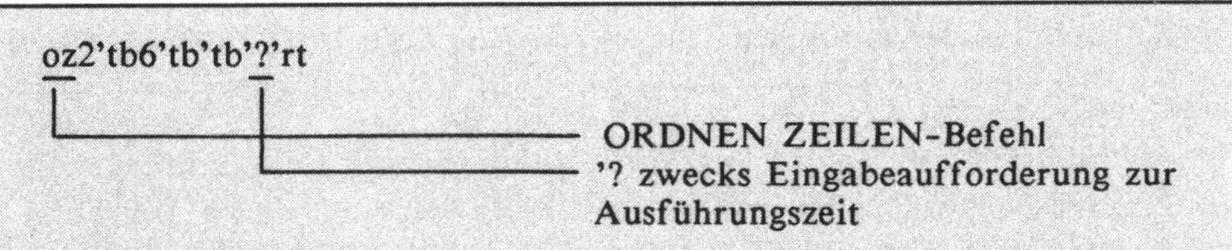

Interaktive Makro mit dem Befehl '?

Speicherung des interaktiven Makros in der Tabelle Kunden3b.TAB: Makros legt man gewöhnlich in einem gesonderten Bereich der Tabelle ab (z.B. ab Zeile 100). Die Tabelle Kunden3a.TAB soll so zu einer Tabelle Kunden3b.TAB geändert werden, daß das oben angegebene interaktive Makro im Feld Z20S1 unter dem Namen SORT1 und dem Tastenschlüssel SO abgelegt wird. Die Eingabe geschieht über den TEXT-Befehl:

```
   18
   19
   20 oz2'tb6'tb'tb'?'rt



NAME: Namen eingeben: sort1              Bereich: Z20S1
            Makro:(Ja)Nein      Tastenschlüssel: so
 Bitte einen Namen eingeben!
 NAME-Befehl ordnet dem Makro den Tastenschlüssel SO zu
```

NAME-Befehl ordnet dem Makro SORT1 den Tastenschlüssel SO zu

3.7.5 Nutzung des Makro-Recorders

Der von Multiplan bereitgestellte Makro-Recorder wandelt die vom Benutzer eingetippte Befehlsfolge in ein Makro um. Die Benutzung des Recorders soll am Beispiel der Eingabe des *Sort1*-Makros

```
   19
   20 oz2'tb6'rt
   21
```

von Abschnitt 3.7.2 erläutert werden. Man geht wie folgt in fünf Schritten vor:

1. **Makrobereich mit Record benennen:** Feld Z20S1 mit dem Standardnamen *Record* benennen (NAME-Befehl). Der Recorder dehnt den Record-Bereich von Z20S1 nach unten aus. Anstelle von Z20S1 könnte man auch Z20:25S1:7 wählen.
2. **Makro-Recorder starten:** *Start Makro-Recorder*-Taste tippen. In der Statuszeile erscheint MR. Wenn die Meldung
   Legen Sie bitte mit dem Befehl NAME einen Makrobereich fest
   auftauchen sollte, wurde der Schritt 1 vergessen.
3. **Befehlsfolge eintippen:** Nun werden die Befehle, die den Recorder die Folge *oz2'tb6'rt* aufzeichnen lassen (drückt man die *Tab*-Taste, zeichnet der Recorder *'tb* auf), eingegeben.
4. **Makro-Recorder beenden:** *Stop Makro-Recorder-Taste* tippen.
5. **Makro umbenennen:** Mit dem NAME-Befehl wird der Name *Record* von Feld Z20S1 in *Sort1* umbenannt und als Tastenschlüssel *So* gewählt. Das Makro kann nun mit *So* ausgeführt werden.

Aufgabe 3.7/1: Über den Makrobefehl *'mü* lassen sich benutzerdefinierte Menüs bereitstellen, die das Standardmenü von Multiplan ersetzen. Erstellen Sie eine Tabelle Menue1.TAB, die vier Menüpunkte anbietet:

- Nach dem Laden von Menue1.TAB steht der Befehlszeiger auf dem Menüpunkt *Angebot* (in der Befehlezeile ist das Standardmenü also durch ein eigenes 4-Punkte-Menü ersetzt). Nach dem Tippen der *Return*-Taste soll die Tabelle MietPKW3.TAB (vgl. Abschnitt 3.3) geladen werden.
- Aktiviert man mit der Leertaste den Menüpunkt *Kunden*, so wird die Tabelle Kunden1.TAB (vgl. Abschnitt 3.5.1) geladen.
- Aktiviert man den Menüpunkt *Tabelle*, wird der leere Multiplan-Bildschirm mit dem Standardmenü bereitgestellt.
- Aktiviert man den Menüpunkt Ende, wird zur MS-DOS-Ebene zurückgegangen.
- Nach zweimaligem Drücken von *Esc* wird das benutzerdefinierte Menü durch das Standardmenü ersetzt.

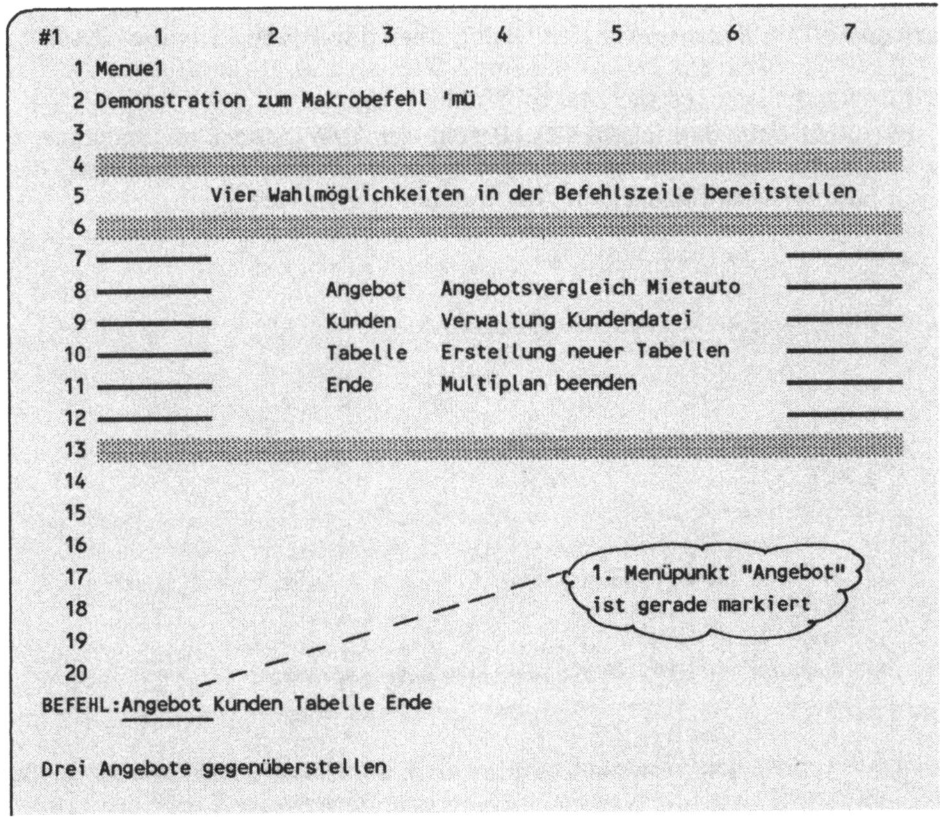

Befehls- und Meldungszeilen bei Menüwahl *Kunden* (links), *Tabelle* (rechts) und *Ende* (unten):

```
    19
    20
    BEFEHL:Angebot Kunden Tabelle Ende

    Kundendatei mit Nummer, Name und Umsatz
```

```
    19
    20
    BEFEHL:Angebot Kunden Tabelle Ende

    Sie arbeiten mit dem Standard-Menü
```

```
    19
    20
    BEFEHL:Angebot Kunden Tabelle Ende

    Sie wechseln zur MS-DOS-Ebene
```

Aufgabe 3.7/2: Das 4-Punkte-Menü (Aufgabe 3.7/1) soll beim Laden der Tabelle Menue1.TAB jeweils automatisch am Bildschirm erscheinen.

Aufgabe 3.7/3: Systemgeführter Dialog über die Tabelle Dividie1.TAB.
  a) Wie wurde das Makro benannt? Wie wird es aufgerufen?
  b) Was bezwecken die Makrobefehle?
  c) Wird über den ZUSÄTZE-Befehl der T/W-Modus angeschaltet, so ist im Makro z.B. vor *w'?'rt* die Zeile *'un* (für *Esc*-Taste bzw. *Unterbrechen*) einzufügen. Aus welchenm Grunde?

```
#1            1            2          3         4         5         6

   1 Dividie1
   2 Systemgeführtes Eintippen von zwei Zahlen
   3
   4 Zahl 1?                   1
   5 Zahl 2?                   2
   6
   7 Zahl 1 / Zahl 2:        0,5
   8
   9
  10 'er Makro (Name: Tippen, Aufruf: ti) zum systemgeführten Eintippen
  11 gz4'tb2'rt
  12 w'?'rt
  13 'wt Geben Sie nun eine Zahl ungleich Null ein 'z5s2'
  14
```

Aufgabe 3.7/4: Die Tabelle Dividie1.TAB (Aufgabe 3.7/3) wird zur Tabelle Dividie2.TAB mit *Eingabeprüfung* geändert: Wenn als Divisor versehentlich Null eingegeben wird, wird der Benutzer zur Eingabewiederholung aufgefordert. Beschreiben Sie die dafür vorgesehene Fallunterscheidung *'WE* (Z5S2 ist als DI benannt).

3 Tabellenverarbeitung mit Multiplan

In der Informatik werden vier grundlegende Ablauf- bzw. Programmstrukturen unterschieden (vgl. Abschnitt 1.3). Multiplan stellt Befehle und
Funktionen bereit, um diese Ablaufstrukturen auch in Tabellen zu reali-
sieren.

Folgestrukturen	Geradeaus-Programm, Linearer Ablauf Befehl1, Befehl2, Befehl3, ...
Auswahlstrukturen	Vorwärts verzweigendes Programm Ein-, zwei-, mehrseitige Auswahl Wenn ..., dann Befehl1 Multiplan: WENN-Funktion
Wiederholungsstrukturen	Programm mit Schleife, Iteration Solange ..., wiederhole Multiplan: Iteration Ja
Unterablaufstrukturen	Programm mit Unterordnung Multiplan: XTERN-Befehl

Grundlegende Programmstrukturen der Informatik

3.8.1 Auswahlstrukturen bzw. Alternativen

WENN-Funktion: Auswahlstrukturen werden durch *Wenn-dann-Abfragen*
beschrieben. Multiplan stellt dazu die WENN-Funktion bereit. Ist die Bedingung wahr, wird der Dann-Wert, andernfalls der Sonst-Wert in das
Feld geschrieben, in die die Formel mit der WENN-Funktion steht.

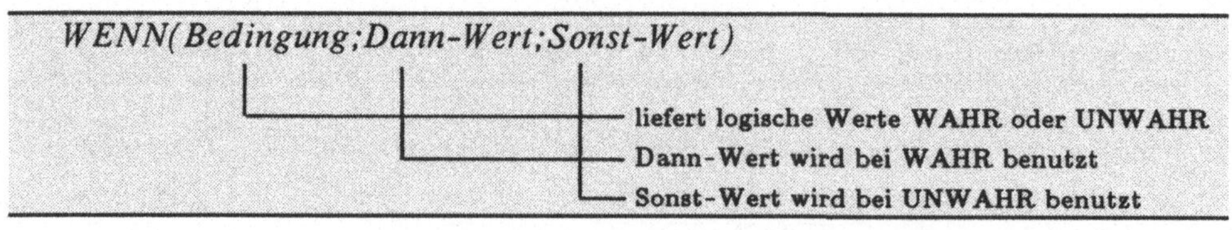

Allgemeines Format der WENN-Funktion

Problemstellung zu Tabelle MietPKW4.TAB:
Die Tabelle MietPKW3.TAB dient der Was-wäre-wenn-Analyse bei Miet-
wagen (Abschnitt 3.3) und ist wie folgt zur Tabelle MietPKW4.TAB zu
erweitern:
- *Wenig-km-Problem:* Für km-Entscheidungen, die unter der km-
  Freigrenze liegen, soll der DM-Grundbetrag genommen werden.
- *Extremwert-Problem:* Das beste und teuerste Angebot sind jeweils
  zu nennen.

Problemlösung zu Tabelle MietPKW4.TAB in vier Schritten:
1. Tabelle MietPKW3.TAB laden.
2. WENN-Funktion zur Lösung des *Wenig-km-Problems.*
3. Funktionen WENN, MIN und MAX zur Lösung des *Extremwert-*
    Problems.
4. Tabelle unter dem Namen MietPKW4.TAB speichern.

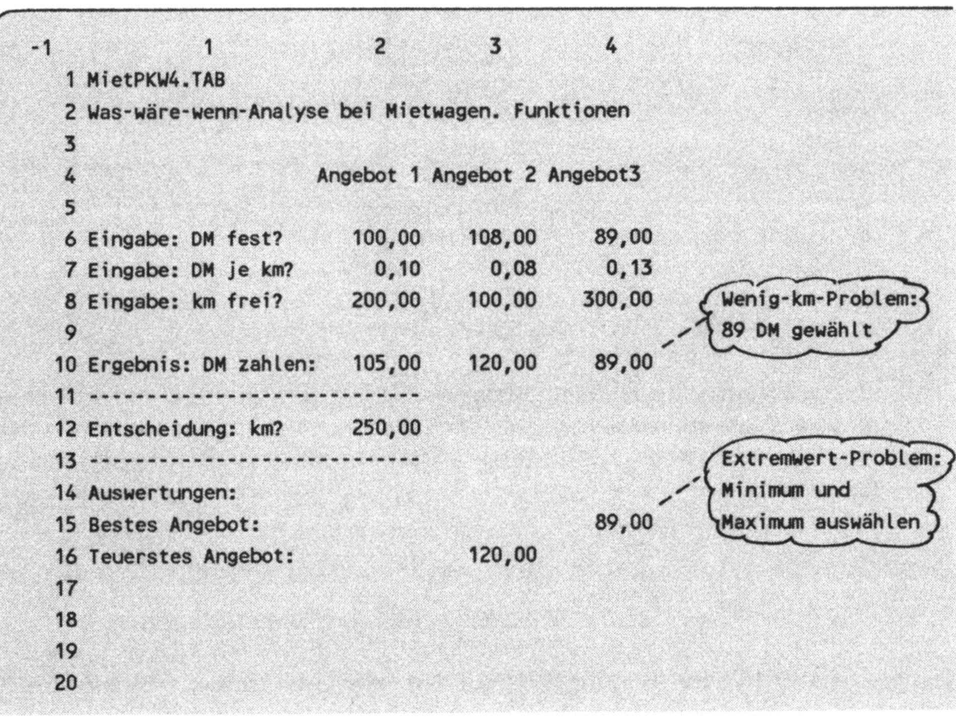

Tabelle MietPKW4.TAB in Normaldarstellung

Wenig-km-Problem mit WENN-Funktion lösen: In das Ergebnisfeld Z10S2 wird die folgende Formel eingegeben und anschließend zweimal nach rechts kopiert:

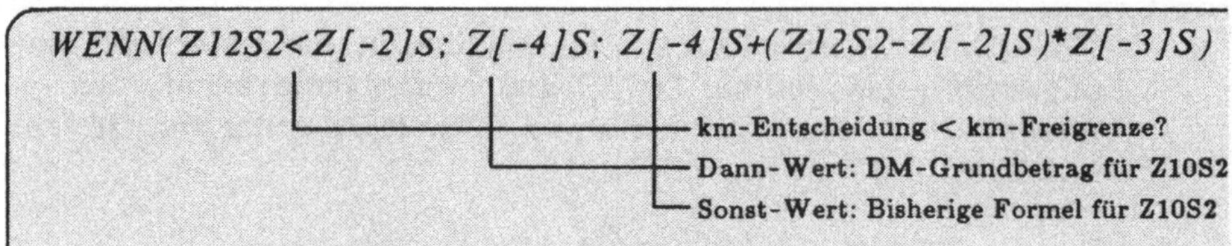

Formel in Z10S2 von MietPKW4.TAB mit WENN-Funktion

```
#1                          4

 1
 2
 3
 4 "Angebot3"
 5
 6 89
 7 0,13
 8 300
 9
10 WENN(Z12S2<Z[-2]S;Z[-4]S;Z[-4]S+(Z12S2-Z[-2]S)*Z[-3]S)
11
12
13
14
15 WENN(Z[-5]S=MIN(bezahlen);Z[-5]S;" ")
16 WENN(Z[-6]S=MAX(bezahlen);Z[-6]S;" ")
17
18
19
20
```

Spalte 4 von Tabelle MietPKW4.TAB in Formeldarstellung

Extremwert-Problem in MietPKW4.TAB mit Funktionen WENN, MIN und MAX lösen:
- Die Ausgabefelder in Zeile 10 (Bereich Z10S2:4) werden über den NAME-Befehl mit dem Namen *Bezahlen* belegt.
- In Z15S2 wird über den WERT-Befehl die Formel
  ```
  WENN(Z[-5]S=MIN(bezahlen);Z[-5]S;" ")
  ```
  eingetragen und zweimal nach rechts kopiert.

- In Z16S2 wird dementsprechend die Formel
  ```
  WENN(Z[-5]S=MAX(bezahlen);Z[-5]S;" ")
  ```
  gespeichert und zweimal nach rechts kopiert.
- Die beiden Funktionen MIN(Liste) und MAX(Liste) geben das
  Minimum bzw. Maximum der angegebenen Liste zurück.

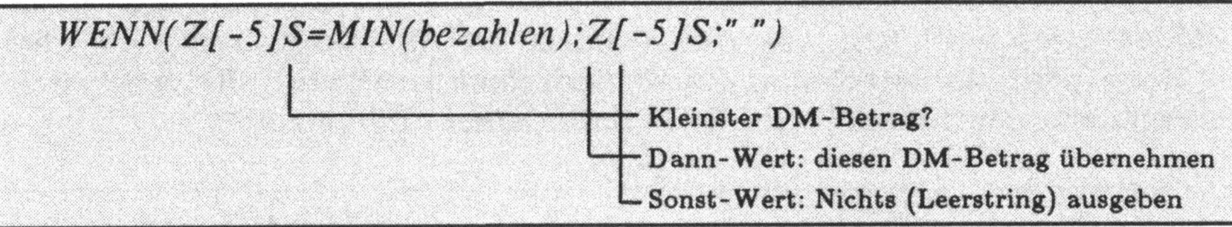

Formel in Z15S2, Z15S3 und Z15S4 mit den Funktionen WENN und MIN

- Wenn der Wert in Z6S1 größer als 999 ist, dann 430 ausgeben,
  sonst nichts ausgeben:
  ```
  WENN(Z6S1)>999;430;" ")
  ```

- Wenn die Summe der Bereiche gleich ist, "Summen gleich" bzw.
  "ungleich" ausgeben:
  ```
  WENN(SUMME(Z7S1:Z9S5)=SUMME(Z23S3:Z44S11);"Summen gleich"; "...ungleich")
  ```

- Wenn Z33S3 kleiner als Z44S4 ist, dann Z33S3, sonst aber Z44S4
  in das Feld übernehmen, in der die Formel mit WENN steht:
  ```
  WENN(Z33S3<Z44S4;Z33S3;Z44S4)
  ```

- Wenn der Wert in ZS[-3] über 20000 ist, dann 7% dieses Wertes
  ermitteln, sonst aber 0:
  ```
  WENN(ZS[-3]>20000;7%*ZS[-3];0)
  ```

Beispiele für Aufrufe der WENN–Funktion

3.8.2 Wiederholungsstrukturen bzw. Iterationen

3.8.2.1 Endlosschleife

Endlosschleife als Fehlermeldung: Tippt man zum Beispiel in das leere
Feld Z7S2 die Formel *ZS+2* ein, gibt Multiplan als Fehlermeldung aus:

```
Endlosschleife in der Formel: Z7S2
```

Die Formel *ZS+2* bedeutet: "addiere zum aktuellen Inhalt des Feldes ZS, d.h. des Feldes, in dem die Formel steht, den Wert 2 hinzu". Da in diesem Feld noch kein Wert gespeichert ist, wird die Fehlermeldung ausgegeben.

Endlosschleife als Voraussetzung für eine Iteration: Stellt man über den ZUSÄTZE-Befehl im Befehlsfeld ITERATION auf Ja, wiederholt das System die Berechnung *ZS+2* immer wieder; in Feld Z7S2 erscheinen die Zahlen 2, 4, 6, 8, 10,..., bis der Benutzer die *Esc*-Taste drückt. In einer Schleife wird die Berechnung *ZS+2* wiederholt ausgeführt. Bei jeder Neuberechnung der Tabelle wird die Iteration erneut durchlaufen.

ZUSÄTZE-Befehl mit dem Befehlsfeld ITERATION

Hinweis: Zwischen der Ausführung von Iterationen bzw. zum Korrigieren der Tabelle sollte das Befehlsfeld ITERATION stets wieder auf Nein gestellt werden.

3.8.2.2 Zählerschleife als geschlossene Schleife

Schleife mit Endebedingung über Funktion ZÄHLER: Die Funktion ZÄHLER liefert die Anzahl der Schleifendurchläufe. ZÄHLER beginnt mit 1 und erhöht *nach* jeder Iteration um 1. Eine endliche Schleife kann dadurch konstruiert werden, in dem man ZÄHLER()=9 als Endebedingung in ein beliebiges Feld wie z.B. in Feld Z5S2 speichert (WERT-Befehl) und auf dieses Feld als Endebedingung verweist (ZUSÄTZE-Befehl):

Feldzeiger nach Z5S2 *Wert* *zähler( )=9*	Feld für die Endebedingung "Ergibt ZÄHLER() den Wert 9?"
Zusätze *Iteration: ja* *Endekriterium in: z5s2*	Wiederholungsstruktur In Z5S2 wird ZÄHLER() abgefragt

1. Die Tabelle muß mindestens eine ausführbare Endlosschleife enthalten.
2. Im ZUSÄTZE-Befehl muß das Befehlsfeld ITERATION auf *Ja* eingestellt sein.
3. Im ZUSÄTZE-Befehl muß das Befehlsfeld ENDEKRITERIUM auf ein Feld verweisen, in dem eine Endebedingung steht.
4. Die Endebedingung muß zunächst FALSCH sein (sonst kann die Schleife nicht beginnen).

Vier Voraussetzungen für endliche Schleifen bzw. Iterationen

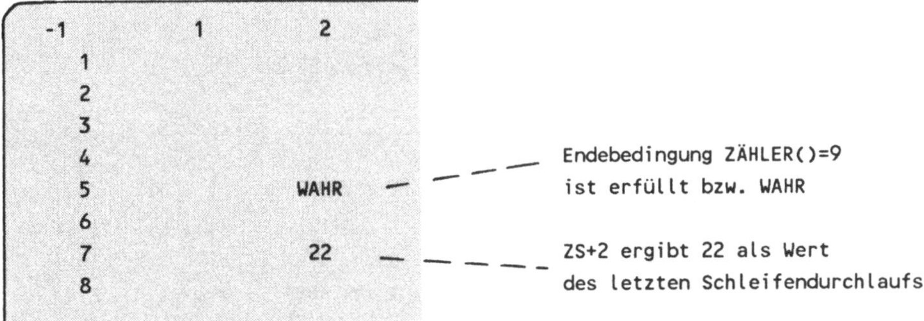

Schleife mit Iterationsformel in Z7S2 und Endebedingung in Z5S2

Problemstellung zur Tabelle Zins1.TAB: Eine Schleife soll stets zehn Mal durchlaufen werden (geschlossene Schleife), um das verzinste Kapital zu berechnen (vgl. auch Abschnitt 1.5.2.3).

Problemlösung zur Tabelle Zins1.TAB in Schritten:

- *Endebedingung in Z4S2:* ZÄHLER()=10 in Feld Z4S2. Die Endebedingung ist zunächst FALSCH (siehe Ausführungsbeispiel), damit die Iteration auch beginnen kann.

- Feld Z7S2 mit Kap benennen (für das jeweilige Kapital). Kap wird später fortlaufend erhöht.

- *Iterationsformel in Z7S2:* Wenn Zählerwert unbestimmt ist (ISTNV), dann 1000 DM von Z5S2 übernehmen (Kap erhält somit den Anfangswert 1000), sonst jedoch das Kapital Kap um die Zinsen erhöhen.

```
WENN(ISTNV(ZÄHLER()));Z5S2;Kap+Kap*Z6S2/100)
```

- *Formel zur Kontrollausgabe in Z11S2:* Die Formel eingeben und neun Mal nach unten kopieren: Wenn der Zählerstand der jeweiligen Zeilennummer entspricht, dann das Endkapital Kap anzeigen.

```
WENN(ZÄHLER()=ZEILE()-10;Kap;ZS)
```

```
 4 "Jahre=10"          ZÄHLER()=10
 5 "Kapital?"          1000
 6 "Zinssatz?"         10
 7 "Kapital:"          WENN(ISTNV(ZÄHLER());Z5S2;Kap+Kap*Z6S2/100)
 8
 9 "Jahr"             "Endkapital"
10 "----"             "----------"
12 ZEILE()-10         WENN(ZÄHLER()=ZEILE()-10;Kap;ZS)
```

```
#1        1        2        3          #1        1        2        3
 1 Zins1                                1 Zins1
 2 Kapitalverzinsung mit Iteration      2 Kapitalverzinsung mit Iteration
 3                                      3
 4 Jahre=10    FALSCH                   4 Jahre=10    WAHR
 5 Kapital?      1000                   5 Kapital?      1000
 6 Zinssatz?       10                   6 Zinssatz?       10
 7 Kapital:     1464,1                  7 Kapital:  2593,7425
 8                                      8
 9    Jahr   Endkapital                 9    Jahr   Endkapital
10    ----   ----------                10    ----   ----------
11     1         1100                  11     1         1100
12     2         1210                  12     2         1210
13     3         1331                  13     3         1331
14     4        1464,1                 14     4        1464,1
15     5          NV                   15     5       1610,51
16     6          NV                   16     6      1771,561
17     7          NV                   17     7     1948,7171
18     8          NV                   18     8     2143,5888
19     9          NV                   19     9     2357,9477
20    10          NV                   20    10     2593,7425
Text/Wert:                             Wert:

Endlosschleife in der Formel!          Bitte eine Formel eingeben!
```

Tabelle Zins1.TAB nach vier Iterationen (links) bzw. nach Beendigung der zehn Schleifendurchläufe (rechts)

```
#1                  1                            2

 1 "Zins1"
 2 "Kapitalverzinsung mit Iteration"
 3
 4 "Jahre=10"         ZÄHLER()=10
 5 "Kapital?"         1000
 6 "Zinssatz?"        10
 7 "Kapital:"         WENN(ISTNV(ZÄHLER());Z5S2;Kap+Kap*Z6S2/100)
 8
 9 "Jahr"             "Endkapital"
10 "----"             "----------"
11 ZEILE()-10         WENN(ZÄHLER()=ZEILE()-10;Kap;ZS)
12 ZEILE()-10         WENN(ZÄHLER()=ZEILE()-10;Kap;ZS)
13 ZEILE()-10         WENN(ZÄHLER()=ZEILE()-10;Kap;ZS)
14 ZEILE()-10         WENN(ZÄHLER()=ZEILE()-10;Kap;ZS)
15 ZEILE()-10         WENN(ZÄHLER()=ZEILE()-10;Kap;ZS)
16 ZEILE()-10         WENN(ZÄHLER()=ZEILE()-10;Kap;ZS)
17 ZEILE()-10         WENN(ZÄHLER()=ZEILE()-10;Kap;ZS)
18 ZEILE()-10         WENN(ZÄHLER()=ZEILE()-10;Kap;ZS)
19 ZEILE()-10         WENN(ZÄHLER()=ZEILE()-10;Kap;ZS)
20 ZEILE()-10         WENN(ZÄHLER()=ZEILE()-10;Kap;ZS)
```

Spalten 1 und 2 von Tabelle Zins1.TAB in Formeldarstellung

3.8.2.3 Näherungslösung als offene Schleife

Geschlossene und offene Schleifen: Zählerschleifen sind geschlossene
Schleifen, da zu Beginn der Iteration die Anzahl der Wiederholungen fest-
liegt. Bei offenen Schleifen arbeitet man mit Näherungen, wobei zu Beginn der Iteration noch offen ist, wie oft die Schleife durchlaufen wird.

Näherungslösungen: Durch Iteration lassen sich Gleichungen des Typs
$F(x) = 0$ schrittweise lösen; man beginnt mit einem Anfangswert x0 und
berechnet mit jedem Iterationsschritt einen neuen x-Wert, der der Lösung
der Gleichung näher liegt. In der Endebedingung muß ein Näherungswert
festgelegt sein, damit die Wiederholung nicht endlos läuft.

Problemstellung zu Tabelle Iterat1.TAB:
In der Tabelle Iterat1.TAB sollen für $F(x) = x * 0{,}5$ über eine Iteration
Werte ermittelt werden, wobei
   - beliebige Anfangswerte für x0 eingegeben werden können.
   - die Endebedingung als Formel beliebig festgelegt werden kann.

```
 1 Iterat1.TAB                          1 Iterat1.TAB
 2 Iteration mit bel. Endebedingung     2 Iteration mit Bel. Endebedingung
 3                                       3
 4 Anfangswert für x?            2       4 Anfangswert für x?           24
 5 Endebedingung?             WAHR       5 Endebedingung?            WAHR
 6                                       6
 7 Wert von x = x * 0,5:  0,0009766      7 Wert von x = x * 0,5:  0,0058594
 8                                       8
 9 Gezählte Wiederholungen:    11        9 Gezählte Wiederholungen:    12
10                                      10
11           1              1           11           1             12
12           2            0,5           12           2              6
13           3           0,25           13           3              3
14           4          0,125           14           4            1,5
15           5         0,0625           15           5           0,75
16           6        0,03125           16           6          0,375
17           7       0,015625           17           7         0,1875
18           8      0,0078125           18           8        0,09375
19           9      0,0039063           19           9       0,046875
20          10      0,0019531           20          10      0,0234375
21          11      0,0009766           21          11      0,0117188
22          12           NV!            22          12      0,0058594
23          13           NV!            23          13           NV!
```

Endebedingung x<0,001; Anfangswert 2;   Endebedingung x<0,01; Anfangswert 24;
Iterationen 1 - 11   Iterationen 1 - 12

Zwei Iterationsbeispiele zur Tabelle Iterat1.TAB:

NV! als Fehlerwert: Im entsprechenden Feld ist kein Wert verfügbar; die
Formel bezieht sich somit auf ein leeres Feld.

```
 1 "Iterat1.TAB"
 2 "Iteration mit bel. Endebedingung"
 3
 4 "Anfangswert für x?"              24
 5 "Endebedingung?"                 x<0,01
 6
 7 "Wert von x = x * 0,5:"          WENN(ISTNV(ZÄHLER());ANFANG;x*0,5)
 8
 9 "Gezählte Wiederholungen:"       ZÄHLER()
10
11 ZEILE()-10                       WENN(ZÄHLER()=ZEILE()-10;x;ZS)
12 ZEILE()-10                       WENN(ZÄHLER()=ZEILE()-10;x;ZS)
13 ZEILE()-10                       WENN(ZÄHLER()=ZEILE()-10;x;ZS)
14 ZEILE()-10                       WENN(ZÄHLER()=ZEILE()-10;x;ZS)
15 ZEILE()-10                       WENN(ZÄHLER()=ZEILE()-10;x;ZS)
16 ZEILE()-10                       WENN(ZÄHLER()=ZEILE()-10;x;ZS)
17 ZEILE()-10                       WENN(ZÄHLER()=ZEILE()-10;x;ZS)
18 ZEILE()-10                       WENN(ZÄHLER()=ZEILE()-10;x;ZS)
19 ZEILE()-10                       WENN(ZÄHLER()=ZEILE()-10;x;ZS)
20 ZEILE()-10                       WENN(ZÄHLER()=ZEILE()-10;x;ZS)
```

Tabelle Iterat1.TAB in Formeldarstellung

Vorgehensweise zum Aufbau der Iteration in Tabelle Iterat1.TAB in acht Schritten:

1. Texte eingeben (TEXT-Befehl).
2. Z4S2 mit ANFANG und Z7S2 mit x benennen (NAME-Befehl).
3. Iterationsformel
   `WENN(ISTNV(ZÄHLER());ANFANG;x*0,5) in Z7S2`
   eingeben (WERT-Befehl): Wenn Zählerwert unbestimmt ist, dann den Wert von ANFANG, sonst aber den Wert x*0,5 übernehmen.
4. Funktionsaufruf ZÄHLER() in Z9S2 eingeben (WERT-Befehl). Die Funktion zeigt den aktuellen Zählerwert an.
5. Formel zur Kontrollausgabe
   `WENN(ZÄHLER()=ZEILE()-10;x;ZS)`
   in Z11S2 eingeben und 9 mal nach unten kopieren (WERT- und KOPIE-Befehl). ZEILE() liefert den Wert der aktuellen Zeile.
6. Formel ZEILE()-10 in Z11S1 eingeben und 9 mal nach unten kopieren.
7. Befehlsfelder ITERATION auf Ja und ENDEKRITERIUM auf Z5S2 einstellen (ZUSÄTZE-Befehl).
8. Tabelle unter dem Namen Iterat1.TAB speichern.

Vorgehensweise zur Durchführung einer Iteration mit Iterat1.TAB:
1. Anfangswert nach Z4S2 eingeben (WERT-Befehl).
2. Endebedingung als Formel nach Z5S2 eingeben (WERT-Befehl).
3. Iterationswerte ablesen.

Tabelle Iterat1.TAB als geschlossene Schleife nutzen: Die Tabelle Iterat1.TAB kann auch als Zählerschleife verwendet werden. Dazu wird in Z5S2 die Näherungsbedingung (z.B. x<0,0001) durch einen Zählervergleich (z.B. ZAEHLER()=5 oder ZAEHLER()>17) ersetzt. Damit wird die Schleife nach z.B. fünf Durchläufen beendet.

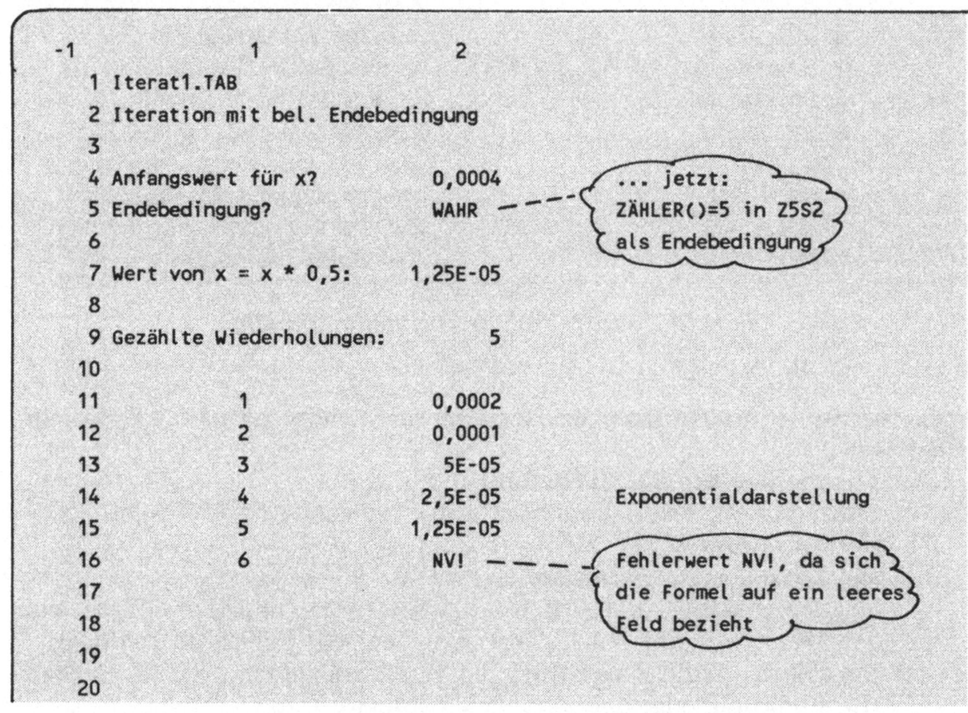

Iterat1.TAB als geschlossene Schleife stets genau fünf Man durchlaufen

3.8.2.4 Offene Schleife über Funktion DELTA

Die Funktion DELTA() liefert als Funktionsergebnis die größte Änderung eines Wertes, der während eines Iterationslaufes stattgefunden hat. In der folgenden Tabelle Iterat2.TAB wird die DELTA()-Funktion in der Endebedingung in Feld Z9S2 abgefragt, zum Beispiel in der Form DELTA()<1:
- Endebedingung DELTA()<1 in Feld Z9S2 bedeutet: Ende der Ite -

ration, wenn sich der Nettogewinn in Spalte 3 beim letzten Schleifendurchlauf um weniger als 1 DM geändert hat.
- Ende nach der 4. Iteration, da nur eine Gewinnänderung von 18182 auf 18181.80 DM zu verzeichnen war.
- Folgende Felder sind benannt: Brutto Z4S2, Prozent Z5S2, Anfang Z7S2, Prämie Z7S2 und Netto Z8S2.

```
     -1              1                  2             3

     1  Iterat2.TAB
     2  Iteration mit DELTA-Funktion als Endebedingung
     3
     4  Bruttogewinn?                  20000
     5  Prozentsatz für Prämie?           10
     6  Anfangswert Nettogewinn?       18000
     7  Prämie:                     1818,1818
     8  Nettogewinn:               18181,818
     9  Endebedingung:              WAHR
    10      Wiederholung:            Prämie:    Nettogewinn:
    11          1                  1820,000     18200,000
    12          2                  1818,000     18180,000
    13          3                  1818,200     18182,000
    14          4                  1818,180     18181,800
    15          5                  1818,182     18181,820
    16          6                  1818,182     18181,818
    17          7                    NV!           NV!
    18          8                    NV!           NV!
    19          9                    NV!           NV!
    20         10                    NV!           NV!
```

*Iterationsbeispiel mit DELTA( )<0,01 als Endebedingung
(Endergebnis auf einen Pfennig genau)*

```
 1 Iterat2.TAB
 2 Iteration mit DELTA-Funktion als Endebedingung
 3
 4 Bruttogewinn?                   20000
 5 Prozentsatz für Prämie?            10
 6 Anfangswert Nettogewinn?         18000
 7 Prämie:                        1818,18
 8 Nettogewinn:                   18181,8
 9 Endebedingung:                  WAHR
10        Wiederholung:          Prämie:     Nettogewinn:
11            1                 1820,000      18200,000
12            2                 1818,000      18180,000
13            3                 1818,200      18182,000
14            4                 1818,180      18181,800
15            5                   NV!            NV!
16            6                   NV!            NV!
17            7                   NV!            NV!
```

*Iterationsbeispiel mit DELTA( )<1 als Endebedingung
(Endergebnis auf 1 DM genau):*

```
 1 Iterat2.TAB
 2 Iteration mit DELTA-Funktion als Endebedingung
 3
 4 Bruttogewinn?                    1000
 5 Prozentsatz für Prämie?            10
 6 Anfangswert Nettogewinn?          900
 7 Prämie:                         90,9091
 8 Nettogewinn:                    909,091
 9 Endebedingung:                   WAHR
10        Wiederholung:          Prämie:     Nettogewinn:
11            1                  91,000        910,000
12            2                  90,900        909,000
13            3                  90,910        909,100
14            4                  90,909        909,090
15            5                  90,909        909,091
16            6                   NV!            NV!
17            7                   NV!            NV!
```

*Iterationsbeispiel mit DELTA( )<0,1 als Endebedingung
(Endergebnis auf 10 Pfennig genau):*

```
 1 "Iterat2.TAB"
 2 "Iteration mit DELTA-Funktion"
 3
 4 "Bruttogewinn?"
 5 "Prozentsatz für Prämie?"
 6 "Anfangswert Nettogewinn?"
 7 "Prämie:"
 8 "Nettogewinn:"
 9 "Endebedingung:"
10 "Wiederholung:"
11 ZEILE()-10
12 ZEILE()-10
13 ZEILE()-10
14 ZEILE()-10
15 ZEILE()-10
16 ZEILE()-10
17 ZEILE()-10
18 ZEILE()-10
19 ZEILE()-10
20 ZEILE()-10
```

Spalte 1 der Tabelle Iterat2.TAB in Formeldarstellung

```
 -1                        2                              3
  1
  2 "ion als Endebedingung"
  3 WENN(WAHR();"";DELTA())
  4 20000
  5 10
  6 18000
  7 PROZENT*netto/100
  8 WENN(ISTNV(ZÄHLER());ANFANG;BRUTTO-PRÄMIE)
  9 DELTA()<0,01
 10 "Prämie:"                                    "Nettogewinn:"
 11 WENN(ZÄHLER()=ZEILE()-10;PRÄMIE;ZS)          WENN(ZÄHLER()=ZEILE()-10;netto
 12 WENN(ZÄHLER()=ZEILE()-10;PRÄMIE;ZS)          WENN(ZÄHLER()=ZEILE()-10;netto
 13 WENN(ZÄHLER()=ZEILE()-10;PRÄMIE;ZS)          WENN(ZÄHLER()=ZEILE()-10;netto
 ...
 18 WENN(ZÄHLER()=ZEILE()-10;PRÄMIE;ZS)          WENN(ZÄHLER()=ZEILE()-10;netto
 19 WENN(ZÄHLER()=ZEILE()-10;PRÄMIE;ZS)          WENN(ZÄHLER()=ZEILE()-10;netto
 20 WENN(ZÄHLER()=ZEILE()-10;PRÄMIE;ZS)          WENN(ZÄHLER()=ZEILE()-10;netto
```

Spalten 2 und 3 der Tabelle Iterat2.TAB in Formeldarstellung

```
   -1            1                 2              3          4
   1 Iterat2.TAB
   2 Iteration mit DELTA-Funktion als Endebedingung
   3
   4 Bruttogewinn?                        20000
   5 Prozentsatz für Prämie?                 10
   6 Anfangswert Nettogewinn?             18000
   7 Prämie:                               1818
   8 Nettogewinn:                         18180
   9 Endebedingung:                    FALSCH
  10       Wiederholung:                   Prämie:    Nettogewinn:
  11       1                           1820,000      18200,000
  12       2                           1818,000      18180,000
  13       3                             NV!           NV!
  14       4                             NV!           NV!
  15       5                             NV!           NV!
  16       6                             NV!           NV!
  17       7                             NV!           NV!
  18       8                             NV!           NV!
  19       9                             NV!           NV!
  20      10                             NV!           NV!
  ZUSÄTZE sofort rechnen: Ja Nein    Warnton aus: Ja(Nein)    Iteration:(Ja)Nein
  Endekriterium in: Z9S2        Text-/Wert-Modus: Ja(Nein)       Merke: Ja(Nein)
```

Zustand der Tabelle Iterat2.TAB nach der 2. Iteration
(unten ZUSÄTZE-Einstellung "Iteration=Ja")

3.8.3 System- bzw. makrogeführter Dialog

Eine in einem Makro abgelegte Tasten- bzw. Befehlsfolge kann über *Alt-Tastenschlüssel* beliebig oft zur Ausführung bebracht werden (vgl. Abschnitt 5.5.4). Damit kann man ein Makro auch zur Führung des Dialogs zwischen dem Benutzer und dem System verwenden.

Problemstellung zum Eingabe-Makro in Tabelle MietPKW6.TAB:
Ein über den Tastenschlüssel EI aufgerufenes Makro soll den Dialog wie folgt führen:
- Unten in der Meldungszeile soll die Frage "Welcher DM Betrag ist fest zu bezahlen?" erscheinen. Der Cursor soll nach Z6S2 springen und die Benutzereingabe in dieses Feld speichern.
- Auf diese Weise soll der Dialog zur Eingabe in Z7S2, Z8S2 und Z12S2 geführt werden.
- Danach soll das Makro enden und zum Hauptmenü zurückkehren.

```
        -1              1              2         3
      1 MietPKW6.TAB
      2 Was-wäre-wenn-Analyse. Geführter Dialog
      3 über Makros ei=Eingabe und ra=Radieren
      4                    Angebot 1
      5
      6 Eingabe: DM fest?       120,00
      7 Eingabe: DM je km?        0,11
      8 Eingabe: km frei?       300,00
      9
     10 Ergebnis: DM zahlen:    142,00
     11
     12 Entscheidung: km?       500,00
```


Tabelle MietPKW6.TAB in Formaldarstellung

Ein Makro zur systemgeführten Eingabe erstellen:
- Makro in Z20S1 mittels NAME-Befehl benennen.
- Sechs Makrobefehle ab Z20S1 eingeben.
- *'er*-Befehl zum Ablegen von Kommentar.
- *'wt*-Befehl zur Zahleneingabe in das angegebene Feld mit Textausgabe als Eingabeaufforderung.
- *'qu*-Befehl zum Beenden des Makros (Rückkehr ins Hauptmenü).
- Makro beliebig oft aufrufen mit den Tasten *Alt-EI*.

```
     20 'er Makro (Name: Eingabe, Aufruf: ei) zur systemgeführten Eingabe
     21 'wt Welcher DM Betrag ist fest zu bezahlen? 'z6s2'
     22 'wt Wieviel DM sind je gefahrenen km zu bezahlen? 'z7s2'
     23 'wt Wieviel km sind ohne variable Kosten frei? 'z8s2'
     24 'wt ... nun Ihre erste km-Entscheidung? 'z12s2'
     25 'qu
```

Eingabe-Makro namens EI ab Z20S1 gespeichert

Problemstellung zum Radier-Makro in Tabelle MietPKW6.TAB:
Ein über den Tastenschlüssel RA aufrufbares Radier-Makro soll die Werte der numerischen Felder ausradieren. Damit kann in der Tabelle Miet-PKW6.TAB die Eingabe neuer Konditionen über einen "sauberen Bildschirm" abgewickelt werden.

```
     27 'er Makro (Name: radier, Aufruf: ra) zum Radieren aller Zahlen
     28 rz6:8s2'rt
     29 rz12s2'rt
     30 gz6'tb2'rt
```

Radier-Makro RA ab Z27S1 gespeichert

```
NAME: Namen eingeben: eingabe              Bereich: Z20S1
              Makro:(Ja)Nein       Tastenschlüssel: ei
Bitte einen Namen eingeben!



NAME: Namen eingeben: radier               Bereich: Z27S1
              Makro:(Ja)Nein       Tastenschlüssel: ra
Bitte einen Namen eingeben!
```

Zuordnung der Tastenschlüssel ei und ra über den NAME-Befehl

```
 -1                    1                         2
  1 "MietPKW6.TAB"
  2 "Was-wäre-wenn-Analyse bei Mietwagen"   "e. Geführter Dialog"
  3 "über Makros ei=Eingabe und ra=Radieren"
  4                                          "Angebot 1"
  5
  6 "Eingabe: DM fest?"                      120
  7 "Eingabe: DM je km?"                     0,11
  8 "Eingabe: km frei?"                      300
  9
 10 "Ergebnis: DM zahlen:"                   Z(-4)S+(Z(+2)S-Z(-2)S)*Z(-3)S
 11
 12 "Entscheidung: km?"                      500
 13
 14
 15
 16
 17
 18
 19
 20 "'er Makro (Name: Eingabe, Aufruf: ei) z
```

Tabelle MietPKW6.TAB in Formeldarstellung

Aufgabe 3.8/1: Ändern Sie die Tabelle Klima1.TAB (Aufgabe 3.5/5) so zu einer Tabelle Klima2.TAB ab, daß die durchschnittlichen Monatstemperaturen in Spalte 2 eingetragen und über die Spalte 4 mit den Regenmengen verknüpft werden können.

- "Monatsregenmenge = Monatstemperatur mal 2" als Annahme zur Bestimmung des Trockenheitsgrenze.
- Geschachtelte WENN-Funktionen in Z4S5 eintragen und 15 mal nach unten kopieren.

```
#1        1           2           3           4                5

   1 Klima2
   2 Klimawerte verknüpfen
   3                Temperatur     Regen                    Balken links
   4
   5 Januar?        5,1          90 feucht        *************
   6 Februar?       4,2         140 sehr feucht   **********************
   7 März           9,8         120 sehr feucht   ******************
   8 April?          14          87 feucht        ************
   9 Mai?           13,5         90 feucht        *************
  10 Juni?           21          33 trocken       *****
  11 Juli?          25,4         40 trocken       ******
  12 August?         26          54 feucht        ********
  13 September?      22          93 feucht        *************
  14 Oktober?        16         112 sehr feucht   ****************
  15 November?      10,6        131 sehr feucht   *******************
  16 Dezember?       6,9        120 sehr feucht   *****************
  17
  18 Mittelwert   14,542     92,500 feucht        *************
  19 Minimum        4,2          33 feucht        *****
  20 Maximum         26         140 sehr feucht   ********************
Bitte eine Formel eingeben!
```

Aufgabe 3.8/2: WENN-Funktion zur Bildung von Alternativen (Abschnitt 3.8.1):
  a) Wie werden die Probleme "Wenig-km" und "Extremwert" in Tabelle MietPKW4.TAB gelöst?
  b) Wie lautet die Formeldarstellung zu MietPKW3.TAB?

Aufgabe 3.8/3: Bildung von Iterationen (Abschnitt 3.8.2):
  a) Welche vier Punkte sind zur Schleifenbildung zu beachten?
  b) Wenden Sie das in der Tabelle Iterat1.TAB verwendete Vorgehen zur Näherungslösung auf eine andere Gleichung an.
  c) Warum wird in der Tabelle Iterat2.TAB die DELTA-Funktion verwendet, nicht aber in Tabelle Iterat1.TAB?

Aufgabe 3.8/4: Makrogeführter Dialog in Tabellen (Abschnitt 3.8.3):
  a) Ändern Sie die Tabelle MietPKW6.TAB so zu einer Tabelle MietPKW5.TAB ab, daß der Eingabedialog beim Starten automatisch (Autoexec) erfolgt.
  b) Kann das Radier-Makro im Eingabe-Makro aufgerufen werden?

Aufgabe 3.8/5: Ändern Sie die Tabelle Frieren1.TAB (Aufgabe 3.6/1) wie folgt zu einer Tabelle Frieren2.TAB ab.
  a) Nutzen Sie die WENN-Funktion in Spalte 4. Wie lautet sie?
  b) Welches Ergebnis liefert die Tabelle für das Eingabedatum 5.1.89?

```
#1             1            2        3         4
   1 Frieren2
   2 Zeit-Überwachung von Tiefkühlkost
   3
   4 Lagergut         Gefrier-  Lagerzeit Aktion
   5                  datum     (Monate)
   6 Erdbeeren         15.5.88     5       schlecht
   7 Schattenmorellen  20.7.88     5,5
   8 Opas Birnen        5.8.88     5
   9 Damenschenkel      4.10.88    6
  10 Waldhimbeeren     20.8.88     4       schlecht
  11 Blaubeeren        15.11.88    4
  12 Mirabellen        10.9.88     4
  13 Pfirsiche         20.9.88     3,5
  14 Stachelbeeren      5.8.88     5,5
  15 Johannisbeeren     5.8.88     4,5     schlecht
  16
  17 Aktuelles Datum? 31.12.88
  18
```

Aufgabe 3.8/6: Die Tabelle Dividie1.TAB von Aufgabe 3.7/3 durch ein Makro namens Autoexec zu einer Tabelle Dividie3.TAB erweiter
  - Makro Autoexec wird beim Tabellenaufruf automatisch gestartet.
  - Makro Autoexec bietet die Menüpunkte *Dividieren* und *Ende* an.
  a) Welcher Ablauf ergibt sich beim Laden der Tabelle?
  b) Wozu dient der Befehl *'maTippen'rt*?
  c) Aus welchem Grunde wird der Befehl *'müz18s1'* zweimal genannt?

3 Tabellenverarbeitung mit Multiplan

3.9.1 Bildschirm in Fenster unterteilen

AUSSCHNITT-Befehl zur Verwaltung von Fenstern: Ein Fenster ist ein
Teil des Bildschirms, in dem Information unabhängig von anderen Fen-
stern verarbeitet werden kann. Multiplan stellt dazu den AUSSCHNITT-
Befehl bereit.

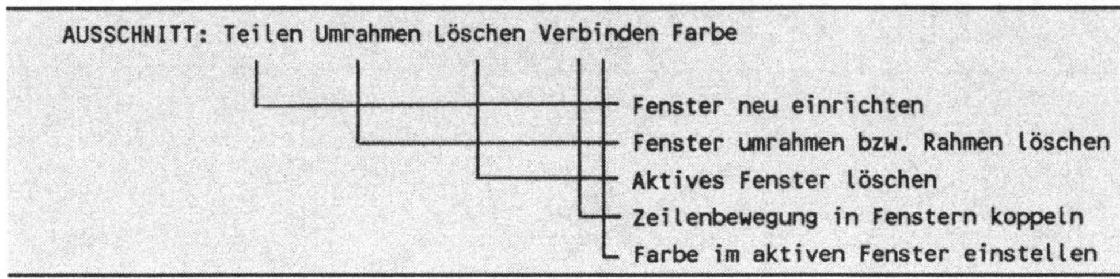

Fünf Unterbefehle des AUSSCHNITT-Befehls

Problemstellung zu Tabelle EinAus1.TAB: Über diese Tabelle soll eine
Ein-/Ausgabenrechnung in ihrer elementaren Form abgewickelt werden.

```
 #1              1              2              3              4

  1 EinAus1
  2 Gegenüberstellung der Einnahmen und Ausgaben
  3                        Monat 1:       Monat 2:       Monat 3:
  4 E i n n a h m e n  :
  5 Gehalt?              3.400,00       3.400,00       3.500,00
  6 Sonstige Einnahmen?    520,00         600,00         550,00
  7                     ----------     ----------     ----------
  8 Einnahmen gesamt:    3.920,00       4.000,00       4.050,00
  9
 10 A u s g a b e n  :
 11 Wohnungsaufwand?       750,00         750,00         750,00
 12 Bekleidung?            480,00         500,00         450,00
 13 Essen und Trinken?     950,00       1.000,00         980,00
 14 Auto und Fahrt?        420,00         420,00         470,00
 15 Ausbildung?            390,00         390,00         480,00
 16 Freizeit, Urlaub?      850,00         800,00         800,00
 17                     ----------     ----------     ----------
 18 Ausgaben gesamt:     3.840,00       3.860,00       3.930,00
 19
 20 Einnahmen-Ausgaben:     80,00         140,00         120,00
WERT: Z[-12]S-Z[-2]S
Bitte eine Formel eingeben!
```

Tabelle EinAus1.TAB beansprucht genau eine Bildschirmseite
(Cursor steht gerade in Feld Z20S4)

Problemlösung zu Tabelle EinAus1.TAB in Schritten:
- Texte und Zahlen in Spalten 1 und 2 eingeben.
- SUMME-Funktionen in den Formelfeldern in Z8S2 und Z18S2: SUMME(Z[-3]S:Z[-2]S) und SUMME(Z[-7]S:Z[-2]S).
- Bereich Z3:20S2 drei Mal nach rechts kopieren.
- Aktive Tabelle unter dem Namen EinAus1.TAB speichern.

3.9.1.1 Senkrechte Fensterteilung

Problemstellung zum Einrichten zweier Fenster: Die Bezeichnungsspalte 1 von Tabelle EinAus1.TAB soll im linken Ausschnitt bzw. Fenster erscheinen, während die Zahlenspalten 3 und 4 im rechten Fenster stehen sollen.

Problemlösung in Schritten:
- Nach dem Laden von EinAus1.TAB wird durch die Befehlsfolge

<table>
<tr><td>Ausschnitt</td><td>Befehl aktivieren</td></tr>
<tr><td>Teilen</td><td>Einrichten von Fenstern</td></tr>
<tr><td>Senkrecht</td><td>Senkrechte Grenzlinie</td></tr>
<tr><td>bei Spalte: 2</td><td></td></tr>
</table>

der Bildschirm ab der Spalte 2 senkrecht in zwei Fenster unterteilt. In beiden Fenstern erscheint die Tabelle EinAus1.TAB.
- Durch die Befehlsfolge

<table>
<tr><td>Ausschnitt</td></tr>
<tr><td>Umrahmen</td></tr>
<tr><td>ändern in Ausschnitt Nummer: 1</td></tr>
</table>

wird das gerade aktive Fenster 1 umrahmt. Nach der Umrahmung sind nur noch 18 der ursprünglich 20 Zeilen sichtbar.
- Mit der Funktionstaste F1 kann man zwischen den Fenstern wechseln, d.h. ein bestimmtes Fenster aktivieren. Entsprechend Fenster 1 wird nun auch das Fenster 2 umrahmt.
- Jede Änderung im einen Fenster wird auch im anderen Fenster übernommen. Ein- und dieselbe Tabelle wird somit zweimal kopiert in den Fenstern dargestellt (vgl. auch Abschnitt 3.9.3).
- Mit dem ÜBERTRAGEN SPEICHERN-Befehl wird die Tabelle EinAus1.TAB samt Fensterteilung und Umrahmung auf Diskette gespeichert. Beim nächsten Laden erscheint somit wieder die Fensterteilung.

```
|#1                    1     ||#2             3             4             5
|   1 EinAus1               ||   1
|   2 Gegenüberstellung der ||   2 Ausgaben
|   3                       ||   3          Monat 2:      Monat 3:
|   4 E i n n a h m e n :   ||   4
|   5 Gehalt?               ||   5        3.400,00      3.500,00
|   6 Sonstige Einnahmen?   ||   6          600,00        550,00
|   7                       ||   7       ----------    ----------
|   8 Einnahmen gesamt:     ||   8        4.000,00      4.050,00
|   9                       ||   9
|  10 A u s g a b e n :     ||  10
|  11 Wohnungsaufwand?      ||  11          750,00        750,00
|  12 Bekleidung?           ||  12          500,00        450,00
|  13 Essen und Trinken?    ||  13        1.000,00        980,00
|  14 Auto und Fahrt?       ||  14          420,00        470,00
|  15 Ausbildung?           ||  15          390,00        480,00
|  16 Freizeit, Urlaub?     ||  16          800,00        800,00
|  17                       ||  17       ----------    ----------
|  18 Ausgaben gesamt:      ||  18        3.860,00      3.930,00

AUSSCHNITT UMRAHMEN ändern in Ausschnitt Nummer: 2
 Dateinamen anzeigen: Ja(Nein)   Seitenwechsel anzeigen: Ja(Nein)
Bitte eine Zahl eingeben!
```

Zwei Fenster durch senkrechte Fensterteilung einrichten

Aktives Fenster löschen: Das mit der F1-Taste aktivierte Fenster kann über den AUSSCHNITT LÖSCHEN-Befehl wieder entfernt werden.

```
AUSSCHNITT LÖSCHEN Ausschnitt Nummer: 1


Bitte eine Zahl eingeben!
```

AUSSCHNITT LÖSCHEN-Befehl entfernt die zwei Fenster wieder

3.9.1.2 Waagrechte Fensterteilung

Die Umrahmung von Fenstern beansprucht zwei Zeilen. Die Ausgabe "Einnahmen - Ausgaben" in Zeile 20 ist somit nicht mehr sichtbar. Nun sollen zwei untereinanderliegende Fenster eingerichtet werden, wobei im unteren Fenster die Zeilen 18 bis 20 erscheinen sollen. Durch den Befehl

```
┌─────────────────────┐
│ Ausschnitt          │      Befehl aktivieren
│   Teilen            │
│     Waagrecht       │      Waagrechte Fensterteilung
│     bei Zeile:13    │      13, da Rahmen Zeilen verbraucht
└─────────────────────┘
```

wird dies erreicht. Nach entsprechendem Bewegen der Feldzeiger
erscheint der wiedergegebene Bildschirm von EinAus1.TAB.

```
#1         1              2            3            4
   1 EinAus1
   2 Gegenüberstellung der Einnahmen und Ausgaben
   3                    Monat 1:     Monat 2:     Monat 3:
   4 E i n n a h m e n  :
   5 Gehalt?            3.400,00     3.400,00     3.500,00
   6 Sonstige Einnahmen?  520,00       600,00       550,00
   7                    ----------   ----------   ----------
   8 Einnahmen gesamt:  3.920,00     4.000,00     4.050,00
   9
  10 A u s g a b e n  :
  11 Wohnungsaufwand?     750,00       750,00       750,00
  12 Bekleidung?          480,00       500,00       450,00


#2         1              2            3            4
  18 Ausgaben gesamt:   3.840,00     3.860,00     3.930,00
  19
  20 Einnahmen-Ausgaben:  80,00       140,00       120,00
```

Tabelle EinAus1.TAB in zwei waagrechten Fenstern

Befehl AUSSCHNITT TEILEN Bezeichnung: Mit diesem Unterbefehl
lassen sich Kopfzeilen bzw. Vorspalten als besondere Textteile von der
Zahlentabelle abtrennen.

Befehl AUSSCHNITT FARBE: Fenster lassen sich dadurch voneinander
abheben, daß man ihnen unterschiedlichen Farbeinstellungen (beim Farb-
bildschirm) bzw. Grautöne (beim Monochrombildschirm) für TEXT,
HINTERGRUND und AUSSCHNITTRAHMEN zuordnet.

Befehl AUSSCHNITT VERBINDEN: Bei der Einstellung "verbunden:
Nein" wird in jedem Fenster ein eigener Cursor verwaltet. Wählt man
"verbunden: Ja", so wird der Cursor im verbundenen Fenster automatisch
mitgeführt, wenn man ihn im aktiven Fenster bewegt.

```
AUSSCHNITT VERBINDEN Ausschnitt Nummer: 1
                mit Ausschnitt Nummer: 2          verbunden: Ja Nein
Bitte eine Zahl eingeben;
```

Fenster 1 und 2 miteinander verbinden

3.9.2 Tabelle auf mehreren Bildschirmseiten

Auf dem Bildschirm können 70 Zeichen je Zeile und 20 Zeilen sichtbar
gemacht werden. Bei der umrahmten Tabelle reduziert sich die Zeilenzahl
von 20 auf zumindest 18. Der Zugriff auf größere Tabellen kann wie
folgt organisiert werden:
- *GEHEZU-Methode:* Die Information wird Zeile für Zeile in die
  Tabelle eingebracht. Mit dem GEHEZU ZEILE_SPALTE-Befehl
  kann auf jede Zeile bzw. Spalte direkt zugegriffen werden. Dem
  Vorteil der Flexibilität steht der Nachteil gegenüber, daß man die
  entsprechenden Feldadressen "im Kopf haben" muß.
- *Bildschirmseiten-Methode:* Mit der *Bild runter*-Taste (*PgDn*-Taste)
  wird der Cursor von Feld Z1S1 auf Feld Z21S1 bewegt; nochmali-
  ges Drücken der *Bild runter*-Taste aktiviert das Feld Z41S1. Beginnt man ab Z1S1, Z21S1, Z41S1, ... jeweils gesonderte Tabellen-
  teile, dann kann auf diese mit den Pfeiltasten bequem zugegriffen
  werden. Jeder neue Tabellenteil entspricht somit einer neuen Bildschirmseite. Dem Vorteil des Direktzugriffs steht der Nachteil gegenüber, daß ggf. sehr großzügig mit Speicherplatz in der Tabelle
  umgegangen wird. Die Tabelle EinAus2.TAB zeigt ein Beispiel zur
  Bildschirmseiten-Methode auf.

Problemstellung zu Tabelle EinAus2.TAB: Die Tabelle EinAus1.TAB (Abschnitt 3.9.1) soll so erweitert werden, daß die einzelnen Posten zu Wohnungsaufwand, Bekleidung, Essen und Trinken, ... in Konten aufgegliedert werden.

Problemlösung zu Tabelle EinAus2.TAB in Schritten: Entsprechend der
oben genannten *Bildschirmseiten-Methode* wird die Tabelle wie folgt organisiert:
- Die Haupttabelle beginnt im Feld Z1S1 und nimmt die Bildschirmseite 1 (Z1S1 bis Z20S4) ein.
- Das Untertabelle "Wohnungsaufwand" beginnt am Feld Z21S1 und
  nimmt die Bildschirmseite 2 (Z21S1 bis Z40S4) ein.

- Das Untertabelle "Bekleidung" beginnt am Feld Z41S2 und nimmt die Bildschirmseite 3 (Z41S1 bis Z60S4) ein.
- Durch zweimaliges Drücken der *Bild runter*-Taste (*PgDn*-Taste) gelangt man von der Haupttabelle zur "Bekleidung". Über die *Bild hoch*-Taste (*PgUp*-Taste) kommt man zum "Wohnungsaufwand".

```
#1              1             2            3            4

21 Konto Wohnungsaufwand
22 =======================
23 Grundmiete?            500,00       500,00       500,00
24 Feste Nebenkosten?      90,00        90,00        90,00
25 Strom, Wasser?          54,00        54,00        54,00
26 Telefon?               106,00       106,00       106,00
27                     ----------   ----------   ----------
28 Wohnungsaufwand:       750,00       750,00       750,00
29
30
31
32
33
34
35
36
37
38
39
40
NAME: Namen eingeben: Wohnungsaufwand       Bereich: Z28S2:4
            Makro: Ja(Nein)     Tastenschlüssel:
Geben Sie bitte die Position eines Felds oder eines Tabellenbereichs ein!
```

Tabelle EinAus2.TAB mit Konto "Wohnungsaufwand" in Bildschirmseite 2
(es wird gerade die Summenzeile benannt)

Erstellen der Teiltabellen am Beispiel von "Wohungsaufwand":
- Tabelle EinAus1.TAB laden.
- Eingabe der Texte und Zahlen ab Z21 in Bildschirmseite 2.
- SUMME(Z[-5]S:Z[-2]S) in Formelfeld Z28S2.
- Z28S2:4 mit *Wohnungsaufwand* benennen.
  Wohnungsaufwand in Formelfeld Z11S2 eintragen.
- Bereich Z22:28S1:2 zwei Mal nach rechts kopieren.
- Tabelle nach Anpassen der Zahlenwerte in S3 und S4 unter dem Namen EinAus2.TAB auf Diskette sicherstellen.

```
 #1             1              2              3              4
   41 Konto Bekleidung
   42 ====================
   43 Kinder?                200,00         200,00         160,00
   44 Eltern?                189,00         200,00         210,00
   45 Schuhwerk?              91,00         100,00          80,00
   46                     ----------     ----------     ----------
   47 Bekleidung:            480,00         500,00         450,00
   48
   49
   50
   51
   52
   53
   54
   55
   56
   57
   58
   59
   60
 NAME: Namen eingeben: Bekleidung            Bereich: Z47S2:4
              Makro: Ja(Nein)     Tastenschlüssel:
   Geben Sie bitte die Position eines Felds oder eines Tabellenbereichs ein!
```

*Tabelle EinAus2.TAB mit Konto "Bekleidung" in Bildschirmseite 3
(es wird gerade die Summenzeile Bekleidung benannt)*

3.9.3 Fenster mit unterschiedlichen Tabellen

Problemstellung zu Tabelle EinAus3.TAB: In Abschnitt 3.9.2 wurde
anhand der Tabelle EinAus2.TAB gezeigt, wie in einer umfangreicheren
Tabelle "Teiltabellen" dadurch gebildet werden, daß man sie in
verschiedenen Bildschirmseiten speichert.
Im vorliegen Abschnitt 3.9.3 sollen die Teiltabellen ausgelagert werden,
damit die Tabelle EinAus3.TAB auf sie als Quelltabellen zugreifen kann.
Die Quelltabellen sollen in gesonderten Fenstern verfügbar sein.

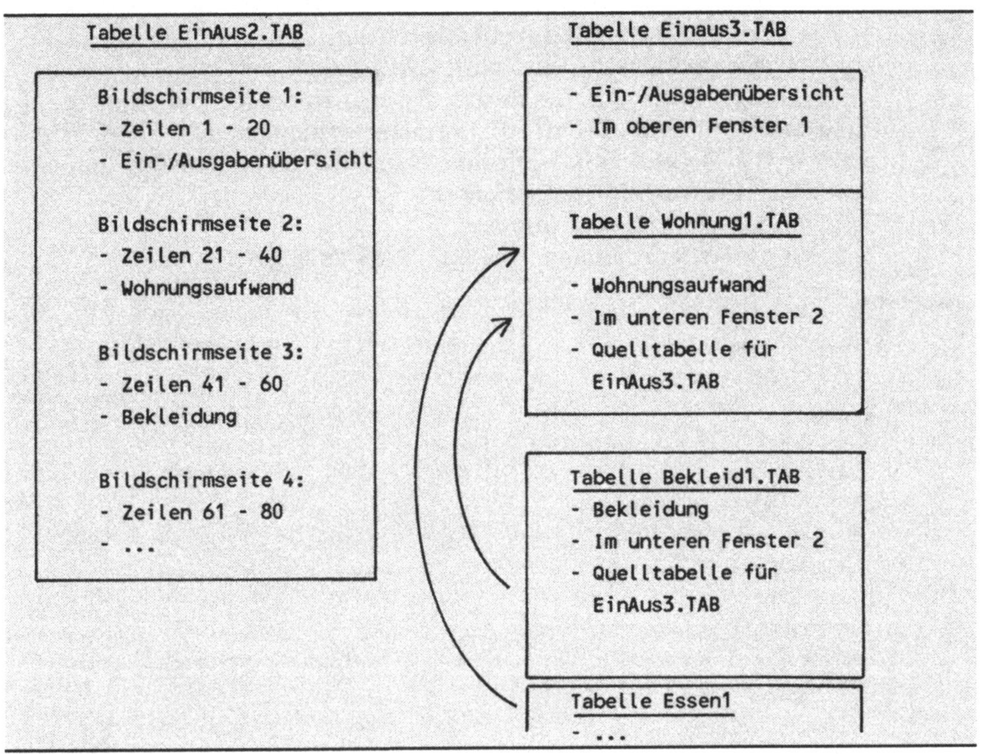

Eine Tabelle EinAus2.TAB (links) und mit EinAus3.TAB verbundene Tabellen (rechts)

Problemlösung zu Tabelle EinAus3.TAB in sechs Schritten:
1. EinAus3.TAB als Zieltabelle speichern (ÜBERTRAGEN SPEICHERN-Befehl).
2. Wohnung1.TAB, Bekleid1.TAB, Essen1.TAB, Auto1.TAB, Ausbild1.TAB, Freizei1, Gehalt1 und Sonstig1.TAB als Quelltabellen speichern. Im folgenden wird nur auf die ersten beiden Tabellen eingegangen (ÜBERTRAGEN SPEICHERN-Befehl).
3. Die Zieltabelle mit den Quelltabellen verbinden (XTERN KOPIE-Befehl).
4. Die Zieltabelle und eine bestimmte Quelltabelle in zwei verschiedene Fenster des Bildschirms laden (AUSSCHNITT TEILEN-Befehl).
5. Die Quelltabelle nach dem Änderungsdienst aktualisieren (XTERN AKTUALISIEREN-Befehl).
6. Die Dateien dokumentieren (PFAD AUSGABE-Befehl).

Schritt 1: EinAus3.TAB als Zieltabelle speichern
- Tabelle EinAus2.TAB (Abschnitt 3.9.2) laden.
- Ausbildung, Auto, Bekleidung, Essen, Freizeit, Sonstige Wohnungsaufwand und Gehalt als Bereiche benennen. Mit dem PFAD AUSGABE-Befehl läßt sich eine Namensliste in der Dokumentationsdatei EinAus3.NAM speichern.
- Information ab Zeile 21 löschen.
- Tabelle unter dem Namen EinAus3.TAB speichern.

```
     Ausbildung:                  Makro - Nein    Befehlscode - kein
          Z15S2:4
     Auto:                        Makro - Nein    Befehlscode - kein
          Z14S2:4
     Bekleidung:                  Makro - Nein    Befehlscode - kein
          Z12S2:4
     Essen:                       Makro - Nein    Befehlscode - kein
          Z13S2:4
     Freizeit:                    Makro - Nein    Befehlscode - kein
          Z16S2:4
     Sonstige:                    Makro - Nein    Befehlscode - kein
          Z6S2:4
     Wohnungsaufwand:             Makro - Nein    Befehlscode - kein
          Z11S2:4
     Gehalt:                      Makro - Nein    Befehlscode - kein
          Z5S2:4


PFAD AUSGABE PLATTE/DISKETTE NAMEN Datei: a:einaus3.nam
                  Ausgabe:(Alle)Nicht_Makros Makros
Bitte geben Sie einen Dateinamen ein!
```

PFAD AUSGABE speichert Namensliste der Zieltabelle EinAus3.TAB unter dem Namen EinAus3.NAM ab

Schritt 2: Quelldateien Wohnung1.TAB, Bekleid1.TAB, ... erstellen.
- Zur späteren Verbindung mit der Zieldatei EinAus3.TAB müssen entsprechende Feldbereiche benannt werden.
- Feldbereich Wohnungsaufwand für Z11S2:4 in Tabelle Wohnung1.TAB.
- Feldbereich Bekleidung für Z10S2:4 in Tabelle Bekleid1.TAB.
- ...

```
#1             1               2               3               4

  1 Wohnung1
  2 Konto Wohnungsaufwand als Quelltabelle für Tabelle EinAus3

  3
  4                            Monat 1         Monat 2:        Monat 3:
  5
  6 Grundmiete?               500,00          500,00          500,00
  7 Feste Nebenkosten?         90,00           90,00           90,00
  8 Strom, Wasser?             54,00           54,00           54,00
  9 Telefon?                  106,00          106,00          106,00
 10                       ----------      ----------      ----------
 11 Wohnungsaufwand:          750,00          750,00          750,00
 12
 ...
 19
 20
NAME: Namen eingeben: Wohnungsaufwand        Bereich: Z11S2:4
              Makro: Ja(Nein)    Tastenschlüssel:
Geben Sie bitte die Position eines Felds oder eines Tabellenbereichs ein!
```

Wohnung1.TAB als Zieltabelle für EinAus3.TAB

```
#1             1               2               3               4

  1 Bekleid1
  2 Konto Bekleidung als Quelltabelle für Tabelle EinAus3

  3
  4                            Monat 1:        Monat 2:        Monat 3:
  5
  6 Kinder?                   200,00          200,00          160,00
  7 Eltern?                   189,00          200,00          210,00
  8 Schuhwerk?                 91,00          100,00           80,00
  9                       ----------      ----------      ----------
 10 Bekleidung:               480,00          500,00          450,00
 11
 ...
 18
 19
 20
NAME: Namen eingeben: Bekleidung             Bereich: Z10S2:4
              Makro: Ja(Nein)    Tastenschlüssel:
Geben Sie bitte die Position eines Felds oder eines Tabellenbereichs ein
```

Bekleid1.TAB als Zieltabelle für EinAus3.TAB

Schritt 3: Zieltabelle EinAus3.TAB mit Quelltabellen verbinden.

- Zieltabelle EinAus3.TAB laden.
- Mit dem XTERN KOPIE-Befehl die Quelltabelle Wohnung1.TAB über den Feldbereich *Wohnungsaufwand* mit der aktiven Zieltabelle verbinden (siehe Abbildung).
- Mit dem XTERN KOPIE-Befehl die Quelltabelle Bekleid1.TAB über den Feldbereich *Bekleidung* mit der aktiven Zieltabelle verbinden.
- ...
- Zieltabelle EinAus3.TAB als abhängige Tabelle erneut speichern.

```
#1              1              2              3              4

 1 EinAus3
 2 Gegenüberstellung der Einnahmen und Ausgaben. Tabellen verbinden
 3                           Monat 1:       Monat 2:       Monat 3:
 4 E i n n a h m e n  :
 5 Gehalt?                   3.400,00       3.400,00       3.500,00
 6 Sonstige Einnahmen?         520,00         600,00         550,00
 7                         ----------     ----------     ----------
 8 Einnahmen gesamt:         3.920,00       4.000,00       4.050,00
 9
10 A u s g a b e n  :
11 Wohnungsaufwand:            750,00         750,00         750,00
12 Bekleidung:                 480,00         500,00         450,00
13 Essen und Trinken:          950,00       1.000,00         980,00
14 Auto und Fahrt:             420,00         420,00         470,00
15 Ausbildung:                 390,00         390,00         480,00
16 Freizeit, Urlaub:           850,00         800,00         800,00
17                         ----------     ----------     ----------
18 Ausgaben gesamt:          3.840,00       3.860,00       3.930,00
19
20 Eingaben - Ausgaben:
XTERN KOPIE von Tabelle: b:bekleid1.tab     Bereichsname: bekleidung
            nach: Z12S2:Z12S4               verbunden:(Ja)Nein
Geben Sie bitte die Position eines Felds oder eines Tabellenbereichs ein!
```

Quelltabelle EinAus3.TAB über Bekleidung-Bereich mit der Zieltabelle Bekleid1.TAB verbinden

Schritt 4: Zieltabelle und eine Quelltabelle in Fenster laden.

- Zieltabelle EinAus3.TAB laden.
- Über AUSSCHNITT UMRAHMEN   rahmen.
- Mit AUSSCHNITT TEILEN WAAGRECHT bei Zeile 11 ein zweites Fenster abtrennen.
- Mit F1 das zweite Fenster aktivieren und in dieses Fenster eine Quelltabelle wie z.B. Wohnungs1.TAB laden.
- Am Bildschirm kann mit F1 zwischen der Verarbeitung zweier autonomer Tabellen gewählt werden: Zieltabelle oben und Quelltabelle unten.

```
|#1          1              2            3            4          |
|                                                               |
|   11 Wohnungsaufwand:    750,00       750,00       750,00     |
|   12 Bekleidung:         480,00       500,00       450,00     |
|   13 Essen und Trinken:  950,00     1.000,00       980,00     |
|   14 Auto und Fahrt:     420,00       420,00       470,00     |
|   15 Ausbildung:         390,00       390,00       480,00     |
|   16 Freizeit, Urlaub:   850,00       800,00       800,00     |
|   17                  ----------   ----------   ----------    |
|   18 Ausgaben gesamt:  3.840,00     3.860,00     3.930,00     |
|________________________ EINAUS3.TAB __________________________|

|#2          1              2            3            4          |
|    5                                                          |
|    6 Grundmiete?         500,00       500,00       500,00     |
|    7 Feste Nebenkosten?   90,00        90,00        90,00     |
|    8 Strom, Wasser?       54,00        54,00        54,00     |
|    9 Telefon?            106,00       106,00       106,00     |
|   10                  ----------   ----------   ----------    |
|   11 Wohnungsaufwand:    750,00       750,00       750,00     |
|________________________ WOHNUNG1.TAB _________________________|

AUSSCHNITT TEILEN WAAGRECHT bei Zeile: 11    verbunden: Ja(Nein)


Bitte eine Zahl eingeben!
```

Zieltabelle EinAus3.TAB im oberen Fenster und Quelltabelle Wohnung1.TAB im unteren Fenster

Durch die folgende Befehlsfolge werden die Dateinamen im Fenster angezeigt:

```
Ausschnitt
  Umrahmen
    Dateinamen anzeigen: Ja
```

Schritt 5: Zieltabelle über eine Quelltabelle aktualisieren.

- In der Quelltabelle im unteren Fenster Änderungen vornehmen (siehe Abbildung): Grundmiete 499,99, Strom 77,77, Nebenkosten 55,55 und Telefon 111,11.
- Mit F1 in das obere Fenster wechseln. Nach dem Aufruf des Befehls XTERN AKTUALISIEREN werden die Änderungen von der Quell- in die Zieltabelle übernommen und die Ein-/Ausgaben aktualisiert. In der Abbildung werden gerade über den Bereich *Bekleidung* Werte nach EinAus3.TAB als abhängiger Datei übernommen.

```
┌──────────────────────────────────────────────────────────────────────────┐
│ #1            1                 2              3              4             │
│  11 Wohnungsaufwand:          749,99         773,77         720,66         │
│  12 Bekleidung:               480,00         500,00         450,00         │
│  13 Essen und Trinken:        950,00       1.000,00         980,00         │
│  14 Auto und Fahrt:           420,00         420,00         470,00         │
│  15 Ausbildung:               390,00         390,00         480,00         │
│  16 Freizeit, Urlaub:         850,00         800,00         800,00         │
│  17                         ----------     ----------     ----------       │
│  18 Ausgaben gesamt:        3.839,99       3.883,77       3.900,66         │
└──────────────────────────────────────────────────────────────────────────┘

┌──────────────────────────────────────────────────────────────────────────┐
│ #2            1                 2              3              4             │
│   5                                                                        │
│   6 Grundmiete?               499,99         500,00         500,00         │
│   7 Feste Nebenkosten?         90,00          90,00          55,55         │
│   8 Strom, Wasser?             54,00          77,77          54,00         │
│   9 Telefon?                  106,00         106,00         111,11         │
│  10                         ----------     ----------     ----------       │
│  11 Wohnungsaufwand:          749,99         773,77         720,66         │
└──────────────────────────────────────────────────────────────────────────┘

XTERN AKTUALISIEREN verbundene Tabellen:

Zu kopierende Felder: [b:bekleid1.tab bekleidung]:    3
```

Nach Änderungen der Quelltabelle Wohnung1.TAB (unten) wird die Zieltabelle EinAus3.TAB (oben) über den XTERN-Befehl aktualisiert

Schritt 5: Abhängigkeiten der verbundenen Tabellen dokumentieren.

- Die Befehle PFAD KONTROLLE, PFAD AUSGABE und FORMAT OPTIONEN FORMELN unterstützen die Dokumentation.
- Datei EinAus3.NAM mit der Namensliste (siehe oben).
- Datei EinAus3.SUM mit dem Überblick (siehe unten).
- Datei EinAus3.XRF mit der Querverweisliste bzw. Crossreferenz (unten nur teilweise wiedergegeben).

```
    0 Felder haben einen Wert von NULL!.
    0 Felder haben einen Wert von DIV/0!.
    0 Felder haben einen Wert von WERT!.
    0 Felder haben einen Wert von POS!.
    0 Felder haben einen Wert von NAME?.
    0 Felder haben einen Wert von #NUM!.
    0 Felder haben einen Wert von NV.
    0 Formeln beziehen sich auf leere Felder!
   12 Formatierte Felder ohne Inhalt!
    0 Bereichsnamen überschneiden sich!
    0 Namen mit redundanten Positionsangaben!
    0 Teilweise geschützte Namensbereiche!
    0 Felder enthalten eine Endlosschleife.


PFAD AUSGABE PLATTE/DISKETTE ÜBERBLICK Datei: a:einaus3.sum
                   Ausgabe: Aufzählen Gesamt
Wählen Sie bitte eine Option oder geben Sie deren Anfangsbuchstaben ein!
```

PFAD AUSGABE-Befehl erzeugt Dokumentationsdatei EinAus3.SUM

```
    Z18S2:                           Z20S2:
    Format: Stnd. #.##0,00           Format: Stnd. Standard
    Wert:        3.840,00            Wert:             80
        Z13S2                            Z8S2
        Z14S2                                Z5S2
        Z15S2                                Z6S2
        Z16S2                            Z18S2
        Z12S2                                Z13S2
        Z11S2                                Z14S2
                                             Z15S2
                                             Z16S2
                                             Z12S2
                                             Z11S2
```



```
PFAD AUSGABE PLATTE/DISKETTE QUERVERWEIS Datei: B:\EINAUS3.XRF  Feld: Z1:4095
  Beziehungen:(Ja)Nein    Wert:(Ja)Nein    Format:(Ja)Nein      Ebenen:
  Bitte geben Sie einen Dateinamen ein!
```

PFAD AUSGABE-Befehl erzeugt Dokumentationsdatei EinAus3.XRF
mit den Querverweisen (Crossreferenz)

Aufgabe 3.9/1: In Aufgabe 3.4/1 wird gezeigt gezeigt, wie Graphikzeichen aus einer Hilfstabelle Zeichen1.TAB in die jeweilige Nutzdatentabelle (z.B. MietPKWz.TAB) durch den XTERN GESAMT-Befehl übernommen werden. Dieses Vorgehen hat den Nachteil, daß die Hilfstabelle später ggf. wieder gelöscht werden muß.

Eine ökonomischere Möglichkeit eröffnet die Fenstertechnik: Man teilt den Bildschirm z.B. ab Zeile 15, um in das obere Fenster die Nutzdaten (z.B. Tabelle RAHMEN1.TAB) und in das untere Fenster die Hilfstabelle (z.B. Zeichen1.TAB) zu laden.

Erstellen Sie auf diese Art die folgende Tabelle Rahmen1.TAB. Beschreiben Sie den Zweck des unten wiedergegebenen KOPIE-Befehls. Was bedeutet die "2" in "KOPIE von: Feld 2:Z4S1"?

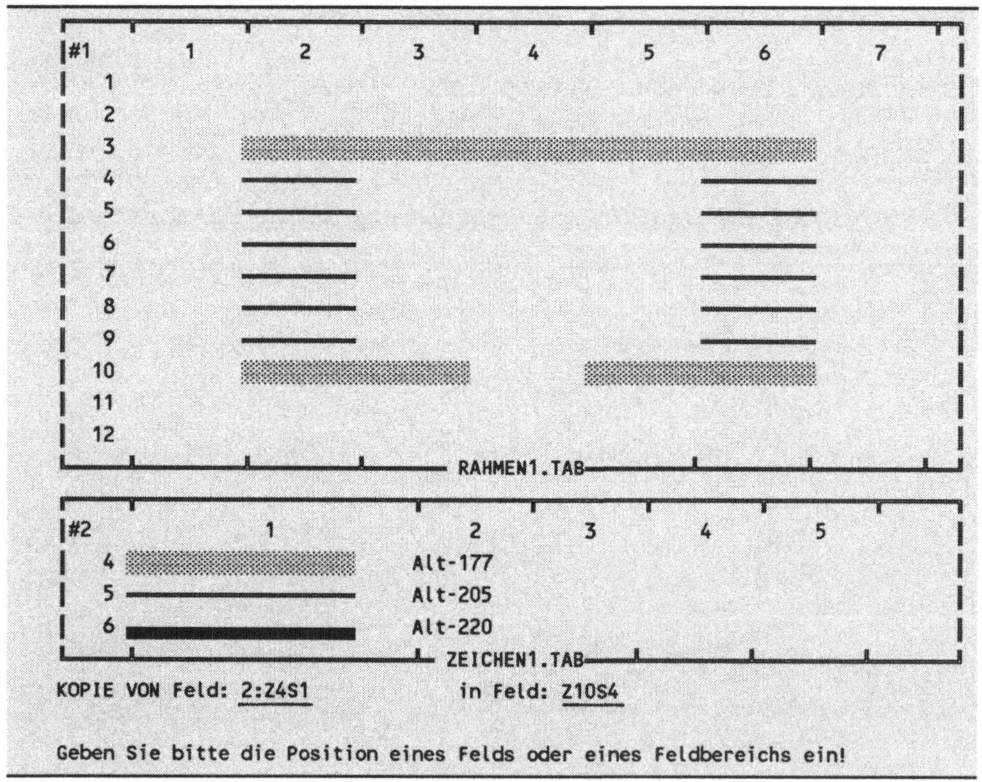

3
Tabellenverarbeitung mit Multiplan

Ab Multiplan 4.0 ist eine Datenbankfunktion verfügbar, mit der ein bestimmter Bereich der Tabelle als Datenbank definiert und wie folgt verarbeitet werden kann:

- Datenbank einrichten (Abschnitt 3.10.1).
- Suchen von Datensätzen (Abschnitt 3.10.2).
- Kopieren und Löschen von Datensätzen (Abschnitt 3.10.3).
- Auswertung einer Datenbank über Funktionen (Abschnitt 3.10.4).

Zur Terminologie "Datenbank und Datei": Wenn im Multiplan-Handbuch von *Datenbank* gesprochen wird, dann ist damit die *Datei als Sammlung von Datensätzen* gemeint (vgl. Abschnitt 1.5.3). Eine *relationale Datenbank im Sinne einer Verknüpfung von Dateien* kann in Multiplan nur bedingt realisiert werden.
Um mit dem Multiplan-Handbuch konform zu gehen, werden die Begriffe Datenbank und Datei im folgenden synonym verwendet.

3.10.1 Datenbank in Schritten einrichten

Verwaltung einer Kundendatei als Basisbeispiel: In Abschnitt 3.5.1 wurde gezeigt, wie man eine Kundendatei als Tabelle anlegt und sortiert (Dateien Kunden1.TAB bis Kunden4.TAB). Anhand diese Kundendatei soll nun erklärt werden, wie man die Datenbankeinrichtung von Multiplan nutzt.

```
         Nummer  Name                  Umsatz

     1.    101   Frei                  6500,00
     2.    104   Maucher                295,60
     3.    109   Hildebrandt           4990,05
     4.    110   Amann                 1018,75
     5.    107   Schulte-Tillmann    109000,00
     6.    113   Rohrbach             86900,25
     7.    115   Schultheiß            4009,80
     8.    103   Freiburger           10000,80
     9.    111   Klaus-Schulte       130600,40
    10.    117   Schulz-Heidelberger  45080,50
```


Basisbeispiel: Kundendatei mit 10 Datensätze zu je drei Datenfeldern

Struktur der Kundendatei: Die Datei besteht aus Datensätzen (hier sind es 10), die alle gleich aufgebaut sind:
- Jeder Datensatz (kurz Satz) besteht aus drei Datenfeldern (kurz: Feldern).
- Drei Datenfeldnamen Nummer, Name und Umsatz.
- Typen Ganzzahl (Nummer), Text (Name), Dezimalzahl (Umsatz).
- Die Datensatzlänge ist mit 4+20+9=33 Zeichen für alle Sätze gleich (konstante Satzlänge).

3.10.1.1 Schritt 1: Datenbankbereich einrichten

Jede Multiplan-Datenbank setzt sich aus einem *Datenbankbereich* und einem *Kriterienbereich* zusammen. Zuerst ist der *Datenbankbereich* zu definieren. Man geht in zwei Schritten wie folgt vor:

1. *Datenbankbereich mit "Datenbank" benennen:* Der Datenbankbereich umfaßt in der ersten Zeile die Liste der Feldnamen, gefolgt von den Zeilen für die Nutzdaten. Der Datenbankbereich muß mit *Datenbank* benannt werden. Über den NAME-Befehl wird dem Feldbereich Z4S1:Z15S3 der Name *Datenbank* zugeordnet. In der Zeile 5 könnte also auch noch ein 11. Datensatz abgelegt sein.
2. *Feldnamen in die ersten Zeile eingeben:* Mit dem TEXT-Befehl die Feldnamen Nummer in Z4S1, Name und Z4S2 und Umsatz in Z4S3 eintragen.

```
NAME: Namen eingeben: Datenbank           Bereich: Z4:15S1:3
             Makro: Ja(Nein)     Tastenschlüssel:
Bitte einen Namen eingeben!
```

In der Tabelle Kunden5.TAB wird dem Datenbankbereich der Standardname "Datenbank" zugeordnet

Aktiver Datenbankbereich: Ruft man später eine Datenbankfunktion (z.B. DBSUMME) oder einen Datenbankbefehl (z.B. PFAD DATENBANK) auf, dann sucht Multiplan in der aktiven Tabelle nach dem Namen *Datenbank*; im zugehörigen Feldbereich wird der Befehl ausgeführt. Man kann mehrere Datenbanken in der Tabelle speichern (z.B. neben den Kunden noch die Artikel und die Rechnungen). Zu einem bestimmten Zeitpunkt kann jedoch nur *ein* Feldbereich mit Datenbank benannt sein. Man bezeichnet diesen als aktiven Datenbankbereich.

3.10.1.2 Schritt 2: Datensätze erfassen

Zehn Datensätze bzw. Zeilen werden in den Bereich Z6S1:Z15S3 mit den
Befehlen WERT (Spalte 1 und 3) und TEXT (Spalte 2) eingegeben.

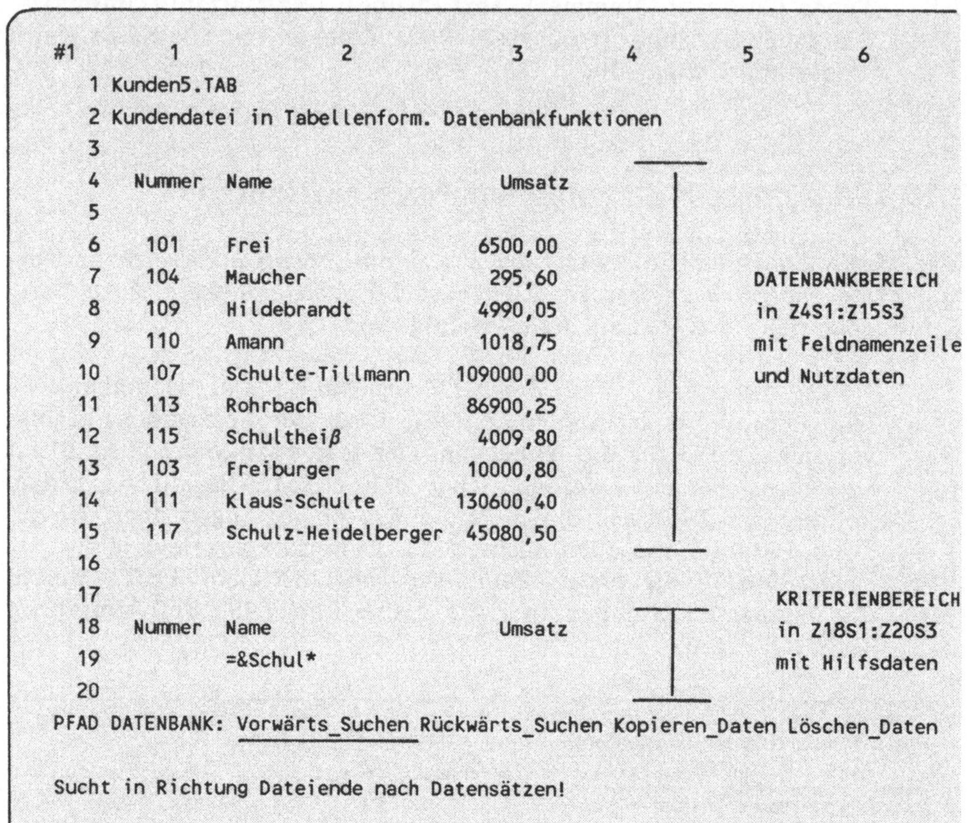

*Datenbank in Kunden5.TAB mit Datenbankbereich und Kriterienbereich
(es wird gerade nach den mit "Schul" anfangenden Namen gesucht)*

Nutzdatensätze erfassen bzw. eingeben: Das Eingeben von Daten in die
Datenbank entspricht dem Eingeben von Daten in die 'normale' Tabelle:
- Groß-/Kleinschreibung wird beim Sortieren und Suchen ignoriert.
- Leere Datensätze sind erlaubt. Allerdings muß für jeden Satz die
  gleiche Anzahl von Feldern reserviert sein.
- Datensätze lassen sich wie 'normale' Tabellendaten löschen, kopie-
  ren, ändern und hinzufügen.

Nutzdatensätze formatieren: Alle Datenfelder können beliebig formatiert werden.

- Formatierungsoptionen haben keinen Einfluß auch die Datenbanksuche. Gleichwohl können Leerstellen am Feldanfang bzw. -ende die Suche beeinflussen.
- Feldnamen sollten unformatiert bleiben, da sie zumeist ein anderes Format aufweisen als die Nutzdatensätze.
- Jedes Feld sollte gleich formatiert sein. Beispiel: Alle "Umsatz"-Felder mit "0,00" formatieren. Nach dem Formatieren des 1. Feldes bietet sich der KOPIE NACH_UNTEN-Befehl an.
- Es kann nur nach unformatierten Feldwerten gesucht werden. Beispiel: Ein mit "DM" formatiertes Feld "999,99 DM" kann nur über den Suchbegriff "999,99" erreicht werden.

Datenbankbereich ändern: Zusätzliche Datensätze lassen sich nachträglich an jede Zeilenposition in die Datenbank einfügen; Multiplan erweitert den Datenbankbereich automatisch.
Aber: Wird ein Datensatz bzw. eine Zeile an das Ende der Datenbank angehängt, so muß der Bereich über den NAME-Befehl vom Benutzer selbst angepaßt weren.

3.10.1.3 Schritt 3: Kriterienbereich einrichten

Neben dem Datenbankbereich enthält jede Datenbank einen Kriterienbereich. In ihm werden Suchkriterien gespeichert, um dem System mitzuteilen, welche Datensätze zu suchen, kopieren, löschen bzw. zu speichern sind. Beispiel: Man speichert ein Suchkriterium, um alle Sätze zu suchen, bei denen der Kundenname mit "Schul" beginnt.
Der Kriterienbereich ist ähnlich dem Datenbankbereich aufgebaut. Zum Einrichten geht man in zwei Schritten vor:

1. *Kriterienbereich mit "Suchkriterien" benennen:* Der Kriterienbereich umfaßt in der ersten Zeile die Liste der Feldnamen, gefolgt von mindestens einer Zeile für die Suchkriterien. Der Kriterienbereich muß mit *Suchkrite*rien benannt werden. Über den NAME-Befehl wird dem Feldbereich Z18S1:Z20S3 der Name *Suchkriterien* zugeordnet.

2. *Feldnamen in die ersten Zeile eingeben:* Mit dem TEXT-Befehl die Feldnamen Nummer in Z18S1, Name und Z18S2 und Umsatz in Z18S3 eintragen. Einfacher ist es, die erste Zeile Z4S1:3 des Datenbankbereichs mit KOPIE NACH_UNTEN nach Z18S1:3 in die erste Zeile des Kriterienbereichs zu kopieren.

```
NAME: Namen eingeben: Suchkriterien        Bereich: Z18:20S1:3
             Makro: Ja(Nein)    Tastenschlüssel:                    .
Bitte einen Namen eingeben!
```

Z18S1:Z20S3 mit Suchkriterien als Kriterienbereich benennen

Kriterienbereich definieren und ändern:
- Der Kriterienbereich muß mindestens zwei Zeilen hoch und eine Spalte breit sein; er muß also mindestens einen Feldnamen (obere Zeile) und ein Suchkriterium (untere Zeile) umfassen.
- Die Feldnamen in Datenbankbereich und Feldbereich müssen exakt übereinstimmen.
- Im Kriterienbereich kann ein Feldname mehrmals in der Feldnamenszeile auftreten oder auch fehlen.
- Vergrößert bzw. verkleinert man den Kriterienbereich inmitten des Bereichs, so nimmt Multiplan eine automatische Anpassung vor. Fügt man hingegen Zeilen bzw. Spalten am Anfang oder Ende hinzu, muß der Kriterienbereich vom Benutzer neu definiert werden.

3.10.2   Suchen von Datensätzen

3.10.2.1 Textvergleich im Suchkriterium

Suchproblem: Alle Kunden bzw. Datensätze, deren Namen mit "Schul" beginnen, sollen gesucht und auf Anforderung mit einer Richtungstaste angezeigt werden.

Lösung des Suchproblems in Schritten:
1. *Suchkriterium "=&Schul*" eintragen:* Der Kriterienbereich umfaßt die Felder Z18S1:Z20S3. In Z18 als erster Zeile stehen die Feldnamen Nummer, Name und Umsatz. Z19 und Z20 sind noch leer. Hier können Suchkriterien eingetragen werden. In Z19S2 wird nun das Kriterium "=&Schul*" eingetragen.

```
17
18   Nummer  Name                   Umsatz        1. Zeile: drei Feldnamen
19           =&Schul*                             2. Zeile: Suchkriterium
20                                                3. Zeile: (noch) leer
21
```

Kriterienbereich mit einem Suchkriterium zum Feld Name

2. *Suche mit PFAD DATENBANK starten:* Durch Eingabe des Befehls

Feldzeiger nach Z4S1   Wichtig für Suchbereich
 Pfad   Befehl aktivieren
  Datenbank   Unterbefehl
  Vorwärts_Suchen   Suchrichtung

wird der Suchmodus aktiviert. Der Feldzeiger bewegt sich zur ersten Spalte der Zeile 10, da Schulte-Tillmann mit "Schul" beginnt. Nach dem Drücken der *Runter*-Taste springt der Feldzeiger in die Zeile 12 zu Schultheiß und nach nochmaliger *Runter*-Taste in die Zeile 15 zu Schulte-Heidelberger. Zeile 14 mit Klaus-Schulte wurde übergangen, da "Schul" nicht am Beginn des Namens steht. Drückt man nochmals die *Runter*-Taste, wird die Meldung

> **Kein Datensatz gefunden!**

ausgegeben, da das Ende des Datenbankbereichs in Zeile 15 erreicht ist.

Drückt man die *Hoch*-Richtungstaste, gelangt man von der Zeile 15 wieder zur Zeile 12.

3. *Suche beenden:* Zum Beenden des Suchmodus tippt man entweder *Esc* oder *Return*. Multiplan zeigt wieder das Hauptmenü an.

Beispiele zum Textvergleich in Tabelle Kunden5.TAB:

```
=&Schul*        Alle Namen, die mit "Schul" beginnen: Z10, Z12, Z15.

=&Schul         Alle Kunden namens "Schul"; kein Satz.

=&Rohrbach      Alle Kunden namens Rohrbach: Z11.

=&F*            Alle Namen, die mit "F" beginnen: Z6, Z13.

=&F???          Mit "F" beginnend und 4 Zeichen lang: Z6.

=&*-*           Alle Doppelnamen: Z10, Z14, Z15.

=Rohrbach       Ein Feld namens Rohrbach wird gesucht: kein Satz.
```

- Klein-/Großschreibung wird ignoriert.
- Vergleichsoperatoren =, <, >, <=, >= oder <>.
- Operator & für "alles folgende ist Text (Textkonstante)". Beginnt der Text selbst mit &, muß && eingegeben werden.
- Jokerzeichen ? stellvertretend für ein einzelnes Zeichen. "A?t" kann "Art" oder auch "Axt" sein.
- Jokerzeichen "*" für eine Zeichenfolge: "A*t" kann "Axt", "Abart", "At" oder auch "Auch du guter grauer Hut" sein.
- Vor ? bzw. * ist ein Tildezeichen ~ zu setzen, falls das ? bzw. * selbst gesucht werden soll.

Verwendung von Text in vergleichenden Suchkriterien

3.10.2.2 Numerischer Vergleich im Suchkriterium

Beim numerischen Vergleich sind die Operatoren =, <, >, <=, >= oder <>
erlaubt. Zu beachten ist, daß Formatzusätze (wie z.B. die Währungsangabe
DM) nicht in das Suchkriterium aufgenommen werden dürfen.

Suchproblem: Zur Suche aller Kunden, die weniger als 5000 DM umge-
setzt haben, gibt man das Suchkriterium "<5000" in Z19S4 ein. Nach dem
Starten der Suche über PFAD DATENBANK VORWÄRTS_SUCHEN
werden nacheinander die Zeilen 7, 8, 9 und 12 mit dem Feldzeiger markiert.

```
17
18   Nummer  Name                 Umsatz          1. Zeile: drei Feldnamen
19                                 <5000           2. Zeile: Suchkriterium
20                                                 3. Zeile: (noch) leer
21
```

Kriterienbereich mit einem Suchkriterium zum numerischen Feld Umsatz

Positionierung des Feldzeigers bei VORWÄRTS_SUCHEN : Steht der
Feldzeiger beim Aufruf PFAD DATENBANK VORWÄRTS_SUCHEN
am Anfang des Datenbankbereichs in Z4S1, so wird die gesamte Datenbank durchsucht.
- Steht der Zeiger im Datenbankbereich, wird von da an gesucht.
- Steht der Feldzeiger außerhalb des Datenbankbereichs, so beginnt
  die Suche beim ersten Datensatz.

Positionierung des Feldzeigers bei RÜCKWÄRTS_SUCHEN : Steht der
Feldzeiger beim Aufruf PFAD DATENBANK RÜCKWÄRTS_SUCHEN
am Anfang bzw. Ende des Datenbankbereichs, wird die Suche sofort beendet bzw. vom letzten Satz an gesucht.
- Steht der Feldzeiger im Datenbankbereich, so wählt Multiplan den
  ersten Datensatz über der Feldzeigerposition aus, der das Suchkriterium erfüllt.
- Steht der Feldzeiger außerhalb des Datenbankbereichs, so beginnt
  die Suche beim letzten Datensatz.

Runter-Taste	nächster übereinstimmender Satz
Hoch-Taste	vorangehender übereinstimmender Satz
Seite runter-Taste	nächster übereinstimmender Satz, mindestens eine Seite weiter
Seite hoch-Taste	vorangehender übereinstimmender Satz, mindestens eine Seite höher

Richtungstasten im Suchmodus mit PFAD DATENBANK

3.10.2.3 Mehrere vergleichende Suchkriterien

Suchkriterien mit UND verknüpfen: Sind Suchkriterien mit *logisch UND* zu verknüpfen, müssen sie in derselben Zeile stehen; zur *ODER*-Verknüpfung hingegen sind unterschiedliche Zeilen erforderlich.

Suchproblem: Es sind alle Datensätze zu suchen, deren Name mit "Schul" beginnt *UND* deren Umsatz 100000 DM übersteigt. Da eine *UND*-Verknüpfung vorliegt, werden die Suchkriterien "=&Schul*" und ">100000" in derselben Zeile 19 unter die entsprechenden Feldnamen eingetragen. Als Suchergebnis wird nur die Zeile 10 mit Schulte-Tillmann markiert.

```
17
18    Nummer  Name                        Umsatz
19            =&Schul*                    >100000
20
21
```

Vergleich "Name=&Schul" UND "Umsatz>100000" in Zeile 19*
des Kriterienbereichs von Tabelle Kunden5.TAB

Suchkriterien mit ODER verknüpfen: Um eine *ODER*-Verknüpfung herzustellen, müssen die Suchkriterien in verschiedenen Zeilen stehen.

Suchproblem: Alle Kunden sind zu suchen, deren Name entweder mit "F" anfängt, oder die weniger als 500 DM an Umsatz getätigt haben. In Zeile 19 wird "=&F*" und in Zeile 20 "<500" eingetragen. Multiplan zeigt daraufhin die Zeilen 6 (Frei), 7 (Maucher) und 13 (Freiburger) an.

```
17
18    Nummer  Name                        Umsatz
19            =&F*
20                                        <500
```

Vergleich "=&F" ODER "Umsatz<500" in den Zeilen 19 und 20*
des Kriterienbereichs von Tabelle Kunden5.TAB

3.10.2.4 Position des Kriterienbereichs

In der Tabelle Kunden5.TAB liegt der Kriterienbereich unterhalb des Datenbankbereichs, wobei beide Bereiche gleich breit sind. Dies muß nicht immer so sein:
- Der Kriterienbereich kann seitwärts oder über dem Datenbankbereich liegen.
- Die Kriterienbereichskopfzeile kann auch ausgewählte Feldnamen enthalten. Feldnamen können mehrfach auftreten.

Problemstellung zu Tabelle Kunden5a.TAB: Der Kriterienbereich soll neben dem Datenbankbereich definiert werden. Die Suchanfrage soll alle Kunden erfassen, die "mit dem Buchstaben "R" beginnen und deren Umsätze zwischen 40000 DM und 100000 DM (jeweils ausschließlich) liegen".

```
 #1       1            2            3         4         5         6

   1 Kunden5a.TAB

   2 Kundendatei in Tabellenform. Kriterienbereich seitlich

   3

   4   Nummer  Name                     Umsatz

   5

   6    101    Frei                    6500,00   Name     Umsatz    Umsatz
   7    104    Maucher                  295,60 =&R*      >40000    <100000
   8    109    Hildebrandt             4990,05
   9    110    Amann                   1018,75
  10    107    Schulte-Tillmann      109000,00
  11    113    Rohrbach               86900,25
  12    115    Schultheiß              4009,80
  13    103    Freiburger             10000,80
  14    111    Klaus-Schulte         130600,40
  15    117    Schulz-Heidelberger    45080,50

  16

  17

  18

  19

  20

NAME: Namen eingeben: Suchkriterien        Bereich: Z6:15S4:6
                  Makro: Ja(Nein)    Tastenschlüssel:
Geben Sie bitte die Position eines Felds oder eines Tabellenbereichs ein!
```

Tabelle Kunden5a:TAB mit einem Kriterienbereich, der neben dem Datenbankbereich liegt

Problemlösung zu Tabelle Kunden5a.TAB:
-   Der Kriterienbereich umfaßt Z6:15S4:6 mit den Feldnamen Name,
    Umsatz und nochmals Umsatz.
-   Die drei Suchkriterien "=&R*", ">40000" und "<100000" sind in
    dieselbe Zeile zu schreiben (Zeile 7), da sie mit logisch *UND* ver-
    knüpft sind.

Die Anzahl der Datensätze einer Datei ist variabel, die Anzahl der Datenfelder dagegen ist fest; die Datei dehnt sich somit nach unten aus. Aus
diesem Grunde ist es oftmals günstig, den Kriterienbereich *neben* den Datenbankbereich zu positionieren. Beim Verlängern des Datenbankbereiches
bleibt die Position des Kriterienbereiches dann bestehen.

3.10.2.5 Berechnete Suchkriterien

Die bislang dargestellten Suchkriterien bezeichnet man als *vergleichende
Suchkriterien*: im Suchausdruck werden Datenfelder mit Suchwerten ver-
glichen. Daneben läßt Multiplan auch *berechnete Suchkriterien* zu, um Datensätze aufgrund des Wertes mehrerer Datenfelder zu suchen. Beispiel: In
einer Artikeldatei sind für jeden Artikelsatz die Bestandsmengen in den
Datenfeldern *Lagerort1* und *Lagerort2* vereinbart. Zu suchen sind nun alle
Artikel, bei denen die Bestandsmengen in *Lagerort1 + Lagerort2* bei über
40 Stück liegen.

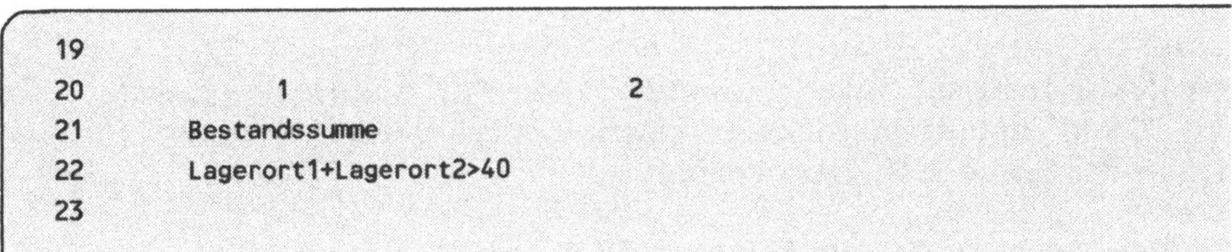

*Berechnetes Suchkriterium namens Bestandssumme in Z21S1 mit dem
Suchkriterium Lagerort1+Lagerort2>40 in Z22S1*

Regeln für berechnete Suchkriterien:
-   Der Name eines berechneten Suchkriteriums (hier Bestandssumme)
    darf kein Name eines Datenfeldes der Datenbank sein.
-   Im jeweiligen Suchkriterium muß mindestens ein Datenfeldname
    vorkommen (hier die zwei Feldnamen Lagerort1 und Lagerort2).
-   Enthält das Suchkriterium einen außerhalb des Datenbankbereichs
    liegenden Namen, so sollte dieser absolut adressiert sein (Grund:
    Sortier- und Erweiterbarkeit der Datenbank).

3.10.3 Suchen und Kopieren von Datensätzen

Befehl PFAD DATENBANK KOPIEREN_DATEN: Durch diesen Befehl werden Datensätze, die die Suchkriterien erfüllen, in der Datenbank gesucht und in einen *Kopierbereich* übertragen. Für den Kopierbereich gelten folgende Regeln:

- Der Kopierbereich muß vor dem Aufrufen des PFAD DATEN-BANK KOPIEREN_DATEN-Befehls außerhalb von Datenbank-sowie Kriterienbereich definiert werden (er kann sich auch in einer anderen Tabelle befinden).
- Im Gegensatz zum Datenbank- und Kriterienbereich muß der Kopierbereich nicht benannt sein.
- Die erste Zeile des Kopierbereichs sollte einen oder mehrere Feldnamen enthalten, die mit der Datenbank übereinstimmen.
- Mit KOPIEREN_DATEN werden nur die Felder in den Kopier-bereich übertragen, die in der ersten Zeile genannt sind.

```
 20
PFAD DATENBANK: Vorwärts_Suchen Rückwärts_Suchen Kopieren_Daten Löschen_Daten


Kopiert einen oder mehrere Datensätze!
```

KOPIEREN_DATEN als Unterbefehl von PFAD DATENBANK

Problemstellung zu Tabelle Kunden6.TAB: Die Namen der Kunden, die mit "Schul" anfangen, sollen in einen Kopierbereich übertragen werden, der in der Spalte 4 ab Z4S5 beginnt.

Problemlösung zu Tabelle Kunden6.TAB:
1. Feld Z4S5 mit Name benennen. Ab Z4S5 soll der Kopierbereich beginnen.
2. "=&Schul*" als Suchkriterium eintragen.
3. Im Befehl PFAD DATENBANK KOPIEREN_DATEN das Feld Z4S5 angeben. Der PFAD-Befehl kopiert nun die Namen von drei Kunden in den Kopierbereich nach Z5S5, Z6S5 und Z7S5.

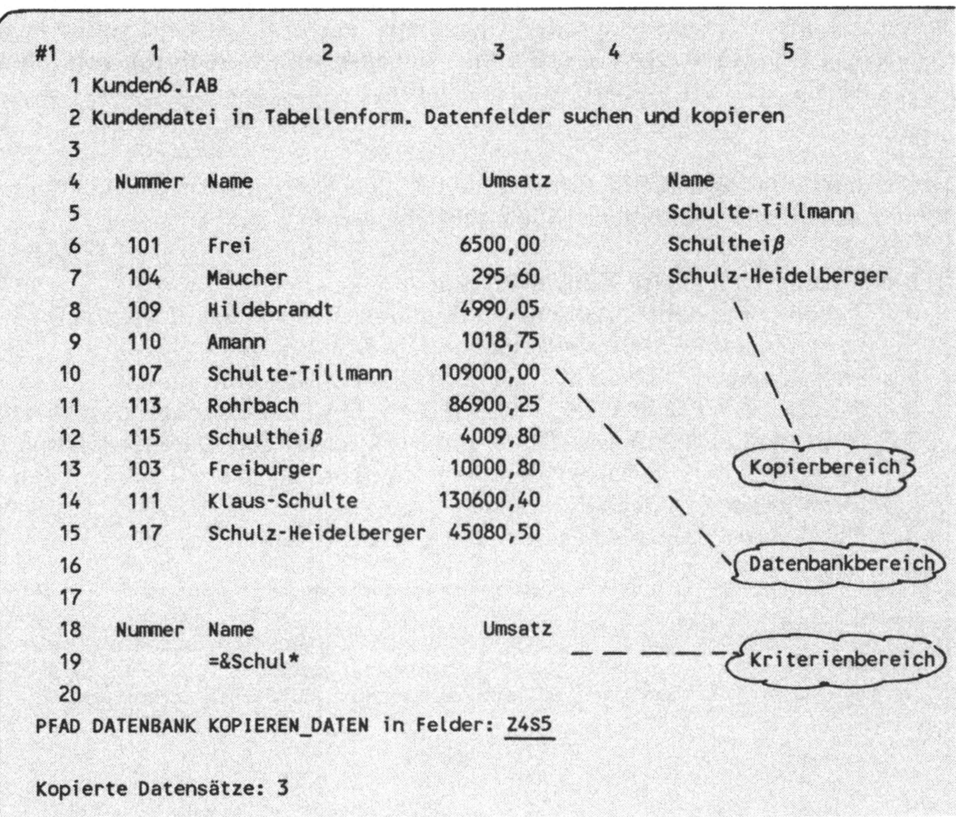

Befehl PFAD DATENBANK KOPIEREN_DATEN zum Kopieren der Namen von drei Kunden in den Kopierbereich ab Z4S5

Positionierung des Kopierbereichs niemals über der Datenbank: Der Kopierbereich darf keinesfalls über dem Datenbank- oder Kriterienbereich angelegt werden. Grund: Der Befehl PFAD DATENBANK KOPIEREN_DATEN löscht den Kopierbereich und kopiert erst dann die gefundenen Datensätze. Sind Feldnamen im Kopierbereich genannt, dann erstreckt sich dieser bis zum unteren Rand der Tabelle.

3.10.4 Suchen und Löschen von Datensätzen

Befehl PFAD DATENBANK LÖSCHEN_DATEN: Dieser Befehl dient dem Löschen von Datensätzen, für die die Suchkriterien im Kriterienbereich erfüllt sind. Multiplan kennt keine Unterscheidung zwischen logischem Löschen (Löschmarkierung) und physikalischem Löschen. Da die

Datensätze also endgültig aus der Datenbank entfernt werden, sollte man vor dem LÖSCHEN_DATEN-Befehl zunächst einen Suchtest mit dem VORWÄRTS_SUCHEN-Befehl durchführen.

Problemstellung zu Tabelle Kunden7.TAB: Die Sätze aller Kunden, deren Namen mit "Schul" anfangen, sollen gelöscht werden.

Problemlösung zu Tabelle Kunden7.TAB:
1. Tabelle Kunden5.TAB mit 10 Kundensätzen laden. Datenbankbereich Z4:15S1:3 und Kriterienbereich Z18:20S1:3.
2. Suchkriterium "=&Schul*" im Kriterienbereich eintragen.
3. PFAD DATENBANK LÖSCHEN_DATEN-Befehl ausführen: Multiplan entfernt drei Sätze und verkleinert den Datenbereich auf Z4:12S1:3 und verlagert den Kriterienbereich auf Z15:17S1:3 (automatische Anpassung).
4. Datei unter dem Namen Kunden7.TAB zusätzlich speichern.

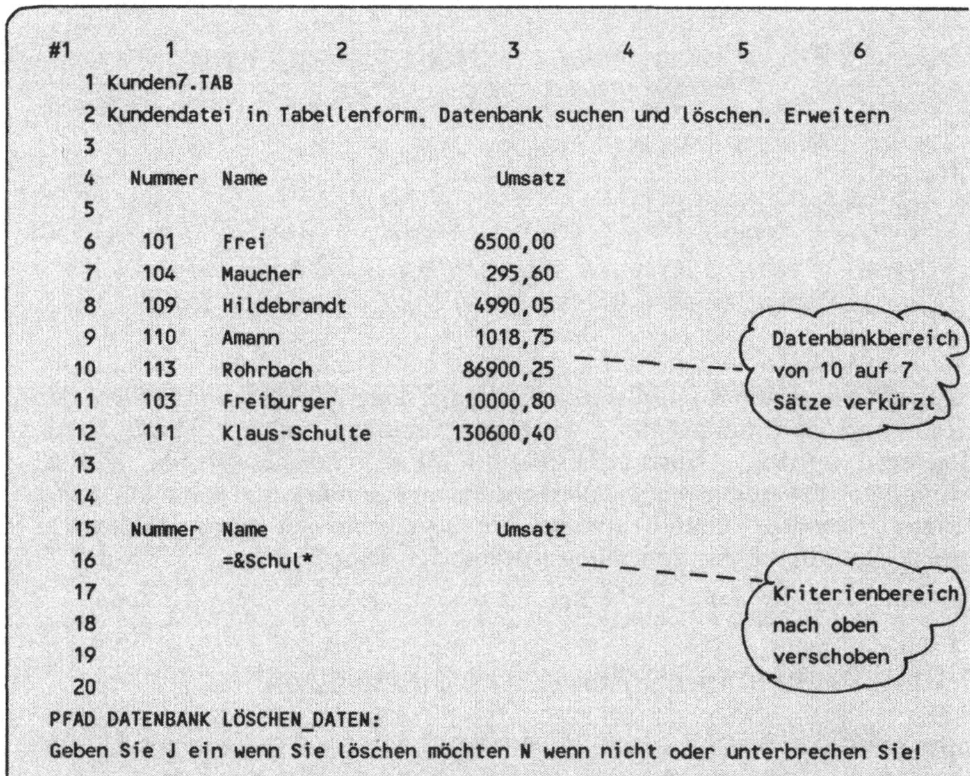

Drei Kunden, deren Namen mit "Schul" beginnen, löschen

Automatische Anpassung beim Erweitern der Datenbank: In der Tabelle
Kunden7.TAB werden die vier Kunden Tilli, Klause, Jakob und Severin
ab Zeile 9 eingefügt. Der Kunde Lena-Kai wird in Zeile 5 gespeichert
(bisher eine Leerzeile). Die so erweiterte Tabelle ist unter dem Namen
Kunden7a.TAB zu sichern. Wie das Beispiel zeigt, verlängert das System
den Datenbankbereich automatisch von Z4:12S1:3 auf Z4:16S1:3; der Kriterienbereich wird von Z15:17S1:3 nach Z19:21S1:3 verschoben.

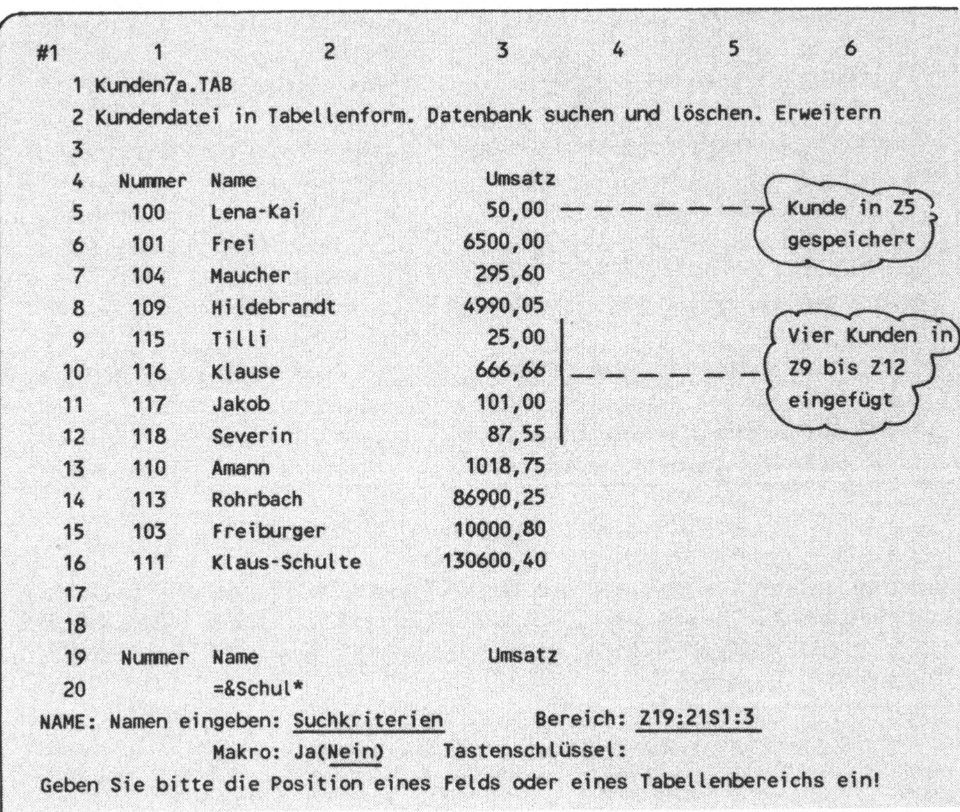

```
#1        1          2              3          4        5        6

 1 Kunden7a.TAB

 2 Kundendatei in Tabellenform. Datenbank suchen und löschen. Erweitern

 3

 4   Nummer  Name                 Umsatz

 5    100    Lena-Kai              50,00  — — — — — —>  Kunde in Z5
                                                        gespeichert
 6    101    Frei                6500,00

 7    104    Maucher              295,60

 8    109    Hildebrandt         4990,05

 9    115    Tilli                 25,00                Vier Kunden in
10    116    Klause               666,66  — — — — — —   Z9 bis Z12
11    117    Jakob                101,00                eingefügt
12    118    Severin               87,55

13    110    Amann               1018,75

14    113    Rohrbach           86900,25

15    103    Freiburger         10000,80

16    111    Klaus-Schulte     130600,40

17

18

19   Nummer  Name                 Umsatz

20           =&Schul*

NAME: Namen eingeben: Suchkriterien        Bereich: Z19:21S1:3
                Makro: Ja(Nein)    Tastenschlüssel:
Geben Sie bitte die Position eines Felds oder eines Tabellenbereichs ein!
```


Tabelle Kunden7a.TAB mit 12 Datensätzen

3.10.5 Datenbank über Funktionen auswerten

Zur Auswertung von Datenbanken für Felder, die bestimmte Suchkriterien erfüllen, stellt Multiplan die umseitig wiedergegebenen elf Datenbankfunktionen bereit.

Für diejenigen Datensätze der aktiven Datenbank, welche die Suchkriterien erfüllen, liefert die Funktion ...

`DBANZAHL(Datenbank;Feld;Suchkriterien)`	die Anzahl der Zahlen im genannten Feld
`DNANZAHL2(Datenbank;Feld;Suchkriterien)`	die Anzahl der nicht-leeren Felder
`DBMAX(Datenbank;Feld;Suchkriterien)`	die größte Zahl im genannten Feld
`DBMIN(Datenbank;Feld;Suchkriterien)`	die kleinste Zahl im genannten Feld
`DBMITTELWERT(Datenbank;Feld;Suchkriterien)`	den Mittelwert im genannten Feld
`DBPRODUKT(Datenbank;Feld;Suchkriterien)`	das Produkt der Zahlen im genannten Feld
`DBSTDABW(Datenbank;Feld;Suchkriterien)`	durch Schätzung die Standardabweichung für die Zahlen im genannten Feld
`DBSTDABWN(Datenbank;Feld;Suchkriterien)`	durch Berechnung die Standardabweichung
`DBSUMME(Datenbank;Feld;Suchkriterien)`	die Summe der Zahlen im genannten Feld
`DBVARIANZ(Datenbank;Feld;Suchkriterien)`	durch Schätzung die Varianz
`DBVARIANZEN(Datenbank;Feld;Suchkriterien)`	durch Berechnung die Varianz

Elf Datenbankfunktionen von Multiplan

Funktionsaufruf am Beispiel von DBANZAHL: In der Tabelle Kunden8.-TAB werden die Funktionen DBANZAHL, DBANZAHL2, DBMAX, DB-MIN, DBDURCHSCHNITT und SBSUMME getestet. Die Funktion DBANZAHL wird mit

DBANZAHL(Datenbank;"Umsatz";Suchkriterien)

aufgerufen.
- Die Funktion liefert die Anzahl von Zahlen im genannten Feld "Umsatz" für die Datensätze, die das Suchkriterium "=&Schul*" erfüllen: Ausgabe von 3 als Anzahl.
- Anstelle der Namen *Datenbank* und *Suchkriterien* können auch Feldbereiche angegeben werden.
- Läßt man die Angabe des Feldes weg (hier also "Umsatz"), werden auch leere Felder mitgezählt.
- Datenbank und Suchkriterien müssen Bestandteil der aktiven Tabelle sein. Bezugnahmen zu externen Tabellen sind bei den Datenbankfunktionen also nicht zugelassen.

```
#1        1           2           3           4           5
  1 Kunden8.TAB
  2 Kundendatei in Tabellenform. Datenbankfunktionen
  3
  4    Nummer   Name                     Umsatz
  5
  6    101      Frei              6500,00    Anzahl der Sätze:              3
  7    104      Maucher            295,60    Nicht leere Felder:            3
  8    109      Hildebrandt       4990,05    Maximaler Umsatz:      100000,00
  9    110      Amann             1018,75    Minimaler Umsatz:        4009,80
 10    107      Schulte-Tillmann 109000,00   Umsatzdurchschnitt:     52696,77
 11    113      Rohrbach         86900,25    Summe der Umsätze:     158090,30
 12    115      Schultheiß        4009,80
 13    103      Freiburger       10000,80
 14    111      Klaus-Schulte   130600,40
 15    117      Schulz-Heidelberger 45080,50
 16
 17
 18    Nummer   Name                     Umsatz
 19             =&Schul*
 20
VERÄNDERN: DBANZAHL(Datenbank;"Umsatz";Suchkriterien)
Bitte eine Formel eingeben!
```

Tabelle Kunden8.TAB mit Aufruf von sechs Datenbankfunktionen

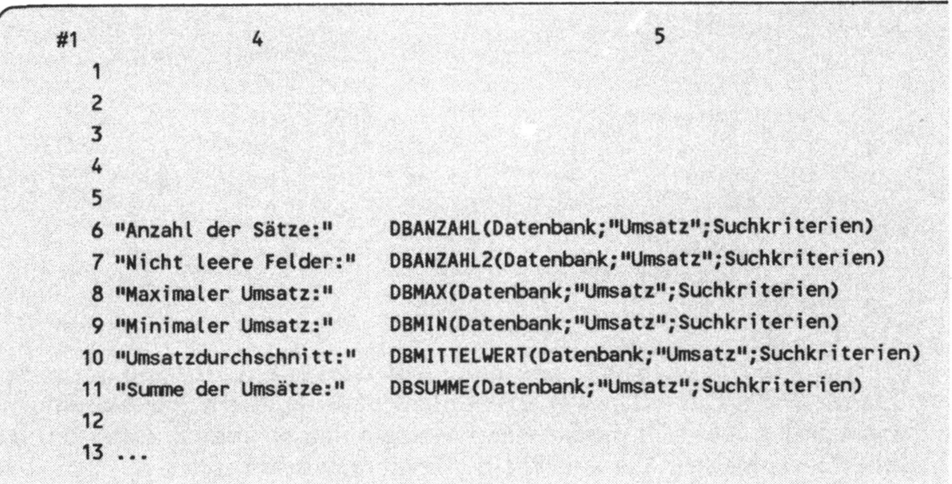

```
#1          4                      5
  1
  2
  3
  4
  5
  6 "Anzahl der Sätze:"       DBANZAHL(Datenbank;"Umsatz";Suchkriterien)
  7 "Nicht leere Felder:"     DBANZAHL2(Datenbank;"Umsatz";Suchkriterien)
  8 "Maximaler Umsatz:"       DBMAX(Datenbank;"Umsatz";Suchkriterien)
  9 "Minimaler Umsatz:"       DBMIN(Datenbank;"Umsatz";Suchkriterien)
 10 "Umsatzdurchschnitt:"     DBMITTELWERT(Datenbank;"Umsatz";Suchkriterien)
 11 "Summe der Umsätze:"      DBSUMME(Datenbank;"Umsatz";Suchkriterien)
 12
 13 ...
```

Spalten 4 und 5 von Tabelle Kunden8.TAB in Formeldarstellung

Aufgabe 3.10/1: In der Tabelle Artikel1.TAB werden in einer Artikeldatei zu jedem Artikel Eintragungen zu den Feldern Artnr, Bezeichnung, Menge, Preis und Liefname gespeichert.

   a)   Benennen Sie den Datenbankbereich.
   b)   Nennen Sie Typ und Ergebnis des angegebenen Suchkriteriums?
   c)   Formulieren Sie Suchkriterien für folgende Suchaufträge:
        Artikel, deren Bezeichnungen mit "S" beginnen.
        Artikel mit einem Lagerbestand zwischen 49 und 101 (jeweils ausschließlich).
        Artikel von den Lieferanten Jakob Ziege oder Junker (ein Suchkriterium).
        Artikel von den Lieferanten Jakob Ziege oder Junker (zwei Suchkriterien mit ODER-Verknüpfung).
        Artikel unter Artikelnummer 210, deren Bezeichnung mit "en" endet und die weniger als eine DM/Einheit kosten.

```
#1        1              2              3        4              5

   1 Artikel1
   2 Artikeldatei mit 5-Felder-Datensatz. Berechnetes Suchkriterium
   3
   4    Artnr    Bezeichnung        Menge      Preis    Liefname
   5    201      Haferflocken          20      2,20     Bio-Bauer am Bach
   6    203      Grünkern              50      1,15     Jakob Ziege
   7    204      Roggen                65      0,90     Jakob Ziege
   8    206      Weizen                33      0,85     Raiffeisen
   9    209      Sonnenblumen          15      1,60     Reine Ernte OHG
  10    210      Soja                  40      2,45     Bio-Bauer am Bach
  11    213      Rosinen              154      1,50     Reine Ernte OHG
  12    214      Sesam                 80      2,30     Reine Ernte OHG
  13    215      Kleie                 50      2,00     Junker
  14    217      Buchweizen            50      0,90     Ei
  15    218      Hirse                100      1,75     Ei
  16    220      Dinkel                95      2,10     Jakob Ziege
  17
  18             Lagerwert
  19             Menge*Preis>50
  20
```

Aufgabe 3.10/2: Die Tabelle Faktur1.TAB (Aufgabe 3.5/6) soll so zu einer Tabelle Faktur2.TAB erweitert werden, daß die Artikelbezeichnungen und Stückpreise beim Eintippen einer Artikelnummer automatisch von der ab Zeile 25 angelegten Verweistabelle übernommen werden.

   a)   Wählen Sie für Faktur2.TAB die Namen *BezTabelle* für Z25:40S1:2 und *Preistabelle* für Z25:40S1:3.
   b)   Speichern Sie ein leeres Rechnungsformular Faktur21.TAB ab.

```
#1             1              2            3            4              5
   21 Artikeldatei:
   22 Stand 1.1.1988
   23
   24        Artnr        Bezeichnung      Preis
   25        201          Haferflocken     2,20
   26        203          Grünkern         1,15
   27        204          Roggen           0,90
   28        206          Weizen           0,85
   29        209          Sonnenblumen     1,60
   30        210          Soja             2,45
   31        213          Rosinen          1,50
   32        214          Sesam            2,30
   33        215          Kleie            2,00
   34        217          Buchweizen       0,90
   35        218          Hirse            1,75
   36        220          Dinkel           2,10
```

Aufgabe 3.10/3: Die Tabelle Faktur2.TAB von Aufgabe 3.10/2 ist wie folgt zu einer Tabelle Faktur3.TAB zu erweitern:

- Rechnungsschreibung Faktur3.TAB im oberen Fenster und Artikeldatei Artikel3.TAB im unteren Fenster.
- Faktur3.TAB ist als abhängige Tabelle mit dem Befehl XTERN KOPIE über den Bereich *Artikeltabelle* in Z25:40S1:5 mit Artikel3.TAB verbunden.

```
#1            1            2          3          4            5
    9 Rechnungs-Nr:       107          Auftrags-Nr:          9998
   10 Kunden-Nr:         2222          Auftrags-Datum:    7.10.88
   11
   12 Bezeichnung:     Artikel-Nr   Menge     Stückpreis    Gesamtpreis
   13 --------------------------------------------------------------
   14 Soja              210          20       2,45         49,00 DM
   15 Grünkern          203          15       1,15         17,25 DM
   16 Rosinen           213          30       1,50         45,00 DM
   17
   18                              Warenwert netto:         94,00 DM
   19                              + 14% Mehrwertsteuer:     13,16 DM
   20                              =Warenwert brutto:       107,16 DM
                                  ───── FAKTUR3.TAB ─────

#2         1           2            3        4            5
    9   209   Sonnenblumen          15     1,60    Reine Ernte OHG
   10   210   Soja                  40     2,45    Bio-Bauer am Bach
   11   213   Rosinen              154     1,50    Reine Ernte OHG
                       ───── ARTIKEL3.TAB ─────
```

3

Tabellenverarbeitung mit Multiplan

Aufgabe 3.1/1: Tabelle Jahr1.TAB erstellen.
1. Texte eingeben.
2. Formel in Z12S2 eingeben:

    Z7S2+Z8S2+Z9S2+Z10S2

3. Zahlen in Z7S2, Z8S2, Z9S2 und Z10S2 eingeben. Im Ergebnisfeld
    Z12S2 erscheint nun das Ergebnis von 35328.

Aufgabe 3.1/2: Tabelle End1.TAB in Formeldarstellung mit drei Eingabefeldern Z5S2, Z7S2, Z9S2 und dem Ergebnisfeld Z11S2.

```
 #1              1                    2

  1 "End1.TAB"

  2 "Endbestand"        " ermitteln"

  3

  4 "Anfangs-"

  5 "bestand?"          1200

  6

  7 "+ Zugang?"         9

  8

  9 "- Abgang?"         210

 10                     "----------"

 11 "Endbestand"        Z5S2+Z7S2-Z9S2
```

Aufgabe 3.2/1: Tabelle Kalk1.TAB in Formeldarstellung:

```
 -1                              1              2              3

  1 "Kalk1.TAB"

  2 "Kalkulation von den Selbst

  3

  4                                          "%-Sätze"     "Produkt 1"

  5                                          "----------"  "----------"

  6 "Selbstkosten"                                         6000

  7 "+ Gewinnzuschlag (vH)"                  20            Z7S2*Z6S3%

  8 "= Barverkaufspreis"                                   Z6S3+Z7S3

  9

 10 "+ Kundenskonto (iH)"                    2

 11 "+ Vertreterprovision (iH)"             8,125

 12 "           gesamt"         Z10S2+Z11S2  Z8S3*Z12S2/(100-Z12S

 13 "= Zielverkaufspreis"                                 Z8S3+Z12S3

 14

 15 "+ Kundenrabatt (iH)"                    20            Z13S3*Z15S2/(100-Z15

 16 "= Verkaufspreis"                                      Z13S3+Z15S3

 17                                                        "=========="
```

Aufgabe 3.2/2: Tabelle DMFranc1.TAB in Formeldarstellung:

```
-1                                          1                        2

   1 "DMFranc1.TAB"
   2 "Wechselkursumrechnung DM in Francs (FF)"
   3
   4 "Eingabe von DM?"                                             500
   5 "Ausgabe von Francs:"                                   Z4S2*Z7S2
   6
   7 "Kurs Francs je DM?"                                        2,65
```

Aufgabe 3.2/3: Führen einer Terminliste über Tabelle Termin1.TAB.
a) Zwecks Sortierbarkeit.
b) Befehl zum Sortieren:

Ordnen	Befehl zum Sortieren
Zeilen	Zeilenweise sortieren
nach Spalten: 1	Sortierbegriff in Spalte 1 (Datum)

Aufgabe 3.3/1: Tabelle Jahr2.TAB in Normaldarstellung:

```
-1        1         2         3         4         5         6

   1 Jahr2.TAB
   2 Jahresproduktion quartalsweise im Rückblick
   3
   4 RÜCKBLICK:
   5          1.Quartal 2.Quartal 3.Quartal 4.Quartal Jahrsumme
   6
   7 1985        7200      11000      9090      9800     37090
   8 1986        9320      10100      9892     10298     39610
   9 1987       10109      12987      8911      9967     41974
  10 1988        8699      11600      9591     10000     39890
  11
  12 Summe      35328      45687     37484     40065    158564
```

```
-1        1                   2                   3

   1 "Jahr2.TAB"
   2 "Jahresproduktion qu
   3
   4 "RÜCKBLICK:"
   5 " "                "1.Quartal"         "2.Quartal"
   6
   7 "1985"             7200                11000
   8 "1986"             9320                10100
   9 "1987"             10109               12987
  10 "1988"             8699                11600
  11
  12 "Summe"            Z(-5)S+Z(-4)S+Z(-3)S  Z(-5)S+Z(-4)S+Z(-3)S
```

Spalten 5 und 6 zu Tabelle Jahr2.TAB in Formeldarstellung:

```
-1                  5                                    6

 1
 2
 3
 4
 5 "4.Quartal"                        "Jahrsumme"
 6
 7 9800                               ZS(-4)+ZS(-3)+ZS(-2)+ZS(-1)
 8 10298                              ZS(-4)+ZS(-3)+ZS(-2)+ZS(-1)
 9 9967                               ZS(-4)+ZS(-3)+ZS(-2)+ZS(-1)
10 10000                              ZS(-4)+ZS(-3)+ZS(-2)+ZS(-1)
11
12 Z(-5)S+Z(-4)S+Z(-3)S+Z(-2)S       Z(-5)S+Z(-4)S+Z(-3)S+Z(-2)S
13
```

Aufgabe 3.3/2:   Tabelle Kalk2.TAB in Normaldarstellung:

```
-1              1              2         3         4         5

 1 Kalk2.TAB
 2 Kalkulation von den Selbstkosten zum Verkaufspreis (mehrspaltig)
 3
 4                            %-Sätze  Produkt 1 Produkt 2 Produkt 3
 5                            --------- --------- --------- ---------
 6 Selbstkosten                         6000,00   7000,00    500,00
 7 + Gewinnzuschlag (iH)       20,000   1200,00   1400,00    100,00
 8 = Barverkaufspreis                   7200,00   8400,00    600,00
 9
10 + Kundenskonto (iH)          2,000
11 + Vertreterprovision (iH)    8,125
12                zusammen     10,125    811,13    946,31     67,59
13 = Zielverkaufspreis                  8011,13   9346,31    667,59
14
15 + Kundenrabatt (iH)         20,000   2002,78   2336,58    166,90
16 = Verkaufspreis                     10013,91  11682,89    834,49
17                                     ========= ========= =========
```

Spalten 1 und 2 zu Tabelle Kalk2.TAB in Formeldarstellung:

```
-1                              1                                      2

 1 "Kalk2.TAB"
 2 "Kalkulation von den Selbstkosten zum Verkaufsprei
 3
 4                                                      "%-Sätze"
 5                                                      "---------"
 6 "Selbstkosten"
 7 "+ Gewinnzuschlag (iH)"                              20
 8 "= Barverkaufspreis"
 9
10 "+ Kundenskonto (iH)"                                2
11 "+ Vertreterprovision (iH)"                          8,125
12 "              zusammen"                             SKONTOPROZ+PROVPROZ
13 "= Zielverkaufspreis"
14
15 "+ Kundenrabatt (iH)"                                20
16 "= Verkaufspreis"
17
```

Spalten 3 und 4 zu Tabelle Kalk2.TAB in Formeldarstellung:

```
-1                    3                               4

 1
 2
 3
 4 "Produkt 1"                          "Produkt 2"
 5 "---------"                          "---------"
 6 6000                                 7000
 7 GEWINNPROZ*SELBST%                   GEWINNPROZ*SELBST%
 8 SELBST+GEWINN                        SELBST+GEWINN
 9
10
11
12 BAR*PROZ/(100-PROZ)                  BAR*PROZ/(100-PROZ)
13 BAR+VERTR                            BAR+VERTR
14
15 ZIEL*RABATTPROZ/(100-RABATTPROZ)     ZIEL*RABATTPROZ/(100-RABATTPROZ)
16 ZIEL+RABATT                          ZIEL+RABATT
17 "========="                          "========="
18
```

Aufgabe 3.3/3: Spalten 2 - 4 zu Planung1.TAB in Formeldarstellung:

-1	2	3	4
1			
2			
3			
4	"Planung"	"Statistik"	"Abweichung"
5			
6	7000	7050	STAT-PLAN
7	7100	7070	STAT-PLAN
8	7200	7250	STAT-PLAN
9	8500	8200	STAT-PLAN
10	8500	8500	STAT-PLAN
11	6900	7031	STAT-PLAN
12	5010	5009	STAT-PLAN
13	5900	6423	STAT-PLAN
14	6800	6898	STAT-PLAN
15	7900	8059	STAT-PLAN
16	8240	8132	STAT-PLAN
17	8000	7905	STAT-PLAN
18			

Aufgabe 3.3/4: In der Tabelle Kassel.TAB wird in Z7S6 die Formel
Z[-1]S+ZS[-2]-ZS[-1]
mit relativer Adressierung eingetragen, um diese Formel dann mit dem KOPIE-Befehl nach unten zu kopieren.

Aufgabe 3.3/5: Räuber-Beute-Modell anhand Tabelle Beutel.TAB.
a)   Formel in Z6S2:Z54S2 und nach unten kopieren:
HaseGeburt*Z[-1]S-Z[-1]S*Z[-1]S[+1]*HaseGefressen
Formel in Z6S3:Z54S3 und nach unten kopieren:
FuchsSterben*Z[-1]S+Z[-1]S[-1]*Z[-1]S*FuchsVermehren
b)   Formeln oben. Formel Z[-1]S+1 in Spalte 1.

Zu Beginn werden z.B. folgende konstante Parameter eingegeben:
- *FuchsVermehren 0,001* in Z7S7: Da sich die Füchse nur vermehren, wenn sie Beute erlegen, nimmt ihre Anzahl in Abhängigkeit von der Hasenanzahl um die Wahrscheinlichkeit von 0,001 zu.
- *FuchsSterben 0,7* in Z8S7: Ein Fuchs ohne Beute muß sterben. Die Anzahl der Füchse verringert deshalb sich um den Faktor 0,7.
- *HaseGefressen 0,002* in Z9S7: Die Wahrscheinlichkeit der Hasen, von den Füchsen gefressen zu werden, wird mit 0,002 bzw. 1/500 angenommen
- *HaseGeburt 1,15* in Z10S7: Die Anzahl der Hasen nimmt um den festen Faktor 1,15. Der Vermehrungswahrscheinlichkeit (0,001) der Füchse steht also ein Vermehrungsfaktor der Hasen gegenüber.

Benennen Sie folgende Felder:

FuchsVermehren	Z7S7
FuchsSterben	Z8S7
HaseGefressen	Z9S7
HaseGeburt	Z10S7
HaseAnfang	Z12S7
FuchsAnfang	Z13S7

Für Periode 1 wird *HaseAnfang* nach Z5S2 und *FuchsAnfang* nach Z5S2 übernommen.

Für Periode 2 ergeben sich dann die folgenden Formeln (Hasen1 = Anzahl der Hasen in Periode 1, Füchse1 = Anzahl der Füchse in Periode 1):

```
Hasen2  = HaseGeburt * Hasen1 - Hasen1 * Füchse1 * Hasegefressen
Füchse2 = FuchsSterben * Füchse1 + Hase1 * Füchse1 * FuchsVermehren
```

18	14	322	32		39	35	102	59
19	15	350	32		40	36	105	48
20	16	379	34		41	37	111	38
25	21	520	65		42	38	119	31
26	22	531	80		43	39	130	25
27	23	526	98		44	40	143	21
28	24	501	120		45	41	158	18
29	25	456	144		46	42	176	15
30	26	393	167		47	43	197	13
31	27	321	182		48	44	221	12
32	28	252	186		49	45	249	11
33	29	196	177		50	46	281	10
34	30	156	159		51	47	317	10
35	31	130	136		52	48	358	10
36	32	114	113		53	49	405	11
37	33	105	92		54	50	456	12
38	34	102	74		55			

Aufgabe 3.4/1: Vorgehensweise für Zeichen1.TAB und MietPKWz.TAB:
  1. Graphikzeichen des ASCII (hier nur: Alt-177, Alt-205 und Alt-220) über den TEXT-Befehl in eine leere Tabelle eingeben, mit Zeichen benennen (hier: Z4:6S1:2) und unter dem Namen Zeichen1.TAB auf Diskette sicherstellen.
  2. MietPKW3.TAB laden und über den XTERN GESAMT-Befehl den Bereich Zeichen aus Zeichen1.TAB nach Z17S1 übernehmen.
  3. Zeichenbalken über KOPIE VON bzw. KOPIE RECHTS kopieren.
  4. "Verschönerte" Tabelle MietPKWz.TAB sicherstellen.

Aufgabe 3.5/1: Tabelle WirtPKW1.TAB:
a) Spalte 2 von Tabelle WirtPKW1.TAB in Formeldarstellung:

```
 #1                      2                                    3

  1
  2
  3
  4 18000                                    18000
  5 6                                        6
  6 10000                                    10000
  7 6,5                                      6,5
  8 0,8                                      0,85
  9 20000                                    20000
 10 800                                      800
 11 450                                      450
 12 300                                      300
 13
 14 RUNDEN(Z[-7]S*Z[-6]S*Z[-5]S/100;2)       RUNDEN(Z[-7]S*Z[-6]S
 15 (Z[-11]S-Z[-9]S)/Z[-10]S                 (Z[-11]S-Z[-9]S)/Z[-
 16 SUMME(Z[-6]S:Z[-1]S)                     SUMME(Z[-6]S:Z[-1]S)
 17 RUNDEN(Z[-1]S/Z[-8]S;3)                  RUNDEN(Z[-1]S/Z[-8]S
 18
 19
 20
FORMAT OPTIONEN Fehlermeldungen:(Ja)Nein    Formeln: Ja Nein
             Dezimalzeichen: .(,)
Wählen Sie bitte eine Option oder geben Sie deren Anfangsbuchstaben ei
```

b) KOPIE RECHTS-Befehl:

```
 19
 20
KOPIE RECHTS Anzahl Kopien: 3        Beginn bei: Z4S2:Z17S2
Geben Sie bitte die Position eines Felds oder eines Tabellenbereichs ein!
```

Aufgabe 3.5/2: In der Tabelle Runden1 wird die RUNDEN-Funktion simuliert. Die Formel kann als RUNDEN(W;2) geschrieben werden.

Aufgabe 3.5/3: Bereichsnamen Zinssatz (Z4S2:5) und Zuwachs (Z6S2:5) verwenden. Formeldarstellung zu Tabelle Barwert2.TAB:

```
#1                      1                            2
    2 "Investition nach der Barwertmetho
    3 "Investition (DM)?"          240000
    4 "Zinssatz (%)?"              12,5
    5 "Einnahme im 1. Jahr (DM)?"  20000
    6 "Einnahmezuwachs (%/Jahr)?"  18
    7 "Jahr:"                      "Einnahme:"
    8 ZEILE()-7                    Z[-3]S
    9 ZEILE()-7                    Z[-1]S*zuwachs/100+Z[-1]S
   10 ZEILE()-7                    Z[-1]S*zuwachs/100+Z[-1]S
   11 ZEILE()-7                    Z[-1]S*zuwachs/100+Z[-1]S
   12 ZEILE()-7                    Z[-1]S*zuwachs/100+Z[-1]S
   13 ZEILE()-7                    Z[-1]S*zuwachs/100+Z[-1]S
   14 ZEILE()-7                    Z[-1]S*zuwachs/100+Z[-1]S
   15 ZEILE()-7                    Z[-1]S*zuwachs/100+Z[-1]S
   16 ZEILE()-7                    Z[-1]S*zuwachs/100+Z[-1]S
   17 ZEILE()-7                    Z[-1]S*zuwachs/100+Z[-1]S
   18                              "   ---------------"
   19 "Barwert (DM):"             BARWERT(zinssatz%;Einnahme)
   20 "Differenz (DM):"           Z[-17]S-Z[-1]S
```

Aufgabe 3.5/4:

```
#1          1              2                              8
    1 "Messung1"
    2 "Meßwerte au          Formel in Spalte 7  MITTELW(ZS[-5]:ZS[-1])
    3                       Formel in Spalte 8: STABW(ZS[-7]:ZS[-3])
    4 "Datum?"      "Mess1"                        "Varianz"
    5
    6 32449        8,3                             VARIANZ(ZS[-6]:ZS[-2])
    7 32449        6                               VARIANZ(ZS[-6]:ZS[-2])
    8 32450        6,1                             VARIANZ(ZS[-6]:ZS[-2])
    9 32450        8,3                             VARIANZ(ZS[-6]:ZS[-2])
   10 32450        5,1                             VARIANZ(ZS[-6]:ZS[-2])
   11 32453        5,9                             VARIANZ(ZS[-6]:ZS[-2])
   12 32453        9                               VARIANZ(ZS[-6]:ZS[-2])
   13 32455        4,9                             VARIANZ(ZS[-6]:ZS[-2])
   14 32455        8                               VARIANZ(ZS[-6]:ZS[-2])
   15 32456        7,5                             VARIANZ(ZS[-6]:ZS[-2])
   16
   17 "Anzahl:"    ANZAHL(Z[-11]S:Z[-2]S)          ANZAHL(Z[-11]S:Z[-2]S)
   18 "Mittel:"    MITTELW(Z[-12]S:Z[-3]S)         MITTELW(Z[-12]S:Z[-3]S)
   19 "Minimum:"   MIN(Z[-13]S:Z[-4]S)             MIN(Z[-13]S:Z[-4]S)
   20 "Maximum:"   MAX(Z[-14]S:Z[-5]S)             MAX(Z[-14]S:Z[-5]S)
```

Aufgabe 3.5/5: Tabelle Klima1.TAB erstellen.
- a) Texte und Zahlen in S1 und S2 eingeben.
- b) Spalte 2 nach Spalten 3 und 4 kopieren. Über FORMAT FELDER im Befehlsfeld "Formatcode" die Vorgabe "Balken" wählen. Wenn "###" erscheinen, die Spalten auf 30 bzw. 20 verbreitern.
- c) Formel 30/Max(Regen)*ZS[-1] in Z5S3 eintragen und 15 mal nach unten kopieren. In Spalte 4 mit Breite 20 anpassen.

```
#1              1           2              3                       4

   5 "Januar?"        90         30/MAX(Regen)*ZS[-1]  20/MAX(Regen)*ZS[-2]
   6 "Februar?"      140         30/MAX(Regen)*ZS[-1]  20/MAX(Regen)*ZS[-2]
   7 "März"          120         30/MAX(Regen)*ZS[-1]  20/MAX(Regen)*ZS[-2]
   8 "April?"         87         30/MAX(Regen)*ZS[-1]  20/MAX(Regen)*ZS[-2]
   9 "Mai?"           90         30/MAX(Regen)*ZS[-1]  20/MAX(Regen)*ZS[-2]
  10 "Juni?"          33         30/MAX(Regen)*ZS[-1]  20/MAX(Regen)*ZS[-2]
  11 "Juli?"          40         30/MAX(Regen)*ZS[-1]  20/MAX(Regen)*ZS[-2]
  12 "August?"        54         30/MAX(Regen)*ZS[-1]  20/MAX(Regen)*ZS[-2]
  13 "September?"     93         30/MAX(Regen)*ZS[-1]  20/MAX(Regen)*ZS[-2]
  14 "Oktober?"      112         30/MAX(Regen)*ZS[-1]  20/MAX(Regen)*ZS[-2]
  15 "November?"     131         30/MAX(Regen)*ZS[-1]  20/MAX(Regen)*ZS[-2]
  16 "Dezember?"     120         30/MAX(Regen)*ZS[-1]  20/MAX(Regen)*ZS[-2]
  17                             30/MAX(Regen)*ZS[-1]  20/MAX(Regen)*ZS[-2]
  18 "Mittelwert"  MITTELW(Regen)30/MAX(Regen)*ZS[-1]  20/MAX(Regen)*ZS[-2]
  19 "Minimum"     MIN(Regen)    30/MAX(Regen)*ZS[-1]  20/MAX(Regen)*ZS[-2]
  20 "Maximum"     MAX(Regen)    30/MAX(Regen)*ZS[-1]  20/MAX(Regen)*ZS[-2]
  21
  22
  23
  24
NAME: Namen eingeben: Regen              Bereich: Z5:16S2
            Makro: Ja(Nein)    Tastenschlüssel:
Geben Sie bitte die Position eines Felds oder eines Tabellenbereichs ein!
```

Aufgabe 3.5/6 zur Fakturierung:
- a) Formel: SUMME[Z-4]S;Z[-2]S) in Z18S5, Z[-1]S*14% in Z19S5 und Z[-2]S+Z[-1]S in Z20S5.
- b) Tabelle Faktur11.TAB mit der leeren Tabelle. Zwischen Z14 und Z15 lassen sich beliebig viele Zeilen bzw. Rechnungspositionen einfügen. Die Formeln passen sich automatisch an.

```
#1              1              2        3           4              5

 1 Bio GmbH, Kühler Grund 2, 7800 Freiburg, Tel 0761/22222

 2

 3 .... Firma                                  Rechnungsdatum:

 4

 5 ... Strasse

 6

 7 ... Ort

 8

 9 Rechnungs-Nr:                               Auftrags-Nr:

10 Kunden-Nr:                                  Auftrags-Datum:

11

12 Bezeichnung:       Artikel-Nr       Menge  Stückpreis    Gesamtpreis

13 -------------------------------------------------------------------

14                                                           0,00 DM

15                                                           0,00 DM

16

17                                    Warenwert netto:       0,00 DM

18                                    + 14% Mehrwertsteuer:  0,00 DM

19                                    = Warenwert brutto:    0,00 DM

20
```

Aufgabe 3.5/7: Spalten 1 - 3 zu Tabelle Jahr3.TAB in Formeldarstellung:

```
 -1              1                      2                    3

  1 "Jahr3.TAB"

  2 "Jahresproduktionen

  3

  4 "RÜCKBLICK:"

  5                    "1.Quartal"          "2.Quartal"

  6

  7 "1985"             2200                 11000

  8 "1986"             2900                 10100

  9 "1987"             3100                 12987

 10 "1988"             2700                 11600

 11

 12 "Summe"            SUMME(QUART1)        SUMME(QUART2)

 13 "Indexzahl"        QUARTSUM/GESAMT      QUARTSUM/GESAMT

 14

 15 "PROGNOSE:"

 16 "1989 - 1"         SCHAETZ*INDEX        SCHAETZ*INDEX

 17 "1989 - 2"         SCHAETZ*INDEX        SCHAETZ*INDEX

 18 "1989 - 3"         SCHAETZ*INDEX        SCHAETZ*INDEX

 19
```

Spalten 4 – 6 zu Tabelle Jahr3.TAB in Formeldarstellung:

```
-1            4                    5                    6
 1
 2
 3
 4
 5 "3.Quartal"         "4.Quartal"          "Jahrsumme"
 6
 7 9090               9800                 37090
 8 9892               10298                39610
 9 8911               9967                 41974
10 9591               10000                39890
11
12 SUMME(QUART3)      SUMME(QUART4)        SUMME(JAHRSUM)
13 QUARTSUM/GESAMT    QUARTSUM/GESAMT      SUMME(INDEX)
14
15
16 SCHAETZ*INDEX      SCHAETZ*INDEX        10000
17 SCHAETZ*INDEX      SCHAETZ*INDEX        15000
18 SCHAETZ*INDEX      SCHAETZ*INDEX        20000
19
```

Aufgabe 3.5/8: Tabelle Planung2 in Normaldarstellung:

```
 1 Planung2.TAB
 2 Soll-/Ist-Vergleich von Planungs- und Statistikdaten
 3
 4   Monat      Planung  Statistik Abweichung  Abw-%
 5 ---------  --------- --------- ----------  ---------
 6 Januar       1000       900      -100       -10,00
 7 Februar      1100      1150        50         4,55
 8 März         1200       990      -210       -17,50
 9 April        1300      1270       -30        -2,31
10 Mai          1300      1400       100         7,69
11 Juni         1300      1310        10         0,77
12 Juli         1250      1220       -30        -2,40
13 August       1250       998      -252       -20,16
14 September    1250      1400       150        12,00
15 Oktober      1500      1400      -100        -6,67
16 November     1500      1500         0         0,00
17 Dezember     1600      1650        50         3,13
18            ========= ========= =========
19             15550     15188      -362
20
```

Tabelle Planung2.TAB in Formeldarstellung:

```
 -1        1          2           3            4              5

  1 "Planung2.TAB"
  2 "Soll-/Ist-Vergleich
  3
  4 "Monat"        "Planung"   "Statistik"   "Abweichung"   "Abw-%"
  5 "---------"    "---------" "---------"   "---------"    "---------"
  6 "Januar"        1000        900          STAT-PLAN      ABWEICH*100/PLAN
  7 "Februar"       1100        1150         STAT-PLAN      ABWEICH*100/PLAN
  8 "März"          1200        990          STAT-PLAN      ABWEICH*100/PLAN
  9 "April"         1300        1270         STAT-PLAN      ABWEICH*100/PLAN
 10 "Mai"           1300        1400         STAT-PLAN      ABWEICH*100/PLAN
 11 "Juni"          1300        1310         STAT-PLAN      ABWEICH*100/PLAN
 12 "Juli"          1250        1220         STAT-PLAN      ABWEICH*100/PLAN
 13 "August"        1250        998          STAT-PLAN      ABWEICH*100/PLAN
 14 "September"     1250        1400         STAT-PLAN      ABWEICH*100/PLAN
 15 "Oktober"       1500        1400         STAT-PLAN      ABWEICH*100/PLAN
 16 "November"      1500        1500         STAT-PLAN      ABWEICH*100/PLAN
 17 "Dezember"      1600        1650         STAT-PLAN      ABWEICH*100/PLAN
 18                 "========="  "========="  "========="
 19                 SUMME(PLAN)  SUMME(STAT)  SUMME(ABWEICH)
```

Aufgabe 3.5/9: Tabelle Sinus.TAB.
- Grad: ZEILE()-5 in Z5S1 und 20 mal nach unten kopieren. Oder 0 in Z5S1, Z[-1]S+1 in Z6S1 und 19 mal nach unten kopieren.
- Bogenmaß: ZS[-1]*PI()/180 in Z5S2 20 mal nach unten kopieren.
- Sinus: SIN(ZS[-1]) in Z5S3 20 mal nach unten kopieren.
- Cosinus: COS(ZS[-2]) in Z5S4 20 mal nach unten kopieren.

```
 #1        1          2          3          4

  1 Sinus1
  2 Funktionswerte für Sinus ermitteln.
  3
  4 x Grad    x Bogenmaß   sin(x)     Cos(x)
  5    0           0         0           1
  6    1      0,0174533 0,0174524 0,9998477   11 0,1919862  0,190809 0,9816272
  7    2      0,0349066 0,0348995 0,9993908   12 0,2094395 0,2079117 0,9781476
  8    3      0,0523599  0,052336 0,9986295   13 0,2268928 0,2249511 0,9743701
  9    4      0,0698132 0,0697565 0,9975641   14 0,2443461 0,2419219 0,9702957
 10    5      0,0872665 0,0871557 0,9961947   15 0,2617994  0,258819 0,9659258
 11    6      0,1047198 0,1045285 0,9945219   16 0,2792527 0,2756374 0,9612617
 12    7       0,122173 0,1218693 0,9925462   17  0,296706 0,2923717 0,9563048
 13    8      0,1396263 0,1391731 0,9902681   18 0,3141593  0,309017 0,9510565
 14    9      0,1570796 0,1564345 0,9876883   19 0,3316126 0,3255682 0,9455186
 15   10      0,1745329 0,1736482 0,9848078   20 0,3490659 0,3420201 0,9396926
```

Aufgabe 3.6/1: Tabelle Frieren1.TAB.

a) Spalte 2 wird vom System nach Eingabe von z.B. "15.5.88" automatisch mit *t.mm.jj* formatiert. Spalte 4 ist vom Benutzer im Format *t-mmm-jj* zu formatieren.

b) Vorgehensweise: Texte und Zahlen eingeben. *ZS[-2]+ZS[-1]*30* als Formel in Z6S4 eingeben. Kopie der Formel neun Mal nach unten.

c) ORDNEN-Befehl zum sortieren:

```
    20
ORDNEN ZEILEN nach Spalten: 4          von Zeile: 6          bis: 15
            Sortierfolge:(>)<
```

Aufgabe 3.6/2: Tabelle Wachsen1.TAB in Formeldarstellung (Felder Z7S4 und Z8S4 sind mit A und B benannt):

```
 #1         1              2            3                    4

  1 "Wachsen1"

  2 "Bevölkeru

  3

  4 "Jahr:"     "Menschen:"    "Jahr1?"  1985
  5                            "Jahr2?"  2000
  6 Z[-2]S[+3]A*EXP(B*ZS[-1])
  7 Z[-1]S+5  A*EXP(B*ZS[-1]) "Wert a:" Z[-3]S[+2]/EXP(Z[+1]S*Z[-3]S)
  8 Z[-1]S+5  A*EXP(B*ZS[-1]) "Wert b:" LN(Z[-3]S[+2]/Z[-4]S[+2])/(Z[-3]S-Z[-4
  9 Z[-1]S+5  A*EXP(B*ZS[-1])
 10 Z[-1]S+5  A*EXP(B*ZS[-1])
 11 Z[-1]S+5  A*EXP(B*ZS[-1])
 12 Z[-1]S+5  A*EXP(B*ZS[-1])
 13 Z[-1]S+5  A*EXP(B*ZS[-1])
 14 Z[-1]S+5  A*EXP(B*ZS[-1])
 15 Z[-1]S+5  A*EXP(B*ZS[-1])
 16 Z[-1]S+5  A*EXP(B*ZS[-1])
 17 Z[-1]S+5  A*EXP(B*ZS[-1])
 18 Z[-1]S+5  A*EXP(B*ZS[-1])
 19 Z[-1]S+5  A*EXP(B*ZS[-1])
 20 Z[-1]S+5  A*EXP(B*ZS[-1])
VERÄNDERN: LN(Z[-3]S[+2]/Z[-4]S[+2])/(Z[-3]S-Z[-4]S)
```

Aufgabe 3.7/1: Vorgehensweise zum Erstellen der Tabelle Menue1.TAB mit benutzerdefiniertem Menü in sieben Schritten.

1. Texte in Tabelle Menue1.TAB eingeben (verwenden Sie die in Aufgabe 3.5/1 aufgezeigte Methode zum Eintragen von ASCII-Zeichen).
2. Makro für den Aufruf des Menüs in Z21S1 eingeben (Menüpunkte ab Z22S1 zu finden):

   `'müz22s1'rt`

   Der Bereich ab Zeile 21 bietet sich für das Menü an, da dieser Tabellenbereich leicht mit der *Seite runter*-Taste erreichbar ist.
3. Vier Menüpunkte *Angebot*, *Kunden*, *Tabelle* und *Ende* in Z22S1, Z22S2, Z22S3 und Z22S4 eingeben.
4. Zugehörige Meldungen in Z23S1 (*Drei Angebote gegenüberstellen*), Z23S2, Z23S3 und Z23S4 eingeben.
5. Makros für die einzelnen Menüpunkte in Z24S1, Z24S2, Z24S3 und Z24S4 eingeben (z.B. *ülmietpkw3.tab'rt* in Z24S1).

   In Zeile 22 sind nun die Menüpunkte, in Zeile 23 die Meldungen und in Zeile 24 die Makros gespeichert:

```
20
21 "'müz22s1'rt"
22 "Angebot"            "Kunden"              "Tabelle"   "Ende"
23 "Drei Angebote gegen"Kundendatei mit Numme"Sie arbeite"Sie wechseln zur MS
24 "ülmietpkw3.tab'rt" "ülkunden1.tab'rt"     "übg"       "q"
25
```

6. Makro in Z21S1 mit *Wahl* benennen, damit es mit *Alt-wa* jederzeit aufgerufen werden kann:

```
NAME: Namen eingeben: Wahl              Bereich: Z21S1
          Makro:(Ja)Nein     Tastenschlüssel: wa
Bitte einen Namen eingeben!
```

7. Tabelle unter dem Namen Menue1.TAB speichern.

Aufgabe 3.7/2: In Tabelle Menue1.TAB ist Z21S1 mit Wahl benannt. Gibt man dem Feld Z21S1 zusätzlich auch den Standard-Namen Auto-exec, so wird das Menü automatisch beim Laden aktiviert.

```
NAME: Namen eingeben: autoexec          Bereich: Z21S1
          Makro:(Ja)Nein     Tastenschlüssel: xx
Bitte einen Namen eingeben!
```

Aufgabe 3.7/3: Tabelle Dividie1.TAB.
a) Makroname Tippen; Makroaufruf über die Tasten Alt-Ti.

`NAME: Namen eingeben: Tippen`   `Bereich: Z10S1`

`Makro:(Ja)Nein`   `Tastenschlüssel: ti`

`Geben Sie bitte die Position eines Felds oder eines Tabellenbereichs ein`

b) *'er* für Erläuterungen.

gz4'tb2'rt für den GEHE ZU-Befehl (Zeile 4, dann Tab-Taste, dann Spaltenangabe 2, dann Return-Taste).

w'?'rt für den WERT-Befehl (W für WERT, ? für interaktive Eingabe eines Wertes und Abschluß mit Return-Taste).

'wt Meldung 'Positionsangabe' (allgemein) bzw. *'wt ... 'z5s2'* zur Eingabe eines Zahlenwertes in Feld Z5S2 mit Meldung.

c) Im T/W-Modus (Text/Wert-Modus) wird jeweils automatisch der TEXT/WERT-Befehl aktiviert. Mit *Esc* bzw. *'un* muß ins Hauptmenü gegangen werden, um dann den WERT-Befehl zu aktivieren.

Aufgabe 3.7/4: Tabelle Dividie2.TAB mit Eingabeprüfung über 'WE:

`'we(di=0)' 'wt Divisor <>0 eingeben'z5s2' 'we(di=0)' 'gzz14s1'rt`

Fallunterscheidung: Wenn DI=0 ist, dann die Meldung "Divisor <> 0 eingeben" in der Meldungszeile zeigen und eine Zahleneingabe in Z5S2 erwarten. Bedingter Sprung zu Z14S1 (die Null wird somit ggf. wiederholt abgewiesen).

```
 #1           1              2        3        4        5        6

  1 Dividie2

  2 Systemgeführtes Eintippen von zwei Zahlen. Eingabeprüfung

  3

  4 Zahl 1?                 200

  5 Zahl 2?                   0

  6

  7 Zahl 1 / Zahl 2:        DIV/0!

  8

  9

 10 'er Makro (Name: Tippen, Aufruf: ti) zum systemgeführten Eintippen

 11 gz4'tb2'rt

 12 w'?'rt

 13 'wt Geben Sie nun eine Zahl ungleich Null ein 'z5s2'

 14 'we(di=0)' 'wt Divisor <>0 eingeben'z5s2' 'we(di=0)' 'gzz14s1'rt

 15 gz7'tb2'rt

 16

 17

 18

 19

 20
WERT: 0


 Divisor <> 0 eingeben
```

Aufgabe 3.8/1: Tabelle Klima1.TAB (Aufgabe 3.5/5) zu Tabelle Klima2.TAB ändern. Formel

```
WENN(ZS[-1]>=100;"sehr feucht";WENN(ZS[-1]>=ZS[-2]*2;"feucht";"trocken"))
```

für die Spalte 4. Durch die Schachtelung zweier WENN-Funktionen werden drei Fälle unterschieden.

Aufgabe 3.8/2: WENN-Funktion zur Bildung von Alternativen:
a) Durch WENN-Funktionen: siehe b).
b) Spalte 2 zu Tabelle MietPKW4.TAB in Formeldarstellung:

```
 -1                          2

  1
  2
  3
  4 "Angebot 1"
  5
  6 100
  7 0,1
  8 200
  9
 10 WENN(Z12S2<Z(-2)S;Z(-4)S;Z(-4)S+(Z12S2-Z(-2)S)*Z(-3)S)
 11
 12 250
 13
 14
 15 WENN(Z(-5)S=MIN(bezahlen);Z(-5)S;" ")
 16 WENN(Z(-6)S=MAX(bezahlen);Z(-6)S;" ")
 17
```

Spalte 3 zu Tabelle MietPKW4.TAB in Formeldarstellung:

```
 -1                          3

  1
  2 "wagen. Funktionen"
  3
  4 "Angebot 2"
  5
  6 108
  7 0,08
  8 100
  9
 10 WENN(Z12S2<Z(-2)S;Z(-4)S;Z(-4)S+(Z12S2-Z(-2)S)*Z(-3)S)
 11
```

```
12
13
14
15 WENN(Z(-5)S=MIN(bezahlen);Z(-5)S;" ")
16 WENN(Z(-6)S=MAX(bezahlen);Z(-6)S;" ")
17
```

Spalte 4 zu Tabelle MietPKW4.TAB in Formeldarstellung:

```
-1                              4
 1
 2
 3
 4 "Angebot3"
 5
 6 89
 7 0,13
 8 300
 9
10 WENN(Z12S2<Z(-2)S;Z(-4)S;Z(-4)S+(Z12S2-Z(-2)S)*Z(-3)S)
11
12
13
14
15 WENN(Z(-5)S=MIN(bezahlen);Z(-5)S;" ")
16 WENN(Z(-6)S=MAX(bezahlen);Z(-6)S;" ")
17
```

Aufgabe 3.8/3: Bildung von Iterationen:
  a) 1. Endlosschleife, 2. ITERATION=ja über Befehl ZUSÄTZE ein-
      stellen, 3. Endebedingung angeben und 4. Endebedingung mit dem
      Anfangswert FALSCH.
  b) Beliebige Funktion in Z7S2 von Tabelle Iterat1.TAB schreiben.
  c) DELTA-Funktion zur automatischen Prüfung der Abweichung.

Aufgabe 3.8/4: Makrogeführter Dialog in Tabellen:
  a) Autoexec als Namen für das Makro in Tabelle MietPKW5.TAB
      einführen:

```
NAME: Namen eingeben: autoexec            Bereich: Z20S1
            Makro: Ja              Tastenschlüssel: au
```

Das Feld Z20S1 ist also doppelt benannt: Autoexec bzw. au und
Eingabe bzw. ei.
  b) Ja.

Aufgabe 3.8/5: Zeit–Management mittels WENN–Funktion.

a) In der Tabelle Frieren2.TAB wird die Formel
```
WENN(ZS[-2]+ZS[-1]*30>Z17S2;" ";"schlecht")
```
in Feld Z6S4 eingetragen und anschließend neun Mal nach unten
kopiert.

b) Tabelle bei Eingabe des Datums 5. Januar 1989:

```
#1          1           2        3        4

  1 Frieren2
  2 Zeit-Überwachung von Tiefkühlkost
  3
  4 Lagergut         Gefrier-  Lagerzeit Aktion
  5                  datum     (Monate)
  6 Erdbeeren         15.5.88     5       schlecht
  7 Schattenmorellen  20.7.88     5,5     schlecht
  8 Opas Birnen        5.8.88     5       schlecht
  9 Damenschenkel      4.10.88    6
 10 Waldhimbeeren     20.8.88     4       schlecht
 11 Blaubeeren        15.11.88    4
 12 Mirabellen        10.9.88     4
 13 Pfirsiche         20.9.88     3,5     schlecht
 14 Stachelbeeren      5.8.88     5,5
 15 Johannisbeeren     5.8.88     4,5     schlecht
 16
 17 Aktuelles Datum? 5.1.89
 18
```

Aufgabe 3.8/6: Menü mit Schleife und Unterprogramm in Dividie3.TAB.

a) Beim Laden wird das Makro Autoexec automatisch aufgerufen. In
der Befehlszeile der Multiplan-Tabelle erscheinen die Menübefehle
Dividieren und *Ende*. *Dividieren* ruft das Makro *Tippen* auf,
während *Ende* den Bildschirm löscht und eine leere Tabelle bereit-
stellt.

b) Der Befehl 'maTippen'rt ruft das Makro Tippen als Unterprogramm
auf (bis zu 16 solcher Unterprogrammebenen sind erlaubt).

c) Der Befehl 'müz18s1' in Z17S1 zeigt an, daß ein Befehlsmenü ab
Z18S1 mit Menüpunkten (Z18), Meldungen (Z19) und Befehlsfolge
(Z20) beginnt.
Der Befehl *'müz18s1'*in Z14S1 stellt sicher, daß nach Ausführung
des Unterprogramms bzw. Makros *Tippen* wieder das Menü aufgerufen wird. Damit wird (wenn auch über eine etwas unsaubere
Programmierung) eine Schleife erzeugt: "Das Menü wiederholt anzeigen, bis der Menüpunkt *Ende* gewählt wird". *'müz18s1'*könnte
man auch durch *'gzz17s1'rt* ersetzen.

```
#1              1           2       3       4       5       6
   1 Dividie3
   2 Systemgeführtes Eintippen von zwei Zahlen. Menü mit Schleifenbildung
   3
   4 Zahl 1?                2222
   5 Zahl 2?                   7
   6
   7 Zahl 1 / Zahl 2:    317,42857
   8
   9
  10 'er Makro (Name: Tippen, Aufruf: ti) zum systemgeführten Eintippen
  11 gz4'tb2'rt
  12 w'?'rt
  13 'wt Geben Sie nun eine Zahl ungleich Null ein 'z5s2'
  14 'müz18s1'
  15
  16 'er Makro (Name: Autoexec, Aufruf: xx) zur Menüverwaltung
  17 'müz18s1'
  18 Dividieren          Ende
  19 2 Zahlen dividieren Arbeit mit Tabelle Dividie3.TAB beenden
  20 'maTippen'rt        üb'tb'rtn
BEFEHL:Dividieren Ende


2 Zahlen dividieren
```

Aufgabe 3.9/1:
1. AUSSCHNITT TEILEN-Befehl: Zwei Fenster einrichten.
2. ÜBERTRAGEN LADEN-Befehl: Mit F1 in Fenster 2 gehen und Zeichen1.TAB in dieses Fenster laden.
3. KOPIE VON-Befehl: Mit Z1 in Fenster 1 gehen und über KOPIE VON die entsprechenden Zeichen aus Fenster 2 nach Fenster 1 übernehmen.

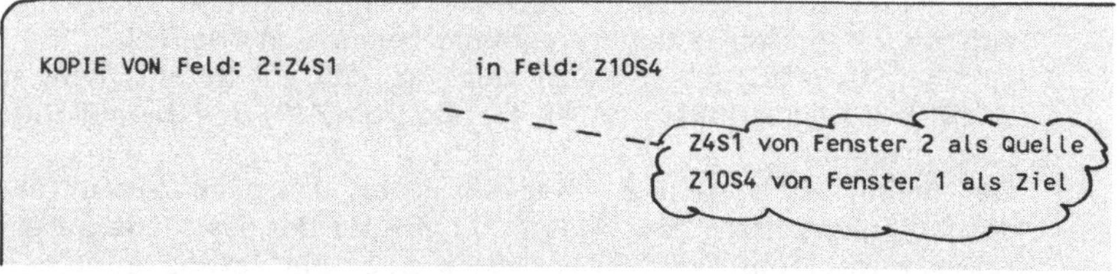

Mit dem KOPIE-Befehl kann man demzufolge zwischen verschiedenen (jeweils mit F1 aktivierten) Fenstern kopieren
4. Inhalt von Fenster 1 unter dem Namen Rahmen1.TAB speichern.

Aufgabe 3.10/1: Tabelle Artikel1.TAB mit einer Artikeldatei.
  a) NAME-Befehl: *Datenbank* als Namen für Bereich Z4S1:Z16S5.
  b) Typ: Berechnetes Suchkriterium. Ergebnis: Datensätze mit den
      Artikelnummern 203, 204, 210, 213, 214, 215, 218 und 220
      werden gefunden.
  c) Fünf Suchaufträge mit Suchkriterien:

```
Bezeichnung                            Liefname
  =&S*                                   =&J*



Menge              Menge               Artnr       Bezeichnung   Preis
>49                <101                <201    —    =&*en         <1



Liefname           Liefname
=&Jakob Ziege

                   =&Junker
```

Aufgabe 3.10/2:
  a) Tabelle Faktur2.TAB in Formeldarstellung (über die VERWEIS-
      Funktion wird in *BezTabelle* und *Preistabelle* gesucht.):

```
#1                  1             2    3            4
  1 "Bio GmbH, Kühler Grund 2, 7
  2
  3 "Hildebrandt KG"                       "Rechnungsdatum:"
  4 "Export/Import"
  5 "Roter Buckel 13"
  6
  7 "7800 Freiburg"
  8
  9 "Rechnungs-Nr:"           106          "Auftrags-Nr:"
 10 "Kunden-Nr:"              2222         "Auftrags-Datum:"
 11
 12 "Bezeichnung:"            "Artik"Menge" "Stückpreis"
 13 "---------------------------
 14 VERWEIS(ZS[+1];BezTabelle) 218    1     VERWEIS(ZS[-2];Preistabelle)
 15 VERWEIS(ZS[+1];BezTabelle) 209    3     VERWEIS(ZS[-2];Preistabelle)
 16 VERWEIS(ZS[+1];BezTabelle) 214    12    VERWEIS(ZS[-2];Preistabelle)
 17
```

  b) Das leere Rechnungsformular namens Faktur21.TAB enthält Fehl-
      erwerte NV, da die Eingabewerte (z.B. in Z14S2) noch fehlen.

Aufgabe 3.10/3:   Die Tabelle Artikel3.TAB stimmt mit Artikel1.TAB (Aufgabe 3.10/1) überein; Unterschiede: der Bereich Z5:20S1:5 ist mit Artikeltabelle benannt (der Kriterienbereich verschiebt sich damit nach unten).

In der Tabelle Faktur3.TAB sind folgende Bereiche benannt: *BezTabelle* Z25S40S1:2, *Preistabelle* Z25:40S1:4 und *Artikeltabelle* Z24:40S1:5.

Über den Befehl

```
   XTERN KOPIE von Tabelle: artikel3.tab        Bereichsname: artikeltabelle
                    nach: Z25S1                      verbunden: Ja
```

wird Faktur3.TAB als Zieltabelle mit Artikel3.TAB als Quelltabelle verbunden: beim Laden wird die *Artikeltabelle* in die Tabelle Faktur3.TAB kopiert. Über VERWEIS-Funktionen werden die Bezeichnungen und Preise aus der Artikeltabelle dann in die Rechnung übernommen. XTERN AKTUALISIEREN kann zur Fortschreibung angegeben werden.

ASCII - Code

Char	Dec	Hex	Char	Dec	Hex	Char	Dec	Hex	Char	Dec	Hex
	0	00	<space>	32	20	@	64	40		96	60
☺	1	01	!	33	21	A	65	41	a	97	61
☻	2	02	"	34	22	B	66	42	b	98	62
♥	3	03	#	35	23	C	67	43	c	99	63
♦	4	04	$	36	24	D	68	44	d	100	64
♣	5	05	%	37	25	E	69	45	e	101	65
♠	6	06	&	38	26	F	70	46	f	102	66
•	7	07	'	39	27	G	71	47	g	103	67
◘	8	08	(	40	28	H	72	48	h	104	68
○	9	09	)	41	29	I	73	49	i	105	69
◙	10	0A	*	42	2A	J	74	4A	j	106	6A
♂	11	0B	+	43	2B	K	75	4B	k	107	6B
♀	12	0C	,	44	2C	L	76	4C	l	108	6C
♪	13	0D	-	45	2D	M	77	4D	m	109	6D
♫	14	0E	.	46	2E	N	78	4E	n	110	6E
☼	15	0F	/	47	2F	O	79	4F	o	111	6F
►	16	10	0	48	30	P	80	50	p	112	70
◄	17	11	1	49	31	Q	81	51	q	113	71
↕	18	12	2	50	32	R	82	52	r	114	72
‼	19	13	3	51	33	S	83	53	s	115	73
¶	20	14	4	52	34	T	84	54	t	116	74
§	21	15	5	53	35	U	85	55	u	117	75
▬	22	16	6	54	36	V	86	56	v	118	76
↨	23	17	7	55	37	W	87	57	w	119	77
↑	24	18	8	56	38	X	88	58	x	120	78
↓	25	19	9	57	39	Y	89	59	y	121	79
→	26	1A	:	58	3A	Z	90	5A	z	122	7A
←	27	1B	;	59	3B	[	91	5B	{	123	7B
∟	28	1C	<	60	3C	\	92	5C	|	124	7C
↔	29	1D	=	61	3D	]	93	5D	}	125	7D
▲	30	1E	>	62	3E	^	94	5E	~	126	7E
▼	31	1F	?	63	3F	_	95	5F	⌂	127	7F

Char	Dec	Hex	Char	Dec	Hex	Char	Dec	Hex	Char	Dec	Hex
Ç	128	80	á	160	A0	└	192	C0	α	224	E0
ü	129	81	í	161	A1	┴	193	C1	β	225	E1
é	130	82	ó	162	A2	┬	194	C2	Γ	226	E2
â	131	83	ú	163	A3	├	195	C3	π	227	E3
ä	132	84	ñ	164	A4	─	196	C4	Σ	228	E4
à	133	85	Ñ	165	A5	┼	197	C5	σ	229	E5
å	134	86	ª	166	A6	╞	198	C6	µ	230	E6
ç	135	87	º	167	A7	╟	199	C7	τ	231	E7
ê	136	88	¿	168	A8	╚	200	C8	Φ	232	E8
ë	137	89	⌐	169	A9	╔	201	C9	Θ	233	E9
è	138	8A	¬	170	AA	╩	202	CA	Ω	234	EA
ï	139	8B	½	171	AB	╦	203	CB	δ	235	EB
î	140	8C	¼	172	AC	╠	204	CC	∞	236	EC
ì	141	8D	¡	173	AD	═	205	CD	φ	237	ED
Ä	142	8E	«	174	AE	╬	206	CE	ε	238	EE
Å	143	8F	»	175	AF	╧	207	CF	∩	239	EF
É	144	90		176	B0	╨	208	D0	≡	240	F0
æ	145	91	░	177	B1	╤	209	D1	±	241	F1
Æ	146	92	▒	178	B2	╥	210	D2	≥	242	F2
ô	147	93	│	179	B3	╙	211	D3	≤	243	F3
ö	148	94	┤	180	B4	╘	212	D4	⌠	244	F4
ò	149	95	╡	181	B5	╒	213	D5	⌡	245	F5
û	150	96	╢	182	B6	╓	214	D6	÷	246	F6
ù	151	97	╖	183	B7	╫	215	D7	≈	247	F7
ÿ	152	98	╕	184	B8	╪	216	D8	°	248	F8
Ö	153	99	╣	185	B9	┘	217	D9	∙	249	F9
Ü	154	9A	║	186	BA	┌	218	DA	·	250	FA
¢	155	9B	╗	187	BB	█	219	DB	√	251	FB
£	156	9C	╝	188	BC	▄	220	DC	ⁿ	252	FC
¥	157	9D	╜	189	BD	▌	221	DD	²	253	FD
₧	158	9E	╛	190	BE	▐	222	DE	■	254	FE
ƒ	159	9F	┐	191	BF	▀	223	DF		255	FF

Tabellenverzeichnis

Sachwortverzeichnis